日英経済史

横井勝彦【編著】

日本経済評論社

目次

序　章

1　本書の課題と特徴

わが国で高等教育の国際化が強調され始めたのは一九七〇年代初頭からであり、一九八三年には政府が留学生一〇万人の受入れを目標として掲げた[1]。この目標はすでに数字の上では達成されて、留学生を受け入れる大学の側でも、この二〇年間には国際系の新学部・新学科が続々と誕生してきている。また、その一方で日本人学生の海外留学も二〇〇五年には三三カ国八万人を数えるまでになったと言われているが、わが国の高等教育の国際化は、はたして今日どのように評価されているのであろうか。「二一世紀大学グローバリゼーション」の展開が指摘されるなかで、高等教育の国際化とは、一体どのようにあるべきなのであろうか。

大学の授業でも、この間、国際化に向けてさまざまな努力が試みられてきたことは言うまでもない。本書で扱う経済史（Economic History）という学問領域に限って見ても、近年、「国際経済史」とか「世界経済史」というタイトルの入門書や講義がよく目につくようになった。それらの多くは多国籍ないしは無国籍の経済史であり、数世紀にわたる長期的な視点より経済変動を説明しているものも少なくないが、はたして経済史の目指す国際的視点からの教育とは、そのような時間的・空間的広がりを強調するだけで達成されるのであろうか。本書は、このような問題意識のもとに編集された経済史のテキストである。

本書は、タイトルからも明らかなように、日英両国経済の歴史比較を中心テーマとしている。かつて「ジェントルマン資本主義論」[2]の著者の一人ピーター・ケインは、日本滞在中に記者の質問に答えて「世界レベルの発展を考えるときには日本型の方がモデルとなる。英国がペキュリアー（特有）なのだ」と論じているが[3]、本書はこうした議論に主体的に参加しうる素材の提供を目指して編集されている。ただし、特定の国をモデル化して、分析対象とするその他の国の特性を明確にするのではなく、二国（この場合、イギリスと日本）を特定のテーマに基づいて比較して、双方の特性を明らかにすることを課題としている。各国経済を一元化・同質化して捉えるのではなく、あくまでも「差異の尊重」という視点を重視して、日英両国経済の歴史と構造を正確に認識し、その特性の意味するところを積極的に世界に情報発信できるような視点を養うこと、これが本書の最大の課題である。

本書は経済史の講義用に書かれたテキストではあるが、前記の課題に即して、そのスタイルはいささか変則的である。これまで経済史の講義で使用されるテキストといえば、「一般経済史」[4]「世界経済史」[5]「西洋経済史」[6]あるいは「イギリス経済史」[7]「アメリカ経済史」[8]「日本経済史」[9]といった各国経済史のスタイルが大半を占めてきたが、最近では世界システム論やイギリス帝国史研究の成果を積極的に取り入れた意欲的なテキストも登場してきている[10]。だが、いずれのスタイルをとるにせよ、およそテキストである以上は、なによりもまず初学者にもわかりやすく、しかもその内容は概説的・網羅的であることを要求される。そうした関係で、一般にテキストでは研究書のように特定の課題や視点が明確に打ち出されないのが通例であろう。テキストの作成には禁欲的姿勢が求められるのである。だが本書は、そうした通例からある程度逸脱するものとなった。その理由について、もう少し説明を加えておこう。

第一に本書は、自学自習用教材としてのテキストではなく、その使い手である教師が教室で十分な補足説明を行うことによって、聞き手である学生諸君に深い理解と新鮮な学問的刺激を与えることのできる、そういう可能性を多く残したテキストを目指して編集された。もちろん、経済史に関する予備知識を持たない読者でも、難なく読み進むことのできるよう、各章の執筆者はつとめて平易な解説に心がけてはいるが、本書をテキストとして利用する側の「使い勝手」（テーマに即した章構成）にも、それと同じくらいの配慮を行ったつもりである。テキストと銘打ちながらも、基本的な概念の説明も、時系列的な社会経済発展の諸段階に関する学説の紹介も、本書の課題と直接関係しないものについては大幅に省かれているが、それはこうした編集方針によるものであることを予め断っておきたい。

第二に本書は、一国史的分析視角への批判や世界史的視点の重要性を念頭に置きつつも、一貫して経済史のテキストとしては特異な「日英経済史」というスタイルで貫かれている。その理由は、以下の通りである。

わが国における経済史研究は、戦前にまでさかのぼる長い伝統を有しているが、なかでも戦後の西洋経済史をリードしてきた「大塚史学」（「比較経済史学」）の影響力は絶大であった。それは「戦後日本の近代化・民主化をいかに実現するか」という鮮烈な問題意識のもとに、もっぱら一六世紀から一八世紀までのイギリスを対象として「近代化」（市民革命）と「産業化」（産業革命）の実現条件を発見することを課題としてきた[11]。その後、わが国の経済史研究者の関心は一八世紀から一九世紀さらには二〇世紀へとシフトしていき、日本産業革命に関しても[12]、イギリス帝国史に関しても[13]、さらには日英関係史に関しても[14]、多くの優れた研究が発表されてきている。それらの成果は今後「経済史」のテキストでも近現代史の記述に、いろいろなかたちで反映されていくことであろう。

しかし、本書のように一九世紀以降の日英両国を直接に対比する研究には、なおも未検討の領域がいくつも残されている。とりわけ一九世紀末〜二〇世紀初頭は、日本産業革命の完成時期、すなわち日本資本主義の確立期であったが、イギリスにとってはパクス・ブリタニカ（イギリス支配下の平和）の終焉期、産業衰退の始期に相当しており、日英比較の起点として大変興味深い時代である。二〇世紀初頭における日英同盟の締結とカリブ海でのアメリカ支配体制の容認は、パクス・ブリタニカの終焉を象徴する出来事であったが、はたして、この世紀転換期以降の日英両国の社会経済構造にはそれぞれどのような特性が認められるのであろうか。本書におけるすべての議論は、この点に関する問題関心を出発点としている。本書が「日英経済史」というスタイルをあえて前面に打ち出したのも、以上のような理由からである。

2　本書の構成

本書では、以下の五つのテーマに関して日英比較を行っている。具体的には、第1章と第2章が第一テーマ「産業化に対する教育の役割の日英比較」、第3章と第4章が第二テーマ「経済団体の政治的影響力の日英比較」、第5章と第6章が第三テーマ「国内産業政策と海外進出の日英比較」、第7章と第8章が第四テーマ「経済発展過程における中小工業の役割の日英比較」、そして最後に第9章が第五テーマ「新興産業分野の日英比較」、以上を扱った。

本書で扱う以上五つのテーマでの日英比較は、いずれも世紀転換期以降を対象として初めて意味を持つものであって、それ以前の時代を対象としては成立しえない。本書が九章構成で五つのテーマを追ったのは、これらすべてのテーマに関して日英両国がきわめて対照的な展開を見せたからにほかならない。もう少し具体的にこの点を説明すれば、こうである。

第一テーマ「産業化に対する教育の役割の日英比較」に関しては、第1章が、反産業主義文化の根強く残るイギリスでも、国際競争の激化と自国の産業衰退を背景として、一九世紀末以降には実業教育振興運動や市民大学設立運動が進展した経緯を扱い、第2章では、世紀転換期からの急速な日本の工業化を背景として、実業学校令や専門学校令によって、早稲田、慶應、明治、同志社のような大学の名称を持つ私立専門学校がすでに誕生していた事実とその後の実業教育制度の展開に注目している。

第二テーマ「経済団体の政治的影響力の日英比較」に関しては、第3章がイギリスの商工業界を組織したロンドン商業会議所やイギリス産業連盟と政府との疎遠な関係を指摘し、第4章が日本の政財界と密接な関係を持った東京商業会議所や日本工業倶楽部を紹介しているが、ここではこれら日英両国の経済団体の設立時期がいわゆる「帝国主義の時代」である一九世紀末から第一次大戦期にかけてであった事実にも注目したい。

第三テーマ「国内産業政策と海外進出の日英比較」は、日英両国経済の構造的特徴が最も鮮明となるテーマであるが、それをイギリス側から扱う第5章では、世紀転換期以降の産業衰退・産業空洞化と資本輸出との密接な関係が論じられる。これに対して第6章は、ほぼ同じ時期の日本で見られた農商務省による産地・在来産業分野での流通組織化政策と東アジアを対象とした輸出振興政策との構造的な関係に注目している。

第四テーマ「経済発展過程における中小工業の役割の日英比較」に関しては、第7章が、かつての「世界の工場」イギリスにおけるチープ・レーバーを利用した小工業の残存とイギリスが産業衰退を経験していく中で、イギリス企業に特徴的にみられたファミリー・ビジネス（同族企業）がどのような変容を遂げていったかに焦点をあてる。つづく第8章では同時代の日本における中小企業の多様な側面を紹介しながらも、とくに輸出競争力の源泉としての役割に注目して、中小企業の日本的特徴について再評価を試みている。

最後の第五テーマ「新興産業分野の日英比較」は、対象時期を第二次大戦以降にまで広げて、これまでの経済史文献ではまったく紹介されてこなかったカメラ製造業に着目している。長い歴史を持つにもかかわらず、イギリスのカメラ製造業ではさしたる興隆も見られなかった。これに対して、日本のカメラ製造業は主要製造国のなかで最も後発であったが、やがては光学大国ドイツをも凌駕するまでに発展を遂げた。はたしてそれはどのような理由によるものであったのか。第9章ではこうした点に関する日英両国の事情を詳細に検討する。

3 比較史と関係史

最近の経済史の学界では、日英比較史よりも日英関係史の分野で多くの研究成果が発表されてきているようである。[15]たしかに、幕末維新期以降の日本の近代化・産業化は、政治・経済・軍事・文化などのすべての面で、長期にわたってイギリスから多大な影響をうけ、両国の間には多様な関係が築かれてきた。[16]幕末維新以降に渡英した多くの日本人留学生や明治政府が招聘したお雇い外国人の過半を占めたイギリス人の技師や学者、巨大綿業都市マンチェスターから輸入された二〇〇〇錘の綿紡績機、日清・日露戦争で日本海軍の主力艦を構成したイギリス製の最新鋭軍艦、そして日英同盟、近代の日英関係史を彩るこれらの事実はあまりにも有名である。

以上の事実をふまえつつ、さらに最近では、日英関係をアジア全体の国際秩序（アジア間貿易構造）を視野に入れて捉え直そうとする研究[17]や、「ジェントルマン資本主義論」の成果をふまえて、日英両国経済の関係を相互補完的な関係として、すなわちイギリスのシティ金融利害と日本の工業化との相互補完的で協調的な関係として追究する研究が精力的に進められている。[18]本書でも五つのテーマに即して、日英間の関係史的側面にも一定の論及を行ってはいるが、本書の課題との関係で、それは問題提起的なレベルにとどめざるをえなかった。

本書の課題は、あくまでも比較経済史によって日英両国経済の特性を把握することにある。とはいえ、国際的視点より近現代史のなかで日本経済の特殊性を確認する方法は、もちろん日英比較以外にも多様にある。扱うテーマに応じて日米比較、日独比較、日仏比較、日印比較など、多面的な歴史比較の可能性はほとんど無限にあると言っても過言ではなかろう。本書の各章ではそうした可能性についても論及しているが、主要な議論はあくまでも世紀転換期から第二次大戦前夜までを対象時期とした、既述の五つのテーマに即した日英両国の比較経済史分析である。対象時期、対象地域、さらには扱うテーマと分析視角をこのように特定したのは、そうした比較経済史研究によって近現代における日英両国の対照的な展開とそれを規定した両国経済の特性が明確になると考えたからにほかならない。日本に関する情報を主体的に世界に発信するためにも、各章の執筆者は、以上の事実とその背景を正確に把握すること、これこそが真の意味での国際経済史がまずもって行わなければならない前提的な努力であると考えている。

(1) 江渕一公『大学国際化の研究』玉川大学出版会、一九九七年、八〜一一頁。
(2) 「イギリス産業革命不在論」をふまえて、商業・金融国家イギリスの海外膨張（金融の「非公式帝国」）を主張するこの議論は、われわれの「常識」を根底から覆すきわめて刺激的な内容である。その詳細は次の二冊を参照。P・J・ケイン、A・G・ホプキンス著／竹内幸雄・秋田茂訳『ジェントルマン資本主義の帝国Ⅰ：創生と膨張　一六八八〜一九一四』名古屋大学出版会、一九九七年、同著／木畑洋一・旦祐介訳『ジェントルマン資本主義の帝国Ⅱ：危機と解体　一九一四〜一九九〇』名古屋大学出版会、一九九七年。
(3) 「英国資本主義の発展を担った非・産業部門　ケイン英シェフィールド・ハーラム大教授に聞く」『朝日新聞』（夕刊）一九九七年四月九日。
(4) 老川慶喜・小笠原茂・中島俊克編『経済史』東京堂出版、一九九八年、はオーソドックスな「経済史の教科書」を追求した最近の秀作である。
(5) その分野の代表作は、入江節次郎編『世界経済史——世界資本主義とパクス・ブリタニカ——』ミネルヴァ書房、一九九七年、である。
(6) 馬場哲・小野塚知二編『西洋経済史学』東京大学出版会、二〇〇一年、は、その分野の類書を圧倒する久々の大著である。
(7) 内容のバランスとレベルの両面で、湯沢威編『イギリス経済史——盛衰のプロセス——』有斐閣、一九九六年、がいぜんとして代表作である。
(8) 岡田泰男・須藤功編『アメリカ経済史の新潮流』慶應義塾大学出版会、二〇〇三年、は通史的ではないが、最新の研究動向をわかりやすく紹介した好著である。
(9) 日本経済史の分野におけるテキストとして石井寛治『日本経済史』［第2版］東京大学出版会、一九九一年、の評価が依然として高い。

（10）次の二冊がその代表作である。川北稔『ヨーロッパと近代世界』放送大学教育振興会、一九九七年、川北稔・木畑洋一編『イギリスの歴史――帝国＝コモンウェルスのあゆみ――』有斐閣アルマ、二〇〇〇年。

（11）さしあたり大塚久雄の古典的名著の復刻版二冊、『国民経済――その歴史的考察――』講談社学術文庫、一九九四年、と同『近代欧州経済史入門』講談社学術文庫、一九九六年、ならびに大塚史学の方法論が縦横に論じられている『大塚久雄著作集　第九巻　社会科学の方法』岩波書店、一九六九年、を紹介しておく。

（12）大石嘉一郎編『日本産業革命の研究』上・下、東京大学出版会、一九七五年、は刊行後すでに三〇年が過ぎているが、依然として多くの示唆に富んでいる。最近の成果としては石井寛治『日本の産業革命』朝日選書、一九九七年、がある。

（13）秋田茂編『パクス・ブリタニカとイギリス帝国』ミネルヴァ書房、二〇〇四年、と木村和男編『世紀転換期のイギリス帝国』ミネルヴァ書房、二〇〇四年、は、「イギリス帝国と二〇世紀」全五巻の第一巻と第二巻であり、後続の三巻も近刊予定である。

（14）このテーマに関する本格的な研究は、資料的な制約もあってそれほど多くはない。ここではさしあたり、奈倉文二・横井勝彦・小野塚知二『日英兵器産業とジーメンス事件――武器移転の国際経済史――』日本経済評論社、二〇〇三年、奈倉・横井編『日英兵器産業史――武器移転の経済史的研究――』日本経済評論社、二〇〇五年、を紹介しておく。

（15）日英比較史の最近の成果としては、大河内暁男・武田晴人編『企業者活動と企業システム――大企業体制の日英比較史――』東京大学出版会、一九九三年、がある。

（16）最新の成果、細谷千博、イアン・ニッシュ監修『日英交流史　一六〇〇～二〇〇〇』全五巻、東京大学出版会、二〇〇〇～二〇〇一年、は、執筆陣・内容ともに文字通り圧巻である。

（17）先駆的研究、杉原薫『アジア間貿易の形成と構造』ミネルヴァ書房、一九九六年、を参照。

（18）秋田茂『イギリス帝国とアジア国際秩序――ヘゲモニー国家から帝国的な構造的権力へ――』名古屋大学出版会、二〇〇三年、の軍事・経済両面からの議論は大変興味深い。

第1章　イギリスの工業化に対する実業教育の役割

はじめに

イギリス産業革命は、実業教育制度が普及する以前に達成された。「最初の工業国家」の確立に尽力した職工には、いわゆるアマチュアリズム、すなわち技術は教育機関を通じてではなく、実務経験によって伝授されるものであるとする考え方が浸透しており、産業に携わる人々が概して実業教育の制度化を必要としない傾向があった(1)。かつて経済史家コールマンは、イギリスでは産業人が実業教育に関心を示さない一方、学校教育といえば実業とは無関係の教養教育であるという固定的な価値観が支配層を中心に信奉されていた、と指摘した(2)。この主張にしたがえば、イギリスの教育制度全般が支配層の利害によって左右されており、そこにおいて実業教育は排除されていたものと理解される。こうした産業界・教育界両面からの実業教育軽視、教養教育偏重の傾向は、昨今のイギリス経済史研究においてもたびたび強調されており、「英国病」の病巣として位置づけられることも少なくない。

ただし一九世紀後半、イギリスの工業生産力が弱体化するにともなって、教育制度をめぐる動きに大きな変化の兆候があらわれた。一八七〇年に初等教育義務教育化の端緒が築かれ、一八九〇年代には中等・高等教育の制度化が検討される中で実業教育の重要性が識者から主張された。また、産業革命の中心地である北部・中部イングランドの工業都市において、実業教育を重視した経営者も登場した。先発工業国イギリスにおける実業教育振興活動は、国家・中央政府主導の組織的な振興活動とは異なり、民間団体または地方自治体主導の分権的な振興活動、いわゆる「下からの」振興活動であった。その担い手となった民間団体・地方自治体は、後発工業国の実業教育制度を常に意識・模倣しつつ活動を展開した。つまり、彼らは資金調達・運営面における協力関係を相互に結び、既存の散在的な振興活動を集結させることによって、後発国に見られるような中央集権的な振興活動を目指した。

本章では、イギリスにおける支配層の価値観が実業教育制度の発展にいかなるインパクトを与えたのか、イギリスの実業教育振興とは具体的にどのようなプロセスをたどったのか、その実業教育振興はイギリス経済に対していかなる役割を果したのかを中心に検討を試みたい。さらに、イギリス人が後発工業国である日本の実業教育振興をどのような視点で見つめていたのか、についてもあわせて言及するつもりである。

第1節　伝統的価値観と実業教育

1　反産業主義文化と文化史的アプローチ

よく知られているように、近現代イギリス史学界における「英国病」をめぐる議論は、イギリス経済史像の再考を余儀なくさせた(3)。さまざまな分析視角から工業衰退の根拠が検討される中、イギリス産業革命はもはや「革命」ではなく、特定地域を中心とした工業化の一過程にすぎないとさえ主張された。つまり、これまでにおける産業革命のイメージ、すなわち資本家と労働者の階級分化を完成させ、産業資本主義を確立させた画期的な事件としての位置づけに異論が唱えられるにいたったのである。かくして、イギリスは「最初の工業国家」であるにもかかわらず、合理的な経済発展を放棄するような特性を保持していたと結論づけられた。例えば、社会学者G・インガムは、イギリス経済にマイナスの影響を及ぼした特性について、伝統的な文化・イデオロギーに対する固執、強力な貴族勢力の支配層における存続、ロンドン・シティの商業・金融利害における独占的地位、そしてこれに対する産業利害の脆弱性の四点を列挙した(4)。また、わが国では米川伸一が、一八世紀以来の伝統的価値体系が産業革命以降も存続、保守的な経営風土が形成されたことを早くから指摘し、イギリスの企業家を支配層、すなわち地主貴族階級に内包される従属集団であるとした(5)。

M・J・ウィーナによれば、このようなイギリスの保守性は教育制度を媒介としたものであった。具体的には、イギリスではエリート教育機関によって育まれる反産業主義文化が根強く、反産業主義的な地主貴族的価値観による企業家層の教化、すなわち「産業経営者のジェントリー化」が産業革命以降に顕著であったと論じられた。「ジェントリー化」とは、旧来の支配層である地主貴族が商工業に従事する新興の資本家層を地主貴族的価値観に「教化」することであり、このプロセスによって旧来の支配層が支配層としての地位を依然として享受し続けた。その際に、教化を媒介したのが、エリート教育機関、パブリック・スクールであった。特に支配層によって重用されていたのは、イートン校、ハロー校、ウィンチェスター校などに代表される、いわゆる「クラレンドン・スクール」であった。クラレンドン・スクールとは、一八六一年に政府内に設置されたクラレンドン委員会により調査対象となった九校のパブリック・スクールを指し、これらの学校はイギリスの規範的エリート教育機関として不動の地位を築いた(6)。エリート教育機関ではジェントルマン理念が重視され、妥協・寛容・自制の精神や古典的教養（ラテン語・ギリシア語）、スポーツマンシップが賛美される一方で、私的利益の追求、産業・ビジネス、実業教育が侮蔑の対象となった。産業経営者が社会的上昇を遂げるにはこうしたジェントルマン理念を追求せざるを得ず、彼らは徐々に産業精神を衰退さ

図1－1　代表的なパブリック・スクール、イートン校の生徒たち

せていったのである。[7] ウィーナはイギリスで実業教育が軽視された根拠を、教育制度に産業利害が組み込まれる余地がなかったイギリス独特の文化に求めており、このようなアプローチは文化史的アプローチとして位置づけられる。[8]

2　イギリス商業・金融国家論

かつて森嶋通夫は、イギリスの初等・中等教育制度が複線的な教育体系であること、すなわち、それが大衆教育機関である公立学校とパブリック・スクールを含む私立学校とで構成されていることを強調したが、[9] ウィーナの議論にしたがえば、イギリスの産業経営者は富を蓄積すると自分の子供を後者の私立学校、つまりエリート教育機関に通わせる傾向にあった。しかし、『衰退しない大英帝国』の著者であるW・D・ルービンステインによれば、イギリスにおいて産業経営者が子供をエリート教育機関に通わせた形跡はほとんど見られず、それを最も顕著な形で実行したのはロンドン・シティの銀行家であった。彼らはその職業の性質上、地主貴族階級が理念的に蔑視する私的利益の追求を行っていたにもかかわらず、支配層と学歴を共有し、姻戚関係を築くことなどによって、そこに取り込まれ得た。その背景は、ルービンステインのイギリス商業・金融国家論によって、とりわけ説得的に論じられた。

ルービンステインは、産業経営者が地主貴族文化を吸収することで「ジェントリー化」された事実はなく、一貫し

て支配層から冷遇されていたと主張した。[10] ルービンステインは、一九世紀イギリスにおける富者の資産分析を行い、その分析成果に基づいて、イングランドにおける「産業利害に対するシティ商業・金融利害の社会的・経済的優位」を提唱した。とりわけ銀行家の経済的優位は産業革命期以降、しだいに積み上げられてきたものであり、産業革命を経験しても、イギリス経済の繁栄を享受していたのは製造業ではなくシティの商業・金融業であることが強調された。一九世紀後半になると銀行家は、穀物法撤廃を契機として地代収入を減少させた地主貴族階層の証券投資をサポートする形で、ますます支配層に取り込まれた。

新興支配層としての銀行家と、伝統的支配層であった地主貴族階級とを社会的に結びつける機能を果たしたものの一つが、学歴であった。Y・カシスによれば、一九世紀後半に活躍した銀行家のうち、約半数近くがパブリック・スクールないしはオックスブリッジ（オックスフォード、ケンブリッジ両大学）に通学しており、学歴こそ、支配層に共通の価値観を与え、人的ネットワークを形成させた媒体であった。[11] 産業経営者にこうした傾向はほとんど見られず、例えばC・エリクソンが、鉄鋼業経営者で一八七五年から一八九五年に活躍した者のうち、パブリック・スクールに通学した者は一六％、オックスブリッジに通学した者にいたってはわずか九％であったことを実証している。[12] 当然、シティの銀行家にとっても、教育機関は実業教育を行う場として位置づけられなかった。銀行家の実業教育は、一九世紀末以降、商業会議所や同業者団体によって実施された試験制度の中に組み込まれるようになり、銀行協会(Institute of Bankers, 一八七九年設立）が、一八八一年より会員の銀行家を対象に銀行業務関連科目の試験を実施している。[13]

以上のイギリス商業・金融国家論の見解では、イギリス資本主義において産業経営者がヘゲモニーを掌握する機会そのものがなく、産業革命を通じてもイギリスの社会・経済には実業教育の制度化が叫ばれる土壌がなかったのである。

第2節　実業教育振興の萌芽

1　万国博覧会と実業教育振興活動

イギリスにおけるエリート教育の伝統に対抗して、一九世紀後半に到来した科学・技術教育振興の動きについて、以下では検討する。伝統的にイギリスでは、実業教育を教育内容としてみなさない傾向があったため、一九世紀を通じて、M・ファラデーが講義したことでも知られる王立講習所や、ミドルクラスの有志によって設立された職工《メカニック》・講習所《インスティチュート》などにおいて、実業教育は民間で行われてきた(14)。一八四五年に設立された王立化学カレッジも、民間の努力が結集されてできた機関の一つである。王立化学カレッジは、E・フランクランド、L・プレイフェア、E・ターナー、J・S・マスプラットなど、イギリスを代表する化学者の要請に基づいて、アルバート公がロンドンに設立した高等教育機関であった(15)。王立化学カレッジが設立される以前においては、高度な化学教育機関がイギリスにほとんど存在せず、化学者はみなドイツに渡って教育を受けることを余儀なくされていた(16)。王立化学カレッジの創設は、イギリスの化学産業と高等教育との距離を近づけることになり、例えば、リヴァプールでアルカリ産業を営んでいたマスプラットは、王立化学カレッジの設立に感銘を受け、同カレッジが設立されてから三年後に化学教育を実施するカレッジを独力で創設した(17)。また、一八五六年のW・パーキンによる紫色染料モーヴの発見が、王立化学カレッジでなされた偉業であったことも注目に値する(18)。

イギリスで実業教育の振興が行われる契機は、一八五一年にロンドンで初めて開催された万国博覧会によって到来した(19)。万博に来場したイギリスの識者が、諸外国の出品物が予想外に優秀であることに驚嘆し、それが徐々にイギリ

図1－2　ロンドン万国博覧会の会場、クリスタル・パレス

スの経済的優位を脅かすのではないかと危惧するようになったのである。ロンドン万博の審査員であったプレイフェアは、他国の発展を省みないイギリス人の自己満足を強く批判し、イギリスの地位を保持する手段は、科学に関する研究・教育を行う工科カレッジを設立することにほかならないとした。[20]ロンドン万博をきっかけに、プレイフェア以外にも、T・ハックスリー、H・コール、H・ロスコウなど科学者を中心とした人々が、実業教育振興、とりわけ高等教育機関における科学研究の必要性に対して論陣を張った。[21]彼らの主張によって、イギリス政府はようやく実業教育振興に向けた政策を打ち出すことになった。政府は、万博で獲得した収益金に政府の助成金を上乗せすることによって、サウス・ケンジントンに実業教育機関建設のための広大な用地を購入した。また、一八五三年に実業教育に関する管理・運営機関として、この地に科学工芸局（Department of Science and Art）を設置した。こうして、サウス・ケンジントンはロンドンにおける実業教育振興の中心地となっていく。[22]

一八六七年にパリで行われた万博は、イギリスの世論にとってより衝撃的な結論をもたらした。ロンドン万博ではほと

んどのイギリス製品が栄誉に輝いていたのに対し、次のパリ万博では、九〇品もの出品物のうち、賞を獲得したのはわずか一〇品だけであった。それは、後発工業国のドイツ、アメリカにおける工業発展の様相を物語るものであり、イギリスの産業システムにおける時代錯誤性、脆弱性を示唆するものであった。この時期以降、イギリスの識者は、ドイツの組織的な実業教育制度を模倣した制度を構築することこそが、イギリス経済再建のために不可避な策であると主張するようになった。一八九〇年代より二〇世紀初頭にかけて、教育院（Board of Education）の管轄下で中等教育制度が整備されるにつれ、保護貿易主義の提唱者も、自由貿易主義の提唱者も、異なる立場でありながらともに中等、さらに高等教育レベルにおける実業教育振興の必要性を訴えた(23)。

2　工業都市における市民大学の設立

産業と高等教育とが連携する、いわゆる産学連携への働きかけは、一九世紀末における産業構造の変容によって徐々にあらわれた。M・サンダーソンによれば、一八八一年から一九〇一年にかけて雇用が増大していた産業とは、金属・機械・造船業、鉱業、公益事業、製紙・出版業、食料・飲料・タバコ産業、化学産業であり、これらの産業が高等教育機関で習得するべき専門知識を不可欠とするものであったため、各工業都市単位で高等実業教育の振興が行われるようになった(24)。それを象徴する高等教育機関が、市民大学（civic university）であった。エリート教育機関による教養教育優位の伝統が根強い中、実業教育を重視した大学を設立することは、各工業都市の地方自治体および地元企業家の責務とならざるを得ず、市民大学は一八七〇〜八〇年代をピークに多くの工業都市で設立された。具体的な大学は、表1-1に示されたとおりであるが、ほとんどの大学が北部・中部イングランド工業都市の企業家などの出資によって設立されている。

市民大学の設立は、イギリスにおいて実業教育の社会的評価を高めることになり、実業教育振興活動の進展を促し

表1－1　市民大学の創設・運営主体

都　市	設立年	カレッジ	創設あるいは運営主体
Manchester	1851	Owens College	J. Owens（綿商人）
Southampton	1862	Hartley Institution	H. R. Hartley（ワイン商人）
Exeter	1865	Royal Albert Memorial College	地方自治体が運営
Newcastle	1871	Newcastle College of Physical Science	I. L. Bell（鉄鋼業者）、W. G. Armstrong（兵器製造業者）ら
Leeds	1874	Yorkshire College of Science	J. Kitson（機械工）が提案、毛織物仕上工カンパニーが出資
Bristol	1876	University College	W. L. Carpenter（石鹸製造業者), W. P. Baker（穀物商)、L. Fry（チョコレート製造業者）ら
Sheffield	1879	Firth College	M. Firth（鉄鋼業者）
Birmingham	1880	Mason's College	J. Mason（ペン先製造業者）
Nottingham	1881	University College	L. Heymann（レースカーテン製造業者)、E. Goldschmidt（絹商人・醸造業者）の出資、運営は地方自治体
Liverpool	1882	University College	地方自治体が設立・運営
Reading	1892	University Extension College	the Palmers（ビスケット製造業）

出典：M. Sanderson, *The Universities and British Industry 1850-1970,* London, 1972, passim. に基づいて作成。

た画期的な出来事であったといえる。それを端的に示すリーズのヨークシャー科学カレッジの設立経緯に注目したい[25]。リーズに初めて実業教育機関を設立したのは、地元で紡績業を営むT・ナッシーであった。彼は一八六七年のパリ万博において、フランス・ベルギー・プロシアなど諸外国陳列品の洗練された技術が国家によって構築された実業教育機関で培われていることを見聞し、これに触発され、一八六九年に一族で資金を拠出してリーズ工芸・科学講習所を設立した。これと時をほぼ同じくして、職工講習所連合の会員でリーズの機械工J・キットソンを中心に、製造業者や科学教員を志望する若者を育成する高等教育機関を設立すべきである旨の報告書が作成された。この報告書がナッシーの目に留まるところとなり、ナッシーはリーズの市民大学設立に資金を投じる決意を固め、一八七四年にヨークシャー科学カレッジが設立された。

ナッシー家は、ロンドンの毛織物仕上工カンパニー（Clothworkers' Company）の利権を保持する一族であった。彼らが市民大学の設立に出資したのも、毛織物仕上工カンパニーを代表する企業家として、繊維産業技術に関連

図1－3　イギリス全図

した高等実業教育の実施を要請してのことであった。カンパニー（livery company）とは、中世の有力ギルドに端を発し、のちに設立勅許状により認可されて法人格を有した同業者組合のことであり、ロンドンにおいては、シティの行政を伝統的に統轄するシティ・コーポレーションに強大な影響を及ぼす勢力であった。[26] しかし一九世紀末になると、広大な不動産を保有して前近代的な祝祭事業を行うカンパニーに対する世論の批判が高まり、これを契機にカンパニーという制度的枠組みが一転して存続の危機に陥った。[27] そのような時代状況の中で、カンパニーが自らの存続をかけて乗り出した事業が教育投資活動であり、カンパニー主導の教育投資活動が組織化されてできた団体が、実業教育振興団体、ロンドン・シティ・ギルド協会（City and Guilds of London Institute for the Advancement of Techical Education, 一八七八年設立。以下、CGLIと略記）であった。[28] CGLI設立のイニシアチブを取ったカンパニーが毛織物仕上工カンパニーで、彼らの実業教育振興に対する熱意が反映されて、ヨークシャー科学カレッジには、実験物理学、地質・採鉱学、化学などの講座のほかに、染色化学学科が設けられた。この染

色化学学科は、リーズの染色業界における研究開発の進展に大きく貢献したといわれている。(29) リーズにおける市民大学の設立は、毛織物仕上工カンパニーにとって、CGLIによるのちの実業教育振興活動の端緒を築く出来事であったと位置づけられる。

第3節　「下からの」実業教育振興

1　中小商工業者の要請

一九世紀末になると、識者のみならず中小商工業者が実業教育の導入を積極的に求めるようになった。彼らの要請は、一八八一年に設置された「技術教育に関する王立委員会」で明らかにされた。この王立委員会は、イングランド北部の都市ミドルズブラの鉄鋼業者で自由党議員のB・サミュエルソンを委員長とし、国内外における実業教育・普通教育の普及状況が調査・分析された。(30)「技術教育に関する王立委員会」に証言した者には、産業従事者、教育関係者を含めて八四名の人物がいた。そのうち具体的な業種が不明である者を除いて、二六名の産業従事者（土木技師を除く）が証言を提供しており、それを示したものが表1-2である。ここにあらわれている産業従事者には著名な者が多く、例えばパーキンは、前述したようにモーヴの発見者として知られる化学者であり、I・L・ベルはイギリスを代表する鉄鋼企業経営者であった。それから、G・ウェッジウッドは陶器製造企業ウェッジウッド社のシニア・パートナーであり、M・L・アーノは同じく陶器製造企業ミントン社のアート・ディレクターであった。さらに、デザイナーとして名高いウィリアム・モリスもここに含まれている。

さて、表1-2の証言者について特筆すべきは、ロンドンを勤務地とする中小商工業者が多数を占めていたことで

表1－2　「技術教育に関する王立委員会」における産業界からの証言者

人　名	勤務地	職業・職種
R. Haeffely	Manchester	キャラコ・プリンター
W. Perkin	London	化学産業
I. L. Bell	Middlesbrough	鉄鋼業
G. Wedgwood	Stoke-On-Trent	陶器製造業
M. L. Arnoux	Stoke-On-Trent	陶器製造業
W. Morris	London	デザイナー
H. H. Mott	London	織物製造・卸売業
J. W. Benn	London	家具デザイナー
H. R. Paul	London	家具製造業
G. N. Hooper	London	馬車製造業
C. T. Millis	London	金属板製造業
D. Henderson	London	金属板製造業
W. Wright	London	金・銀細工・陶器製造業
G. M. Berry	London	レンガ積み業
J. Channon	London	レンガ積み業
H. Staynes	London	レンガ積み業
A. Umbach	London	仕立業
H. Mitchell	Bradford	織物製造・貿易業
H. D. Richardson	?	製靴業
G. Shipton	London	室内装飾業
H. Dry	Birmingham	真鍮鋳造業
T. C. Barnes	Birmingham	ガラス製造業
A. Haddleton	Birmingham	ガラス製造業
A. A. Willms	?	真鍮・銀細工デザイナー
A. A. Jowitt	Sheffield	刃物製造業
G. Barnsley	Sheffield	刃物製造業

出典：*Royal Commission on the Technical Instruction,* 2nd Report, Vol. IV, xxxi (I), 1884 の内容に基づいて作成。

ある。M・J・ドーントンによれば、一八～一九世紀にかけてのロンドンは「異なる専門的技能を持った職工が相互に依存しあいながら集まった熟練のコミュニティ」(31)が残存した都市で、特にロンドンの職工は新たな熟練形成の手段として実業教育に大きな関心を寄せていた。その様子は、ロンドンを拠点とした各種業界団体に関する資料からもうかがえる。ドイツの工科大学をモデルに初の実業教育機関として設立されたロンドンのフィンズベリ技術カレッジが閉鎖された際（一八八三年に設立され、後述するように一九二六年に閉鎖されている）、ロンドンの製造業者の諸団体が猛反対の声をあげたのである。ちなみに、このカレッジは機械工学・電気工学・化学・応用工芸の四学部によって構成され、その主任教授は、「お雇い外国人」として工部大学校で電気工学を教授したことでも知られるW・E・エアトン、機械工学を担当したJ・ペリーらがつとめていた(32)。カレッジの閉鎖に反対した業界団体の一つは、主にロンドンに点在する中小企業によって構成されていた全国製造業者連合（National Union of Manufacturers, 一九一六年設立）であった。一九二〇年、同連合は嘆願書をカレッジの運営主体であったCGLIに提出し、「それ〔カレッジの閉鎖――引用者、以下同〕は誤った方針である。マグナス氏〔CGLIの執行役兼総務部長〕がわれわれに同意していただけるのなら、カレッジの存続のために何かできることはないだろうか?」と述べている。(33) また、一八七八年より本部をロンドンに移転した機械技師協会（Institution of Mechanical Engineers, 一八七四年設立）もカレッジの閉鎖に異議を唱えた。同協会のセクレタリーであったM・モワットが一九二一年に教育院に宛てた書簡の中で、「カレッジが閉鎖されれば、ロンドンにおいてエンジニアリング、およびその他の科学を学ぶ学生にとって大きな困難となろう。カレッジの施設は人であふれているのであるから」と苦言を呈している。(34)

表1-2に示された証言者の発言は概して二点にまとめられる。第一に、機械化の進展にともない徒弟制度のみの訓練法が不十分なものとなっていることが指摘された点、(35) 第二に、その一方でヨーロッパ大陸諸国の技術と自国のそれとの間の技術的格差が認識され、特にフランスとドイツの技術、さらにそれを支える各国の実業教育制度が一様に賛美された点であった。(36) 一八八〇年代のイギリスにおける中小商工業者は、フランスやドイツを模倣した形で徒弟制度を補完する実業教育制度が確立されることを願っており、この要請をふまえて政府は実業教育関連法案を可決するにいたった。こうして制定された法律が、一八八九年の技術教育法、および一八九〇年の地方課税法である。技術教育法とは、地方自治体（具体的にはカウンティ・カウンシル）による実業教育振興を対象とした課税を認可した法律である。また地方課税法は、中央政府の地方行政統括機関であった地方政府局が徴収した酒税（「ウィスキー・マネー」と呼ばれた）を各地方自治体に交付金として分配し、それを実業教育のために一部支出させることを規定した法律であった。これらの法律は、政府が実業教育振興を各地方自治体に一任する意図が含まれており、地方自治体レベルにおける実業教育制度集権化への端緒が築かれた。

2　実業教育振興の集権化

技術教育法・地方課税法の相次ぐ制定によって、イギリス国内の各カウンティ・カウンシルは実業教育行政に着手することになった。とりわけ精力的な活動を展開したのは、フェビアン協会のシドニー・ウェッブ（Sidney Webb, 一八五九～一九四七）、およびH・L・スミスが率いるロンドン・カウンティ・カウンシル（London County Council, 一八八九年設立、以下LCCと略記）の技術教育委員会（Technical Education Board, 一八九三年設立、以下TEBと略記）であった。

LCCは、ロンドンにおいて散在していた既存の実業教育振興団体の利害を内部に取り込むことによって、実業教育振興の集権化を図った。第一に、TEBの委員は多岐にわたる団体のメンバーによって構成された。TEB創設時における委員は、LCCの委員のほかに、ロンドン学務委員会[37]、CGLI、シティ教区慈善協会[38]など、すでに実業教育振興に携わっていた団体の構成員によって占められた。LCCはTEBの委員を選出する際、CGLIの先駆的な実業教育振興活動にとりわけ敬意を表した書簡を宛てている[39]。ここからも、LCCが実業教育振興という目的を果たすために、CGLIと友好的な関係を構築しようとしていた意図が看取されよう。

第二に、TEBが内部においても既存の団体によって構成された小委員会を作り、その結束力をいっそう強固なものとした。その小委員会とは、一八九四年に設置されたロンドン・ポリテクニク委員会である[40]。TEBが設立される以前、ポリテクニクはRegent-street Polytechnic, Birkbeck institute などロンドンに八機関あったが[41]、これらはCGLIとシティ教区慈善協会が相互に情報交換もせずに、別個に資金を提供していた。したがって、二つの団体によってたびたび支援の重複が生じ、さらには団体同士が互いの助成金に依存した結果、資金援助に消極的になってしまう危険性さえあった。そこで、TEBはCGLI、シティ教区慈善協会のメンバーとともにロンドン・ポリテクニク委員会を結成した。この委員会は、ポリテクニクに関する情報収集、統計作成、助言提供の必要があった場合に、それぞれの団体の意思決定を調整させる機能を備えていた。なお、ＴＥＢはロンドンの労働者居住分布に基づいて地域ごとに集積している産業を取り上げ、ポリテクニクを中核として関連の実業教育を実施することも定めている(42)。

第三に、ＴＥＢは、製造業を対象にした実業教育振興活動と並行して、一八八七年にロンドン商業会議所（London Chamber of Commerce, 一八八一年設立、以下ＬＣＯＣと略記）を構成する一委員会として設立された商業教育委員会（Commercial Education Committee）の活動も支援した。

ＬＣＯＣは創設当初から商業教育振興を活動の中心事項に加えており、具体的には商業・技術・中等教育制度の改善、とりわけ外国語教育の徹底が強調された(43)。一八八五年に発行されたＬＣＯＣの会報においては、「わが国では産業に応用される技術教育の必要性はますます認識されるようになっているのに、商業教育は取り残されている。特に、商業地理、現代外国語、貿易・商業理論、為替などに関する教育が遅れている。大学生は、政治経済に関する教育を専門分野の教授から習得することができる。しかし、彼らは商業の通常業務に役立つ多くの知識を獲得していない(44)」と述べられ、また、特にドイツにおいて商事会社に勤務するビジネスマンが自国以外の商業事情に精通し、卓越した語学能力を有している事実に危機感が持たれていた(45)。かくして、一八八七年一二月、銀行家Ｊ・ラボック、ＬＣＯＣ会頭Ｊ・Ｈ・トリットン、ＣＧＬＩ副会長Ｓ・Ｈ・ウォーターロウ、先述のマグナスらを中心に、ＬＣＯＣの下部組織として商業教育委員会が設置された。

商業教育委員会が草創期に着手した活動は、商業教育試験の実施と高等商業教育機関ロンドン・スクール・オブ・エコノミクス（London School of Economics and Political Science, 一八九五年設立、以下ＬＳＥと略記）の設立の二点にしぼることができる。そのいずれもＴＥＢとの協力関係の下で進められた。例えば商業教育試験は、受験者の納入する受験料とカンパニーなどからの寄付金のみで運営されている状態であったが、この状況を見かねたＴＥＢが、

表1－3　草創期LSEの講義科目および講師

講義科目	講　師	講義のテーマ
経済学	W. A. S. Hewins	「商工業の実情と関連しての経済学」
	W. Cunningham	「外国人移民の経済効果」
統計学	A. L. Bowley	
商業	W. M. Acworth	「鉄道経済学」
商業地理	H. J. Mackinder	
商業史	W. A. S. Hewins	
商工法	J. E. C. Munro	
銀行業務・通貨	H. S. Foxwell	
	G. Peel	
税制・財政学	E. Cannan	
政治学	G. Wallas	

出典：R. Dahrendolf, *LSE, A History of the London School of Economics and Political Science 1895–1995,* Oxford, 1995, p. 21の記述に基づいて作成。

一八九五年に商業教育委員会と工芸協会[46]との提携をＬＣＯＣに打診した。この打診をうけて、一八九九年に商業教育委員会と工芸協会のメンバーによって構成される合同小委員会が発足し、この合同小委員会の設置後、提携の成果として商業教育試験の受験料が減額された[47]。この減額措置は受験者数の増大をもたらした。一方、ＬＳＥも、ＴＥＢ、フェビアン協会と商業教育委員会の協力関係に基づいて設立された高等商業教育機関であった。商業教育委員会は一八九四年一〇月より、ケンブリッジ大学教授Ｗ・Ｊ・カニンガムの商業史講座をＬＣＯＣメンバーに限定して実施していたが[48]、ＴＥＢのウェッブとオックスフォード大学でチューターを務めるＷ・Ａ・Ｓ・ヒュインズがこの活動に注目し、新しい高等商業教育機関を設立するにあたって商業教育委員会に協力を求めた。カニンガムの商業史講座をカリキュラムの中に含めることを交換条件に商業教育委員会が敷地の提供を認め、建設された高等商業教育機関が、ＬＳＥであった[49]。表1－3に示された草創期におけるＬＳＥの科目は、ヒュインズにより提案され、のちにラボック、マグナスら商業教育委員会のメンバーによって審議されて最終的に決定したものである。

1　「お雇い外国人」の視点

これまで見てきたように、イギリスでは実業教育の振興は後発工業国に遅れをとり、一九世紀末になってようやく活発化した。にもかかわらず、明治維新期の日本にやって来た「お雇い外国人」のうち工学分野においては約八割がイギリス人教師であった。中でも、東京大学工学部の前身、工部大学校の初代都検（校長）を一八七三年より一八八二年まで務めたH・ダイアー（Henry Dyer, 一八四八～一九一八）は、伊藤博文・山尾庸三ら旧長州藩勢力の後援を受けつつ、後発工業国＝日本の実業教育振興に尽力したことでよく知られている。一方、維新以降第一次世界大戦までに約五〇〇〇名の日本人が西欧の知識を求めてイギリスに留学した。以上の事実は、イギリスで遅ればせながら開花した実業教育振興活動の成果を、日本人が十分に享受したことを意味するものである。[50]

イギリス人は、いかなる立場から後発工業国である日本の実業教育振興を眺めていたのであろうか。「お雇い外国人」の視点から見ると、彼らにとって当時の日本はさながら「理想郷」であった。明治初期の日本においては、技術エリートの養成に向けて政府が資金を潤沢に準備し、そのことは「下からの」要請によりようやく助成金を与えることに同意した当時のイギリス政府とは対照的であった。すでに述べたように、一八七五年より工部大学校で機械工学・土木工学を教えていた「お雇い外国人」のペリーは一八七九年にその任期を終えて帰国し、一八八三年、ロンドンのフィンズベリ技術カレッジの主任教授に就いた。ペリーは帰国後約三〇年の時を経過した一九一〇年に日本を懐古して、「私が一八七五年に来日したとき、世界のよそでは見たことがないような素晴らしい実験室を発見した。〔中略〕見事な建物、上手に選択された素晴らしい設備、偉大な創造力をもつ休むことない眼光鋭い責任者、これらが日本で私の発見したものである」と記している。[51] ペリーが教鞭をとっていたフィンズベリ技術カレッジは、アマチュアリズムの伝統にしたがって実務志向が強く、イギリスでは大学に相応する教育機関としてみなされなかった。きわめて中途半端な位置づけにあったことから、一九一〇年代になると同カレッジは入学者数を漸減させ、つねに資金不足の状態にあって、最終的には一九二六年、閉鎖に追い込まれている[52]。したがって、ペリーは日本とイギリスの格差を身をもって認識していたと考えられる。さらに、建物・設備以外で日本人学生についても、「お雇い外国人」は彼らの勤勉さを賞賛した。英語教員であったW・G・ディクソンは一八七〇年代後半における日本での経験を振り返って、「一日の大部分を授業に出席し、リクリエーションの時間にまで勉学に勤しみ、消灯まで寮のホールに座っていないと満足せず、最も熱心な者は自分の部屋に本を持ち込み、これまた暗闇におきざりにされると、夜の寒気に耐えるためにコートやマフラーをまとい、廊下の明かりの下にはいだすのである」と述懐している[53]。

一八七四年のタイムズ紙は、日本政府による西欧文明の移殖への努力を高く評価する投書を掲載した。投書はイギリス人によって書かれたもので、特に、多数の高名な外国人教師を自国に招聘して、外国人にひけをとらない優秀な技術者を国内で育成する手法、また日本政府が何よりも語学教育を重視している側面などが賛美された[54]。ほぼ同時期のイギリスにおいては、これと対照的に、イギリス国内の教育機関における語学教育の欠陥が指摘されていた。一八八五年においてＬＣＯＣが大きな危機意識を感じていたように、イギリス人事務員を駆逐するほど多数のドイツ人がイギリス国内で雇用され、彼らがビジネスで外国語を自在に操っていたためである。

2　なぜ、「上からの」実業教育振興が行われなかったのか？

後発工業国の発展に危機感をつのらせながらも、なぜ、イギリスでは国家・中央政府によって「上からの」振興が行われなかったのであろうか。最も説得力のある理由としては、すでに述べたように、イギリスでは教養教育中心のエリート教育が支配層によって重視され、実業教育の有用性がなかなか認められなかったためである。確かに、エリート教育至上主義の傾向は二〇世紀になっても一貫して変わらなかった。Ｄ・ジェレミーの研究によれば、二〇世紀のビジネス・エリート（大企業のトップマネジメント）の学歴においても、オックスブリッジ出身者の方が相対的に多かった。[55] また、実業教育の振興が緩慢な進展に終始したのは、イギリスの経営者も労働者もアマチュアリズムの伝統に基づいて、産業革命期以来の徒弟制度に依然としてしたがう傾向があったためである。

しかし、万国博覧会での経験を通じて、大陸諸国との技術的落差を痛感した中小商工業者を中心に実業教育への要請が生まれたことも確かである。そのような「下からの」不満が原動力となって、一九世紀末になると民間団体・地方自治体の諸力が結集される形で改革が行われた。民間団体・地方自治体が協調行動をとったのは、国家・中央政府の財政基盤が脆弱な状態にあったためである。地主貴族階層、商業・金融業者を中核にした支配層の利害が一枚岩となってエリート教育を信奉し、経済活動に関連した学問である実業教育を軽視していたという点に、イギリスの産学連携が円滑に進まなかった原因があったと考えることができる。「下からの」改革の背後には、日本をはじめとする後発工業国のキャッチアップの脅威が常にあった。結局、イギリス人は後発工業国における目覚ましい実業教育振興の成果に煽られつつ、自国の振興に携わることを余儀なくされたのであった。

（1）B. Elbaum and W. Lazonick, “An Institutional Perspective on British Decline”, in Elbaum and Lazonick (eds.), *The Decline of the British Economy*, Oxford, 1986, pp. 1-17.

（2）D. C. Coleman, “Gentlemen and Players”, *Economic History Review*, 2nd Ser., Vol. 26, No. 1, 1973, pp. 91-116.

（3）川北稔「揺れる『産業革命』像」『朝日新聞』（夕刊）一九九二年六月九日、および秋田茂「軽くなる産業革命　ジェントルマン資本主義論の波紋」『朝日新聞』（夕刊）一九九六年一二月二〇日を参照のこと。

（4）G. Ingham, *Capitalism Divided?: The City and Industry in British Social Development*, London, 1984, pp. 2-3.

（5）米川伸一編『ヨーロッパ・アメリカ・日本の経営風土』有斐閣新書、一九七八年、二～一〇、一二～四八頁。この主張は、P・アンダーソン著、米川伸一訳「現代イギリス危機の諸起源」『思想』四九八号、一九六五年、および五〇一号、一九六六年、の論旨にも通じている。

（6）「クラレンドン・スクール」については、藤井泰『イギリス中等教育制度史研究』風間書房、一九九五年、一五～五七頁を参照のこと。同書によれば、「クラレンドン・スクール」とは、ウィンチェスター（一三八二年設立）、イートン（一四四〇年設立）、セントポールズ（一五〇九年設立）、シュルーズベリー（一五五一年設立）、ウェストミンスター（一五六〇年設立）、マーチャント・テイラーズ（一五六一年設立）、ラグビー（一五六七年設立）、ハロー（一五七一年設立）、チャーターハウス（一六一一年設立）の九校を言う。

（7）M・J・ウィーナ著／原剛訳『英国産業精神の衰退――文化史的接近――』勁草書房、一九八四年、八～一三、二一八～二二〇、二七一～二七四頁。

（8）ウィーナのほかにも、C・バーネットが、イギリスにおける根強い反産業主義文化の存在を認め、その媒介となった制度としてエリート教育制度を位置づけている。バーネットは、教育機関を通じて育成されたエリートの古典礼賛かつ反科学・技術の姿勢が、第二次世界大戦時におけるイギリスの政策に悪影響を及ぼしたと解釈する。以上は、C. Barnett, *The Audit of War: The Illusion and Reality of Britain as a Great Nation*, London, 1986, p. 220 を参照のこと。

（9）森嶋通夫『イギリスと日本』岩波新書、一九七七年、五七～一一五頁。

（10）W・D・ルービンステイン著／藤井泰・平田雅博・村田邦夫・千石好郎訳『衰退しない大英帝国――その経済・文化・教育　一七五〇―一九九〇』晃洋書房、一九九七年、一五九～二二〇頁。

（11）Y. Cassis, *City Bankers, 1890–1914*, Cambridge, 1994, p. 100.

（12）C. Erickson, *British Industrialists: Steel and Hosiery, 1850–1950*, Cambridge, 1959, pp. 33, 37.

（13）*Journal of the Institute of Bankers*, Vol. 1, 1879–80.

（14）M. Sanderson, *The Universities and British Industry*, London, 1972, p. 3.

（15）W. H. G. Armytage, *Civic Universities: Aspects of a British Tradition*, London, 1955, pp. 191–192.

（16）R. R. Locke, *The End of The Practical Man: Entrepreneurship and Higher Education in Germany, France and Great Britain, 1880–1940*, Greenwich, Conn., 1984, pp. 29–88.

（17）Armytage, *op. cit.*, p. 192.

(18) D・S・L・カードウェル著／宮下晋吉・和田武編訳『科学の社会史』昭和堂、一九八九年、一二九〜一三〇頁。

(19) 三好信浩「イギリスにおける工業化と教育の歴史的関連の考察——万国博の教育史的意義を中心にして——」『社会経済史学』第四〇巻第五号、一九七五年、三九〜四一頁。

(20) Armytage, *op. cit.*, p. 195.

(21) Sanderson, *op. cit.*, pp. 6-7.

(22) C・シンガー編著／高木純一・山田慶児他訳『技術の歴史』筑摩書房、一九七九年、六三五〜六三七頁。

(23) Sanderson, *Education and Economic Decline in Britain, 1870 to the 1990s*, Cambridge, 1999, pp. 15-16, 17〜20. 同書によれば、マグナスが保護貿易主義、プレイフェアが自由貿易主義の見解を表明していた。

(24) Sanderson, *The Universities and British Industry*, pp. 9-11.

(25) リーズのカレッジ設立に関する記述は、A. N. Shimmin, *The University of Leeds, The First Half-Century*, Cambridge, 1954, pp. 3-29を参照のこと。

(26) 坂巻清『イギリス・ギルド崩壊史の研究——都市史の底流——』有斐閣、一九八七年、三一〇〜三二〇頁。

(27) I. G. Doolittle, *The City of London and its Livery Companies*, Dorchester, Dorset, 1982, pp. 89-92.

(28) ロンドン・シティ・ギルド協会の活動内容については、松本純「一九世紀末イギリス中小商工業者に対する技術教育振興活動の試み」『経営史学』第三六巻第二号、二〇〇二年、を参照のこと。

(29) Sanderson, *The Universities and British Industry*, p. 86.

(30) *Royal Commission on the Technical Instruction*（以下、*RCTI*と略記）, 2nd Report, Vol. I, xxix, C. 3981, 1884, pp. 536-540.

(31) M. J. Daunton, "Industry in London: Revision and Reflections", *London Journal*, Vol. 21, No. 1, 1996, pp. 1-2.

(32) City and Guilds of London Institute, *Programme of the Technical College, Finsbury*, 1883, pp. 7-21.

(33) G. Cheesmann（National Union of Manufacturers）, *City and Guilds of London Institute, Reports of Defense Committee and Publication against the Closure of Finsbury Technical College*, September 24th, 1920.

(34) National Archives, ED82/69, 20/1/1921.

(35) *RCTI*, 2nd Report, Vol. IV, xxxi(I), C. 3981-III, 1884, pp. 211-217, 234-239, 434-441.

(36) *Ibid.*, pp. 1–10, 11–19, 150–161.

(37) 学務委員会とは、一八七〇年の初等教育法の制定によって設置された行政機関である。同法が初等教育の普及を目的として、学校不足と認められた各行政区にその設置を定めた。以上は、大田直子『イギリス教育行政制度成立史』東京大学出版会、一九九二年、一二〇～一二八頁を参照のこと。

(38) シティ教区慈善協会とは、シティ域内に存続していた教区が、彼らに帰属する膨大な資産を公共事業に提供することを審議する組織として、一八八三年に設立された団体であった。この協会は、ロンドンのポリテクニクに対する助成も行っていた。以上は、V. Belcher, *The City Parochial Foundation 1891–1991, A Trust for the Poor of London*, Aldershot, Hants, England, 1991, passim. を参照のこと。

(39) London County Council, to the Secretary, *City and Guilds of London Institute*, 24/2/1893.

(40) *Annual Report of the Technical Education Board of the London County Council*（以下、*Annual Report of the TEB* と略記）, 1894–1895, p. 7.

(41) ロンドンのポリテクニクは、ヨーロッパ大陸で使用されているような、大学相当の授業を実施する教育機関を意味するのではなく、主に昼間は産業に従事している男女を対象に、夜間において教育および娯楽活動の場を提供する機関を意味していた。ロンドンで最初に設立されたポリテクニクは、Regent-street Polytechnic（一八八二年設立）で、その創設は、砂糖商で篤志家のQ・ホッグがRegent-street の敷地を買い取り、ここにロンドンの下層中産階級の男女を対象とした教育・娯楽の場を設けたことに端を発した。シティ教区慈善協会は、Regent-street Polytechnic の運営に大きく貢献し、TEB設立以前においては、ポリテクニクの建設を支援する中心的な団体であった。

(42) *Annual Report of the TEB*, pp. 14, 58.

(43) K. Lysons, *A Passport to Employment, A History of the London Chamber of Commerce and Industry Education Scheme 1887–1987*, London, 1988, pp. 1–2.

(44) *Chamber of Commerce Journal*, July 4, 1885, p. 169.

(45) *The Commercial Education Movement of the London Chamber of Commerce*, London, 1908, p. 5.

(46) 工芸協会は一七五四年に設立され、一八五一年のロンドン万博を企画したことで知られている。同協会は、一八五七年より各地の職工講習所に通う職工を対象に実業教育試験を実施した。これには外国語・簿記等、商業教育関連の科目も含まれており、商業教育振興を行った先駆的存在としても位置づけられる。

(47) Lysons, *op. cit.*, pp. 22–23, 38–41.

(48) *Ibid.*, p. 24.

(49) R. Dahrendolf, *LSE, A History of the London School of Economics and Political Science 1895–1995*, Oxford, 1995, pp. 10–13; Lysons, *op. cit.*, pp. 24–25.

(50) 西沢保「技術教育における先進と後進――世紀転換期のイギリス、ドイツ、日本――」（中岡哲郎編『技術形成の国際比較』筑摩書房、一九九〇年所収）に同様の見解が示されている。

(51) O・チェックランド著／杉山忠平・玉置紀夫訳『明治日本とイギリス――出会い・技術移転・ネットワークの形成』法政大学出版局、一九九六年、一〇七頁。

(52) City and Guilds of London Institute, *City and Guilds of London Institute*, London, 1993, pp. 63–64.

(53) チェックランド、前掲訳書、三三八～三三九頁。

(54) *Times*, Tuesday, Jan 20, 1874, pg. 4, col. E.

(55) D. Jeremy, "Enterpreneurs and Managers: Origins, Education, and Training", *A Business History of Britain 1900–1990's*, Oxford, 1998, p. 395.

第2章　日本における後発型資本主義の確立と実業教育

はじめに

本章では、日本における資本主義化を後発型資本主義確立過程として捉え、その特徴とキャッチ・アップのために重視された実業教育の展開に着目して検討する。対象とする時期は、主として幕末の「開国」から産業革命の終期＝産業資本が確立する一九〇〇年代までとし、後発型資本主義がどのような条件の下に発達したのかを明らかにし、先進国イギリスと異なりどのような特殊性を持った資本主義体制として確立したのかをまず検討する。その上で二〇世紀初頭のアジアにおいて唯一の資本主義国となりえた基本要因の一つとして実業教育を捉え、国家の教育政策、教育体系のなかでの位置づけや私学の果たした役割を検討する。

第1節 「外圧」と殖産興業政策

1 幕末・維新期の「外圧」

一六世紀に東アジア諸国はヨーロッパとの間に経済的・軍事的格差を生じていなかったにもかかわらず、一九世紀半ばには、市民革命、産業革命を経た欧米諸国が圧倒的な経済力と軍事力を身につけていた。このような欧米諸国による強制的な世界市場への編入の圧力が、かつて毛利健三氏が「自由貿易帝国主義」として捉えた自由貿易の強制圧力であり、幕末・維新期の日本が直面した「外圧」である。[1]ペリー艦隊の示威行動とイギリスによる中国の武力的開国の経緯に、日本は鎖国政策を断念して日米和親条約（一八五四年）を締結することとなり、これを皮切りに欧米諸国との国交開始を余儀なくされた。さらに一八五八年の日米修好通商条約締結により、先に開港した下田、箱館以外に神奈川、長崎、新潟、兵庫を開港することとした。

欧米先進国から見ると、極東にある中国＝清国と日本の開国により地球上の主要地域の世界市場への編入が終結したことになる。中国は、アヘン戦争後の南京条約（一八四二年）と、第二次アヘン戦争後の天津条約（一八五八年）により、イギリスにより開港と不平等条約を押しつけられた。日本は、日本への関心の強かったアメリカとの間で前述の二つの条約が結ばれ開国に至るが、これらは「自由貿易」を原則としつつ片務的な領事裁判権（治外法権）、協定税率、最恵国条項を含む不平等条約であった。同年中にイギリス、オランダ、ロシア、さらにフランスとの間でほぼ同様の通商条約が結ばれ、一八五九年七月より施行されている。日米修好通商条約では輸出関税率は一律従価五％、輸入関税は五、二〇、三五％の三段階に分かれており、綿製品・羊毛製品は二〇％であったが、日英間の条約では両商品への関税が五％に引き下げられ、一八六六年の「改税約書」ではさらに大部分の商品が従価五％を基準とする従量税に改められ、最恵国条項の適用によりそれらは直ちに他の条約締結国との貿易にも拡大された。そのため天津条約と同等レベルまで貿易条件は引き下げられてしまったが、天津条約と異なりアヘンの持ち込みを認めなかったので、イギリスのアジア三角貿易の埒外におかれた。この三角貿易とは、一八一三年イギリス東インド会社の貿易独占放棄によるインド貿易の「自由化」を契機として成立する、中国からイギリスへの茶の輸出、インドから中国へのアヘンの輸出、イギリスからインドへの綿布の輸出のリンクを指している。(2) また、外国人の国内旅行の自由を開市（江戸・大坂）・開港場（神奈川＝横浜・長崎・箱館・新潟・兵庫）周辺遊歩区域に、商業行為を開港場に限定しており、そのことが参入障壁として日本に有利に働くことになる。しかしこれらの条約は、開港地における領事裁判権容認・関税自主権欠如・最恵国条項付きという日本に不利な条約だったため、後年条約改正にいたるまで多大な犠牲を強いられることになった。(3)

幕末「開港」以降の貿易は「居留地貿易」と呼ばれている。これは、わが国が諸外国と結んだ通商条約において、外国人の開港場における居住と自治権を認める一方で、日本国内歩行を開港場の一〇里四方に限定し、居留地以外での外商の直接取引を禁止したため、居留地域内での取引を唯一の貿易形態とせざるを得なかったことによる。そのため、居留地内に建てられた外国人商館に日本人商人が訪れ、そこで商談をまとめることが一般的形態であり、「商館貿易」ともいわれた。輸入品を扱う日本人商人は引取商、輸出品を扱う商人は売込商と呼ばれ、彼らは取扱商品別に仲間・組合組織を結成し、加入の同業者以外の取引参加を排除していた。横浜の居留地には一八七五年まで英仏の軍隊が駐屯していた。このような居留地制度は、一八九九年の条約改正による領事裁判権消滅とともに廃止されるが、日本人商人による直接貿易が停滞的であったため、明治期には支配的貿易形態であった。(4)

このような外国人商人はどのような人々か。一八五九年七月横浜開港に合わせて入港した船の船籍はアメリカ、オランダ、イギリスの順であったが、「主導権を握ったのはイギリス船でありイギリス商人であった」という。[5] 武器商人、高島炭鉱経営者として、長崎に邸宅を残したT・グラバー（一八三八～一九一一）は有名であるが、幕末にはジャーディン・マセソン商会（Jardine Matheson & Co.）の長崎における代理人であり、スコットランド出身の中小商人の一人にすぎない。[6] イギリス公使R・オールコックは幕末横浜居留地の外国人を「ヨーロッパの掃き溜め」と言い、三井物産創設者の益田孝は明治初年頃の彼らを、オリエンタル銀行、香港上海銀行、ジャーディン・マセソン商会、オランダ東インド会社を前身とするオランダ貿易商会以外は、「食い詰め者ばかり」と評していた。[7] 一八六三年にセントラル銀行やマーカンタイル銀行が横浜支店を開設し、翌年にはイギリスのP&O汽船会社が上海～横浜定期航路を開設すると、「資金に乏しく自分の船を持たない徒手空拳の中小外国商人」[8] が増加したので、これらの評価の根拠はある。しかし開港直後の横浜には、中国で見込取引により巨富を築いてきたジャーディン・マセソン商会、デント商会（Dent & Co.）、フレッチャー商会（Fletcher & Co.）などのイギリス系巨大商社が進出して主導権を握っていった。なかでも横浜英一番館＝ジャーディン・マセソン商会は「極東における最大最強のイギリス商社」[9] であり、一八六〇年代前半の貿易額では輸出の一〇～二〇％、輸入の一〇％台を占めていた。しかし後半以降は日本の貿易額全体が急速に増加したため相対的に低落してゆく。なお一八八〇年当時日本における外国商社数は、イギリス商社一〇八社、中国商社一〇二社、ドイツ商社四一社、アメリカ商社四〇社、フランス商社三七社であった。[10]

幕末の貿易動向は表2-1のとおりである。輸出は生糸・茶などの原料・半製品、輸入は綿織物・毛織物等の完成品という典型的な後進国型の貿易構造が見られる。輸入については綿織物、毛織物といった近代工業の産物が大量に流入していると同時に、六〇年代に早くも綿糸輸入が着実に拡大していること、砂糖の輸入量が急増していることは国内の産業構造との関連で注意を要する（後述）。またこの時期には、幕末の動乱のため艦船や武器・軍需品の輸入が輸入額全体の二割前後を占めている。幕府や各藩は先を争って近代兵器や艦船購入に走るが、尊皇攘夷の急先鋒で

表2-1　幕末商品輸出入構成

（単位：%、合計は1,000ドル）

	品　目	1863年	1865年	1867年
輸出	生糸	75.8	79.4	43.7
	蚕卵紙	—	3.9	19.0
	茶	6.1	10.5	16.3
	昆布	2.5	2.0	4.1
	その他海産物	1.3	0.8	2.7
	蝋	0.9	0.3	1.1
	人参	0.4	0.4	1.4
	綿花	8.7	0.4	—
	石炭	—	—	2.2
	漆器	—	—	1.1
	その他	4.3	2.2	8.5
	合　計	11,746	18,490	12,124
輸入	合　計	5,725	15,144	21,673
	綿織物	12.8	33.5	21.4
	綿糸	—	5.8	6.2
	毛織物	21.8	40.3	19.7
	鉄	—	2.4	0.6
	その他金属	20.2	1.0	0.3
	綿花	—	—	3.5
	砂糖	0.3	1.4	7.8
	米	—	—	10.6
	武器・軍需品	—	7.0	13.3
	小銃	0.7	—	—
	艦船	26.7	6.3	7.8
	その他	17.5	2.2	8.7

出典：石井孝『幕末貿易史の研究』日本評論社、1944年、同「幕末貿易に関する若干の統計的資料」（『横浜大学論叢』第5巻第2号、1953年12月）より作成。

注：(1)—は不明

(2)日本貿易史研究会編『日本貿易の史的展開』三嶺書房、1997年、23頁より形式を変更して転載。

あった薩摩や長州は、一八六三〜六四年にイギリス艦隊による鹿児島湾攻撃、英・米・仏・蘭四国連合艦隊による馬関（下関）攻撃という洗礼を受け、逆にイギリス等に急接近をしつつ軍備を整え倒幕へと進む。それらがこの数値にあらわれている。

明治維新以後の貿易動向を同時期の中国のそれと対比して示したものが表2-2である。芝原拓自氏が指摘したように、日本と中国はほぼ同じ時期に「開国」を余儀なくされたが、いくつかの点で重要な相違を生み出していった[11]。まず第一に貿易総額に見られる「伸びの速度の差」である。輸出の伸びはそれを支える工業発展を示しており、輸入の伸びは製品および半製品市場の拡大を意味している。日本の場合輸出の伸びが特に急激であり、これは、ともに生糸を最大の輸出商品としながら、この間にその生産力の展開と流通体制に大きな格差が生じたことを意味している。第二に輸入品構成に見られる変化である。当初よりアヘンの存在が両国の輸入品構成に大きな相違をもたらしており、中国はイギリス「自由貿易帝国主義」の露骨な犠牲となっていた。さらにイギリスの基軸商品たる綿製品の輸入という点で、中国は圧倒的割合を綿織物が占め続けていた。それに対し日本の場合、表2-1でも見られたように、比較的早い段階から綿糸=半製品の輸入が盛んであったが一八八八年をピークに反対に減少し始めている。これは、日本の場合いち早く国内綿織物業が輸入綿織物に対抗しつつ成長し始めていること、それに促されて国内の紡績業も盛んになってきたことを示しており、中国綿業との格差が生じていることを示している。

ところで、このような貿易の展開は在来産業にどのような影響を及ぼしたのだろうか。集約すれば①成長・発展タイプと②解体・再編タイプ、③衰退タイプに分かれる。①の典型は養蚕・製糸業である。生糸の販路が一挙に海外へと広がったため、一八世紀末以降の発展により養蚕・製糸・絹織の三工程の分離が進んでいた絹業は、信州・上州・甲州等の養蚕・製糸業と横浜の売込商が結ばれ、養蚕・製糸業地帯では問屋制家内工業や多数の小規模経営を生み出した。在郷商人の中には横浜で売込商となる者もあらわれた。②の典型は先進的在来綿織物業にみられる。一九世紀前半頃には高機が採用され、織布工程専業の機屋が出現していたが、開港後の綿布（生金巾・シーチング等）の流入は、比較的薄手ということで、競合する白木綿（生木綿・晒木綿）産地や絹織物産地に打撃を与える一方で、市場拡大と安価で良質の輸入綿糸使用により対抗した同様の白木綿産地や各種木綿（縞・絣・縮等）産地との明暗を分けた。いずれにせよ、洋糸の浸透が早く、原料としての活用を積極化した地域が発展している。これらの地域での発展が綿布輸入の増加という「外圧」にブレーキをかけ、一八七五年頃より綿糸輸入がそれを上回って伸びてゆく。③の典型は棉作、糖業、

入品　（単位：1,000円）

入			C 収支	C／A
雑類（含アヘン）	%	B 総計		
199,815	39.4	507,201	−18,518	−3.8
286,300	46.6	614,984	−70,109	−12.9
280,455	29.0	966,753	−232,315	−31.6
入			C 収支	C／A
毛織物・砂糖	%	B 総計		
27,919	24.7	113,310	−35,312	−45.3
41,893	25.7	163,092	−11,752	−7.8
67,793	19.5	347,541	15,460	4.3

学研究所、1931年）、日本は『横浜市史　資料編二　日本貿
会・日本史研究会編『講座日本歴史7　近代1』東京大学出

表2－2　中国・日本の貿易額と主要輸出

	輸　出								輸			
中国	年	生糸	%	絹織物	%	茶類	%	A 総計	綿織物	%	綿糸	%
	1868〜72	165,985	34.0	14,720	3.0	262,640	53.7	488,684	158,658	31.3	12,786	2.5
	1878〜82	165,572	30.4	36,633	6.7	252,810	46.4	544,874	141,788	23.1	27,682	4.5
	1888〜92	205,146	27.9	56,471	7.7	217,606	29.6	734,438	218,100	32.6	136,237	14.1
	輸　出								輸			
日本	年	生糸	%	絹織物	%	茶類	%	A 総計	綿織物	%	綿糸	%
	1868〜72	28,161	36.1	8	0	15,460	19.8	77,998	18,561	16.4	17,570	15.5
	1878〜82	53,110	35.1	110	0.1	33,278	22.0	151,340	25,625	15.7	34,912	21.4
	1888〜92	132,019	36.4	8,309	2.3	33,167	9.1	363,001	21,576	6.2	48,783	14.0

出典：元となった数値は、中国は楊端六・侯厚培等『六十五年来中国国際貿易統計』（中華民国国立中央研究院社会科易統計』（横浜市、1962年）「全国輸出入品表」のものであり、芝原拓自「東アジアにおける近代」（歴史学研究版会、1985年）10～11頁の表1より転載。ただし中国の数値は1海関両を1.53倍して円単位に置き換えた。
注：「雑類」にはアヘン、コカイン、モルヒネ、馬、武器弾薬（車両・船舶はこの間なし）などが含まれている。

菜種作・絞油業、そして手紡糸に依存し続けた織物業等である。これらは良質・安価な輸入品により市場を奪われ衰退を余儀なくされた。

2　殖産興業政策展開の四段階

「殖産興業」は、「世界水準の資本主義生産様式（機械制大工業を中心とし、部門によりマニュファクチュアを含む）を移植ないし創出していくためにおこなわれた諸政策の総体」であり、一八八一年以降明治政府が自らの経済政策に用いるようになった政策用語である。[12] 維新当初、明治政府は制度としての封建的経済諸規制の解除（私的所有権の法認と「営業の自由」化を根幹とし、移動の自由、職業選択の自由、特権的仲間組織による流通規制の排除等を伴う）を図りつつ、緊急に財政基盤の確立に取り組む必要があった。廃藩置県（一八七一年）と地租改正（一八七三地租改正条例〜八一年地租改正事務局閉鎖）により財政基盤を確立する一方で、武士階級の秩禄を金禄公債に換え（一八七六年金禄公債証書発行条例）財政負担の軽減を図った。このような重大な財政改革の一方で、この殖産興業に取り組まなければならなかったのは、「半植民地国への転落の危険性を回避し資本主義国への転化を促進する」ことが差し迫った課題として認識されていたからにほかならない(13)。冒頭に指摘したように殖産興業政策の展開領域は広範囲に及ぶが、国家による「上からの」欧米先進国の技術・制度・設備の移植が特に強調されてきた。たしかにその意義はきわめて大きいが、内務省に端を発する輸入防遏・輸出振興策＝貿易体制構築・在来産業育成はその後の勧業政策に照らしてきわめて重要であり、これら二つの政策展開を中心に政策担当官庁の変化に対応させて概観しておく。

ⓐ明治政府樹立段階（一八六八～七〇年）

維新政府は、戊辰戦争から廃藩置県の過程で幕営・藩営の軍事・勧業設備を官収した。幕府が保有していた関口大砲製作場・長崎製鉄所・横須賀製鉄所・石川島造船所・幕府海軍所・兵庫造船所等を継承し、後年東京・大阪砲兵工廠、横須賀海軍工廠・海軍造兵廠へと整備・拡張を進めており、多くが重要な軍事工業の拠点となってゆく。藩有の武器・弾薬製造施設として薩摩藩の火薬製造所や集成館をはじめ、和歌山・加賀・長州藩の弾薬製造所等が官収されており、殖産興業が単なる勧業政策にとどまらず、当時の国際環境から軍事工業育成を重要領域として包摂していたことに留意する必要がある。

ⓑ工部省段階（一八七〇～七三年）

「百工褒勧」を目指した工部省は、貨幣材料供給源たる鉱山、文明の象徴たる鉄道と電信、欧米技術・洋式機械の直輸入機関たる工作（赤羽・品川・深川）の各部門を管轄した。しかし同省が廃止される一八八五年までの興業費約三〇〇〇万円のうち鉄道に四八％、鉱山関係に三一％が支出されており、鉄道と鉱山に重点を置く政策展開であった(14)。鉄道は、まず開港場と都市を結ぶ路線に着手し、イギリスからの資金・技術の導入により一八七二年新橋～横浜間、七四年大阪〜神戸間を開設しているが、八〇年代には財源不足のため日本鉄道会社等の民間資本による敷設を余儀なくされている。鉱山開発については、一八七二年の鉱山心得書、翌年の日本坑法により「鉱山王有制」と本国人主義を打ち出し、外国人の参入を排除している。工部省は貨幣材料となる金・銀・銅を産出する生野・佐渡・小坂鉱山等を早期に官収し、貨幣材料の確保に努めるが、鉄や石炭の確保に重点があったのではなかった。(15) なお、資金投入額は大きくないが、電信は一八六九年に東京〜横浜間、七〇年に大阪〜神戸間の公衆電報業務の開始、七三年には東京〜長崎間、七五年には東京〜札幌間が開通し、「幹線電信路が不十分ながらいちおうできあがった」とされている。(16) 郵便制度と合わせて、このような情報伝達のインフラ形成は、経済活動の変革に貢献した。

ⓒ内務省段階（一八七三〜八〇年）

内務省は「国内安寧保護」を所管する省として大久保利通の主導により一八七三年一一月に設立された。この段階での殖産興業は、内務省（大久保利通）を中心に、工部省（伊藤博文）、大蔵省（大隈重信）の連繋の下に推進された。大久保は、「新興国家の最高首脳がそろって海外に長期「留学」したのは、世界史上で空前絶後の出来事」(17) とされる岩倉遣米欧使節団の副使として、一八七一年一一月から七三年五月までアメリカおよびヨーロッパ各国を歴訪している。そして帰国直後、征韓論を巡り西郷隆盛らと対立し、彼らが一〇月に政府を去ったことにより実権を掌握するにいたる。征韓論の背景の一つは、維新政権に対する士族の不平を外に向けさせることであったが、先の使節団に加わっていた岩倉、大久保、木戸、大隈らは「内治優先」を唱えて対立したのであり、内務省はそれに応える機関でなければならなかった。それほどまでに彼らの意識を規定した欧米の実態はどのようなものであったのか。使節団の本来の目的は、不平等条約改正予備交渉であったが、米・英で同意が得られず断念し、欧米各国の制度文物の調査研究に集中する。ことにイギリスに関しては、同様の島国であることからイギリス人に「東洋の英国」と言われ、使節団も四カ月を費やしてロンドン、リヴァプール、マンチェスター、グラスゴー、エディンバラ、ニューカッスル、ブラッドフォード、シェフィールド、バーミンガム等の主要都市を回り、造船所、綿紡績工場、毛織物工場、製鉄所等を視察し、ニューカッスルではアームストロング本人に大砲工場を案内してもらっている(18)。大久保はイギリスから大山巌宛に「何方ニ参リ候テモ、地上ニ産スル一物モナシ、只石炭ト鉄ト而已、製作品ハ皆他国ヨリ輸入シテ之ヲ他国エ輸出スルモノノミナリ、……至ル処黒烟天ニ朝シ、大小之製作所ヲ設ケサルナシ」と書き送っている(19)。

彼らが見たイギリスは一八七三年恐慌直前であり、「世界の工場」として君臨し「ヴィクトリア朝の繁栄」のピークにあった。これらの見聞から、大久保は「宇内万邦に対峙せしめんには、必ず富国の基礎を強固ならしめなければならない」という強固な考え方を持つにいたっている(20)。

内務省は勧業寮（のち勧農局と改称）・警保寮を中心に、戸籍・駅逓・土木・地理寮等で構成されており、きわめて広範囲に及ぶ行政機構であった。勧業寮関係の施設のうち勧農・牧畜部門では内藤新宿試験場、駒場農学校、下総牧羊場、下総取香種畜場、農産加工部門では千住製絨所（毛織物）、新町紡績所（絹糸）、富岡製糸場（生糸）、紋別製糖所、堺紡績所（綿紡績）、愛知紡績所（綿紡績）、広島紡績所（綿紡績）等を設置もしくは継承した。勧業寮は当初農工商三部門を所管したが、途中より農業・農産加工を中心とし、工業部門は工部省の所管とした。一八七五〜八〇年の勧業関係支出中で二割前後の比率を占めていたのは下総牧羊場・種畜場、駒場農学校、内藤新宿試験場であったが、いずれも「泰西」（＝欧米）農法をストレートに導入しようとして不成功に終わっている。

農業・農産加工関係では輸入防遏・在来産業育成の視点から、輸入の中心をなす棉・糖に着目して棉作奨励、機械紡績移植、糖業奨励等も行われたが、必ずしも期待通りの結果とはならなかった。例えば綿糸輸入抑制と棉作奨励も意図して棉作地帯に二〇〇〇錘規模の紡績所を設置したが、事業としては不振であり、一万錘規模の民間紡績会社の成功により綿糸輸入抑制は実現されてゆくものの、棉作については一八八〇年代半ばより安価な中国棉花輸入が増加し、八九年には消費棉花のうち国産棉花は四分の一に後退した[21]。その後、より細い糸が紡出できるインド棉やアメリカ棉に押され国内棉作は衰退の一途をたどる。一方、富岡製糸場（一八七二年開場）は二〇〇〇余人の伝習工女を養成し後年の製糸マニュファクチュア発展に寄与した。

この時期にはまた日本国籍の海運企業育成のため積極的な海運政策を展開している。大久保内務卿は、前年の征台の役に際し軍事輸送に貢献した三菱蒸汽船会社を保護する政策を進めた。七五年九月に内務省駅逓局は、政府所有船の無償貸与と運航助成金付きの「第一命令書」を発して郵便物・官物託送、政府命令航路の開設を求めた。三菱は郵便汽船三菱会社と改称し上海航路を開設してアメリカのパシフィック・メール汽船会社、その撤退後はイギリスのP&O汽船会社と横浜～上海、東京～阪神航路で激しい値下げ競争の末勝利し撤退させた。さらに七六年九月には運航費補助の継続付きで第二命令書を発し、上海航路・釜山航路および四つの国内航路の維持を求めた。三菱はこのような保護の下で西南戦争にいたる不平士族の反乱にも軍事輸送で貢献し、莫大な収益とともに政府から下付された船舶を破格の条件で入手して、全国汽船総トン数の七三％を占める圧倒的地位を確立した[22]。

この時期の工部省は「鉄と石炭」を重視しており、前述の使節団の見聞が生かされている。鉄に関しては一八七四年に釜石鉱山が操業を開始し、七八年に中小坂鉱山を官収し、石炭に関しては七三年に官収した三池炭鉱での採炭が本格化している。

ⓓ農商務省段階（一八八〇～八五年）

この段階は一八八〇年工場払下概則と八一年農商務省設立をもって始まる。極限に達した財政・金融危機と高揚する自由民権運動の前に、殖産興業政策は、支出増加と赤字累積をもたらす官主導の「模範勧奨・直接保護干渉主義を撤回し間接誘導方針に転じた[23]」。財政・金融危機は、一八七四～七七年に連続して勃発した士族反乱（佐賀の乱～西

表２－３　おもな官業の払下げ実施過程
（単位：円、円未満切捨て）

払下段階	払下年月	物　件	官業時投下資本	払下価格	払受人	譲渡先
	1874	高島炭鉱	*393,848	550,000	後藤象二郎	三菱
第１段階	1882	広島紡績	*54,205	12,570	広島綿糸紡績会社	貝塚紡績所
	1884	油戸炭鉱	48,608	27,943	白勢成熙	三菱
第２段階	1884	中小坂鉄山	85,507	28,575	坂本弥八他	廃止
	1884	摂綿篤製造所	101,559	61,741	浅野総一郎	
	1884	深川白煉化石		12,121	西村勝三	
	1884	梨本村白煉化石		101	稲葉来蔵	
	1884	小坂銀山	547,476	273,659	久原庄三郎	
	1884	院内銀山	703,093	108,977	古河市兵衛	
	1885	阿仁銅山	1,673,211	337,766	古河市兵衛	
	1885	品川硝子	294,168	79,950	西村勝三 磯部栄一	廃止
	1885	大葛・真金金山	149,546	117,142	阿部潜	三菱
	1886	愛知紡績所	58,000	—	篠田直方	焼失
	1886	札幌麦酒醸造所	—	27,672	大倉喜八郎	札幌麦酒
	1887	新町紡績所	138,984	141,000	三井	浅羽靖
	1887	長崎造船所	1,130,949	459,000	三菱	
	1887	兵庫造船所	816,139	188,029	川崎正蔵	
	1887	釜石鉄山	2,376,625	12,600	田中長兵衛	釜石鉱山（株）
	1888	三田農具製作所	—	33,795	子安俊他	東京機械製造
	1888	播州葡萄園	*8,000	5,377	前田正名	
第３段階	1888	三池炭鉱	757,060	4,590,439	佐々木八郎	三井
	1889	幌内炭鉱・鉄道	*2,291,500	352,318	北海道炭礦鉄道	三井
	1890	紋鼈製糖所	*258,492	994	伊達邦成	札幌製糖
	1893	富岡製糸所	*310,000	121,460	三井	原合名会社
	1896	佐渡金山	1,419,244	2,560,926	三菱	
	1896	生野銀山	1,760,866			

出典：小林正彬『日本の工業化と官業払下げ』東洋経済新報社、1977年、138～139頁、表５－１より抜粋して転載。
注：*は払下時までの投下資本額（新町は80年末）。

南戦争）に対する莫大な戦費を不換紙幣の増発等によって捻出したこと、国立銀行設立の原資に秩禄処分＝一億七千万円を超す金禄公債活用・銀行券発行を可能としたことにより通貨の膨張を招いたこと、さらには殖産興業のため官設された諸施設や資金貸出の赤字累積等によりもたらされた。

紙幣現在高は一八七七年段階で政府紙幣一億五八〇万円・国立銀行券一三五五万円・計一億一九三五万円、七八年にはそれぞれ一億三九四二万円・二六二八万円・計一億六五七〇万円でピークに達している。[24]このような紙幣増発のため洋銀相場が高騰し、八一年には銀貨一円＝紙幣一・六九六円というピークに達している。八〇年五月、大隈大蔵卿は外債五〇〇〇万円募集により一挙に紙幣整理を断行しようとしたが、政府内の反対のため財政緊縮による整理に転換せざるを得なかった。八一年の政変で大隈が追放されると松方正義が大蔵卿となり、財政緊縮と正貨蓄積のための紙幣整理を断行しあの「松方デフレ」が到来するのである。紙幣の発行は日本銀行（一八八二年開業・八五年兌換銀行券発行開始）のみに限定された。

農商務省は内務・大蔵・工部に分掌されていた官設や直接保護の勧業政策を整理統合し、「奨励保護ニ関スル法制ヲ案シ……農商ヲ誘導」する方法へと転換することを課題として設立された。[25]したがって政策基調は、①工場払下概則の趣旨に基づき政府が設置した諸工場中「人民ノ営業ニ帰スヘキモノ」は漸次払い下げる、②勧業は直接的財政支出ではなく間接的勧業方針をとり、人民の「自奮ノ気象」を鼓舞するため勧業諸会の開催・産業技術の普及に努める方向へと転換した。

払下げの経過は表2-3のとおりである。払下概則では、営業資本金は一時に上納、興業費は年賦上納だが完納までは会計を政府が監督するという条件だったので払下げが進展せず、八四年払下概則廃止以降条件が緩和され増えている。払下げ対象は鉱山・造船所・紡績所等の一般産業であり、軍事工業は官営のままであった。払受人を見ると、政商と呼ばれた人々が並んでおり、これにより多くの場合きわめて低額で産業基盤を獲得し産業資本家へと飛躍するチャンスを得ている。なお、このような払下げに際しては、例えば長崎造船所のように施設とともに外国人を含む技術者が一緒に移籍して経営発展に寄与している。[26]

間接的勧業の展開はまず準備金貸付縮減・変更にあらわれている。準備金は大隈財政下（一八七三〜八〇年）では直輸出奨励策と結びついた産地銀行への荷為替資金貸与や産地への荷為替前金貸のために運用されていた。しかし松方財政の下では八二年三月以降、そのような貸付は廃止された。勧農政策も内務省が行った欧米式の「大農法」移植を改め、水田稲作を中心とした在来農法の改良に転換し、農務局は「老農」の活動を組織化し農談会・共進会等を開催するとともに、農事試験場を整えてゆく。また、商工業についても一八八四年に同業組合準則を制定し、在来産業を流通過程から組織化しつつ粗製濫造の防止と流通円滑化を推進してゆく（第6章参照）。

第2節　後発型資本主義の確立

1　後発型資本主義確立の論理

日本の産業革命をめぐっては、綿工業中心説と二部門定置説がある。産業革命が衣料生産、特に国民的消費財である綿製品生産の機械制大工業化を中心に推進されたことについては異論がない。しかし綿工業中心説では、綿工業における機械制大工業の発達とそこで展開された資本—賃労働関係が他部門に波及し、国民経済における支配的な生産様式となったかどうかが問われない。二部門定置説は、生産部門を消費資料生産部門と生産手段生産部門に分け、それぞれの部門に機械制大工業と資本—賃労働関係の発達を捉え、それらが支配的生産様式として定着するプロセスを明らかにしている。したがって産業革命が国内の支配的生産様式として資本—賃労働関係を基礎とした産業資本の確立を意味する以上、二部門定置説に説得力がある。

ところで、後発国における機械制大工業の発達とそれを土台とした資本—賃労働関係の発達については、先進資本主義国との「対抗・依存」関係が影響を与える(27)。ガーシェンクロン・モデルでは、工業化は先発国の最新技術と成功にならって飛躍的発展が可能であり、その結果比較的短期間に先発国のレベルに追いつけるとされている(28)。これは先発国への依存に基づくが、併存する以上対抗関係も発生しうる。石井寛治氏は日本の場合、①欧米先進国への依存・

対抗により生産手段生産部門の機械制大工業の確立が遅れる。そのため国民経済の対外自立性の確保いかんに着目し、製鉄業・機械工業が発達し、生産手段国産化の方向が確定した時期を産業革命終期とみなす。②機械制大工業の急激な移植・浸透により農民層＝中間層の厚い層が根強く残存する。そのため中間的利害の消滅・資本家対賃労働者の本格的階級対立については、繊維工業における手織工の減少開始時期を産業革命終期とみなすとしている[29]。本書でもこのような捉え方に基づき検討してゆく。

2　後発型日本資本主義の確立

まず産業革命開始期は、後進国の場合、「輸入機械を採用した経営が発展的展望をもって定着するか否かが始期認定の基準」となり、一八八六〜八九年の綿紡績業・鉄道業・鉱山業を中心にみられた企業勃興期とする[30]。紡績業をみると一八八三年開業の大阪紡績の成功が誘因となり八六年三重、八七年鐘淵、八九年尼崎、同年摂津、九六年富士の各紡績会社が都市商人たちの出資で設立され軌道に乗っている。これらに先行した二千錘紡績の不成功と対比すると、一万錘規模・蒸気機関採用による規模効果、大阪紡の山辺丈夫・三重紡の斎藤恒三・尼崎紡の菊池恭三（平野紡績、摂津紡績の支配人工務長兼務）のようにイギリスに渡りブラックバーンやマンチェスターで技術や経営方法を学んだ人材の存在、低廉で紡機適合の長繊維の輸入棉花使用、電灯を灯しての二交替制昼夜業、安価な都市下層および農村出身労働者の雇用、株式会社形態による資金確保等で勝っていた。図2-1は国内綿糸の需給動向を示したものである。八〇年代後半以降の紡績企業勃興により、一八九〇年には生産量が輸入量を凌駕し、九七年には綿糸輸出量が輸入量を凌駕し、国産糸による国内市場の確保を実現している。

また織物業をみると、一八八九年には綿布国内自給率が八二%に達しており、輸入綿布を押しのけ国内市場を回復している。さらに日露戦争を画期に力織機化が急速に進展し、一九〇九年には力織機工場を中心とする五人以上の

図2－1　綿糸需給の動向

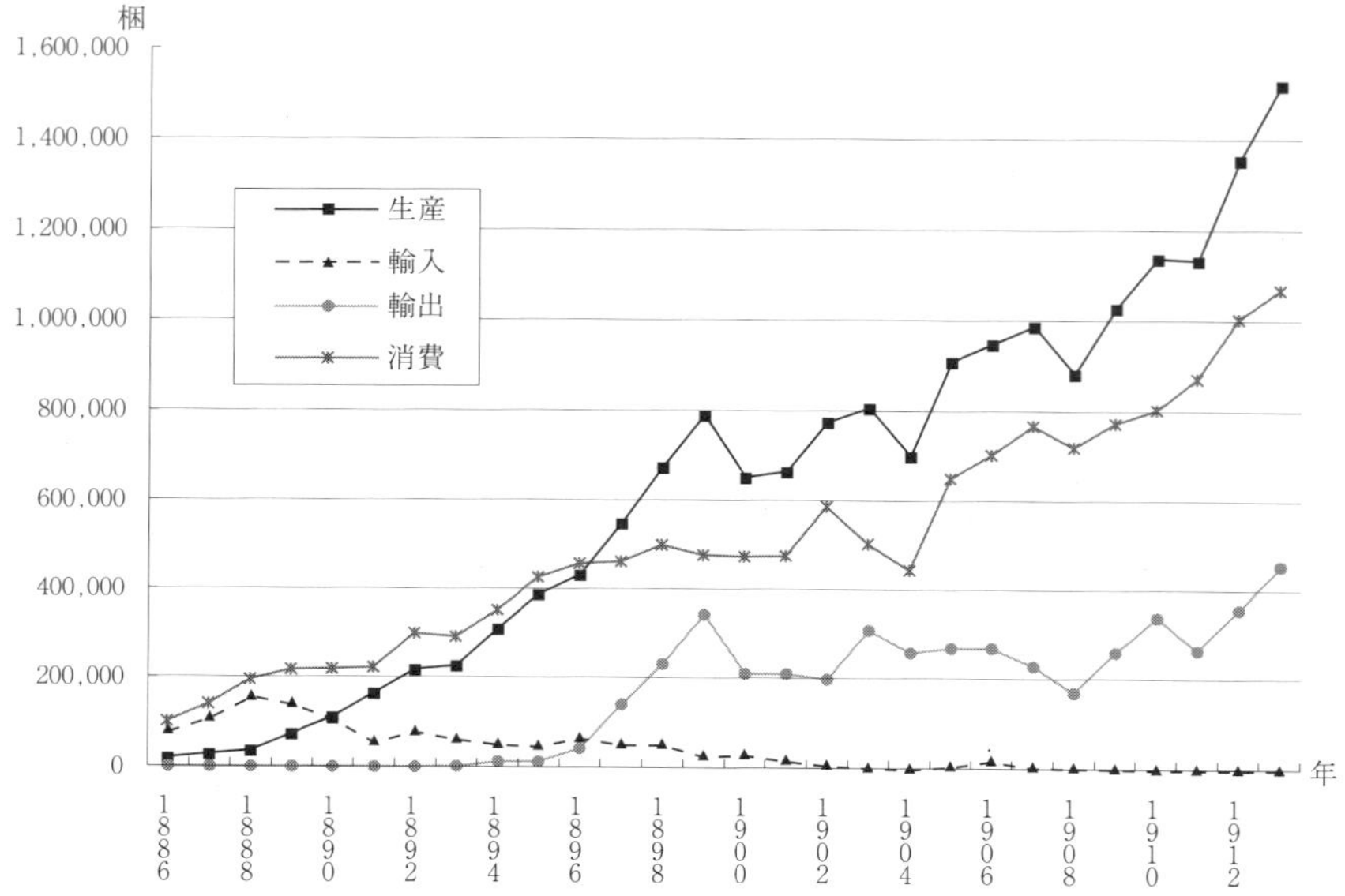

出典：石井寛治『日本経済史　第2版』東京大学出版会、1991年、表45の数値より作成。

「工場」生産額が織物全産額の過半を占めるとともに、綿布輸出が初めて輸入額を上回り、国内市場確保の上に中国市場への輸出を拡大している。絹織物業も国内市場を中心としつつ、欧米向けに羽二重の輸出が増加している。このような「工場」生産の上昇の一方で、手織機台数は一九〇七年末をピークとして徐々に減少している。なお、綿織物業の場合大規模紡績会社が織布部門を兼営し急速に生産量を増大させた。ただし、綿織物生産量に占める比率が二割以上となるのは一九一〇年代以降のようであり[31]、一九〇〇年代の織物業は、かなり多数のマニュファクチュア経営が成長してはいるが、賃織戸数が六割を占めておりこれらに依存した問屋制家内工業形態が主流であった[32]。

製糸業については、一八八四年以降アメリカを最大の輸出市場として生産が急増する。マニュファクチュア（器械製糸）や小経営（座繰製糸）の発展が顕著であったが、一八九四年には器械糸が座繰糸を凌駕し、一九〇九年には清国の輸出量を凌駕して世界最大の生糸輸出国となっている。器械製糸と座繰製糸の差は、「繊維の結合強化をはかる撚掛けが施される点」と蒸気力・水力利用により「工女を巻取り作業から解放した点」のみであったが[33]、撚掛けによる品質向上と両手を繰糸作業に集中できるので効率的生産ができたほか、小型蒸気釜の考案や選繭の厳格化などにより品質・生産性向上面で一定の前進があった。代表的器械製糸地域である長野県諏訪の有力器械製糸家は、一九〇三年に諏訪製糸同盟を結成して男女工の登録制度により移動を禁止した。彼らは一九〇〇～一〇年頃「等級賃金制」と寄宿舎制により製糸女工に対する支配を確立し、製糸女工の低賃金、特約養蚕組合組織化による優良繭確保、繭価の抑制、横浜売込商の「原資金」前貸、地元銀行の製糸金融等により経営安定化と規模拡大を実現したのである。動力源を水車から蒸気機関さらには電動機に換え、多条繰糸機や乾繭機、煮繭機を使用することにより、マニュファクチュア段階を脱して機械製糸に移行するのは一九二〇年代である[34]。

産業革命の終期は、生産手段生産の国産化の方向が確定した時期であり、中間的利害が消滅した時期である。その指標となるのは、石井氏によれば「民間有力造船所の技術の世界水準到達（一九〇八年、天洋丸竣工）、池貝鉄工所の工作機械製造技術の世界水準到達（一九〇五年、アメリカ式旋盤完全製作と池貝式標準旋盤創製）と他の有力工作機械メーカー発足（一九〇五～一〇年に新潟、大隈、唐津各鉄工所、東京瓦斯電気工業が創業または工作機械製造開始）、官営八幡製鉄所の銑鋼一貫作業定着（一九〇四年）と民間諸製鋼所の発足（一九〇一～一二年に住友鋳鋼場・神戸製鋼所・川崎造船所鋳鋼工場・日本製鋼所・日本鋼管発足）など」であり、日露戦争直後だとする。また、農家副業・農村工業の代表的生産手段であった手織機の減少を「中間的利害の完全萎縮化」を示すものと捉え、「一九〇七年末をピークとして徐々に減少へ向かう」ことをもって同じく産業革命の終期を示すものとしている[35]。

ところで、このようにひとまず二部門定置を確認し得たとしても、生産手段生産部門の脆弱性は解消しておらず、繊維工業を中心とする軽工業および鉱山業部門と、機械工業・鉄鋼業などの重工業部門との著しい不均等発展が資本主義的発展を制約した。このような乖離を繋ぎ合わせる機能が貿易に求められたのであり、欧米からの生産手段の輸入が不可欠となっていた。しかもこのような輸入を可能にするためには生糸輸出による外貨獲得がこれまた不可欠であり、さらに産業革命の成果として、また国家による輸出振興策の結果として達成された綿業における生産の上昇が、中国・アジア市場との結びつきを不可欠としたため、貿易と再生産構造が一体のものとしてこの時期に形成されたのである。

3　地主制と資本主義

ここでは資本および賃労働形成と地主制の関連に触れておく。第二次大戦前の農村における支配形態は地主制であり、地主対小作という対立構造が農村経済を大きく規定していた。それでは資本主義経済と地主制はどのような関係の下に共存しえたのだろうか。

明治維新政府が財政の拠り所としたのは地租であった。したがって地租改正（一八七三～八一年）では、土地所有者の確定と引換えに封建的貢租の水準を下げないように地価を設定し、地租をその三％とした（農民の反対闘争により一八七七年に二・五％へ引下げ）。しかも地方官に示された「検査例」では収穫米の三四％を地租・公課、小作料三四％、耕作者取り分三二％（種籾・肥料代を含む）とされ、小作農民への高率現物小作料の根拠が提示されていた。租税収入に占める地租の比率は一八七〇年代八割、一八八〇年代六～七割であり、殖産興業政策により官営事業＝国家資本として投入された多くのものが、実は地租が転化したものであったのである。

農地の構成をみると、地租改正時に三〇％程度であった小作地＝地主的土地所有が、松方デフレによる自作農の没落、一八九八年の地租増徴、日露戦時の非常特別税の賦課・地租増徴等もあって、一九〇八年には四六％まで進行している。一九〇二年の農家構成は、自作農家三四％、自小作農家三八％、小作農家二八％となり、地主から土地を借りている農家はすでに全体の三分の二を占めている。(36)　さらに地価一万円以上大地主の土地集積が全国規模で完了する時期は一八八七～九七年頃であると同時に、一八八八～一九〇八年の農民層分解の基本線は経営規模のいっそうの零細化であり、農業経営の発展的展望がみられないことから、この時期に地主制が確立したと考えられる。(37)　これはまさに産業資本の確立期＝産業革命の終期と重なっている。

地主制の下での高率現物小作料＝地代と地租を可能としたのは、もちろん小作農経営であるが、明治期の農業生産力の上昇も寄与していた。水田稲作における生産力上昇は、欧米式農法導入の失敗後、水田稲作と結びついて展開された「明治農法」によりもたらされた。これは、牛馬使用による深耕・多肥使用・農事試験場での品種改良・技術改良が結びつけられ、在来農業に関する豊かな経験を持つ篤農家＝「老農」にリードされ展開された労働集約的な農法であった。(38)　しかし農村に対しては、一八九八年の地租増徴（田畑地租を二・五％から三・三％へ）、一八九九年の所得税、一九〇四、五年の非常特別税法に組み込まれた地租増徴（市街地宅地百分の二〇、郡村宅地百分の八、その他の土地百分の五・五）等により租税公課の重圧がますます強まった。

このような事態は農民、特に小作農民の農業収入による生計の維持をますます不可能なものとし、「賃銀の補充によって高き小作料が可能にせられまた逆に補充の意味で賃銀が低められるような関係」をもたらすことになる。(39)　つまり、一方では製糸女工、紡績女工として農家の子女が「出稼型賃労働」に従事し、彼女らの賃金が家計を補充して小作農経営を維持し、それに依拠した地主制を支え、他方では重い地租や小作料によって低く押さえられた農民の生計を補充するための賃金ということで低賃金水準にとどめられ、それが資本に競争力と利益をもたらすという構造が生み出されているのである。したがって、家計補充的低賃金が地主制と資本主義を結びつけている。

両者の結合関係は資本の面にも出現する。先に触れた一八九〇～一九〇〇年代（日清・日露戦期）の地租増徴は地主の負担を増大させたが、一八九九年の所得税法改正により小作料収入には課税するが株式配当収入には課税されなくなった。しかも非常特別税法により所得税は一五割増しとなり、小作料収入への課税は急増したのである。一方、一八九六、七年には勧業銀行・農工銀行が設立され、「農村資金の商工業部門への吸いあげを行うサイフォン装置」だった地方銀行とともに、地主資金に流動性を与え、農外投資、株式公社債投資へと導いた(40)。したがって一九〇〇年代には地主資金が積極的に農外投資に向かい、有価証券形態で資本として本格的に機能するようになり、地主制と資本主義は資本面でも強固な連繫を造り上げたのである。

第3節　高等専門・実業教育と中等実業教育

1　二〇世紀初頭の教育体系と実業教育制度の整備

第二次大戦前のわが国における学校教育制度が出揃い基本構造が明瞭となるのは、二〇世紀初頭である。一九〇八年より義務教育期間が四年間から六年間に延長され、それを土台とした普通教育と実業教育およびその他の教育体系が整備されている（図2－2参照）。ここでは後発資本主義国日本における産業発展に対する教育機関の役割を解明することを課題としているので、主として実業教育・専門教育に着目したい。産業教育という用語には、文部省所管以外の教育機関や各種団体、企業の教育活動が含まれているが、ここでは主として文部省が関与した産業教育制度の展開を対象として、制度化された実業教育および専門教育、すなわち実業学校、実業補習学校、専門学校、実業専門学校および大学を中心に検討する。

二〇世紀初頭の学校体系をみると、六年間の小学校教育および一部の実業補習教育を含む初等教育課程があり、その上に中学校・高等女学校・実業学校・実業補習学校や徒弟学校を含む中等教育課程があり、さらにその上に高等学

図２－２　1908年学校系統図

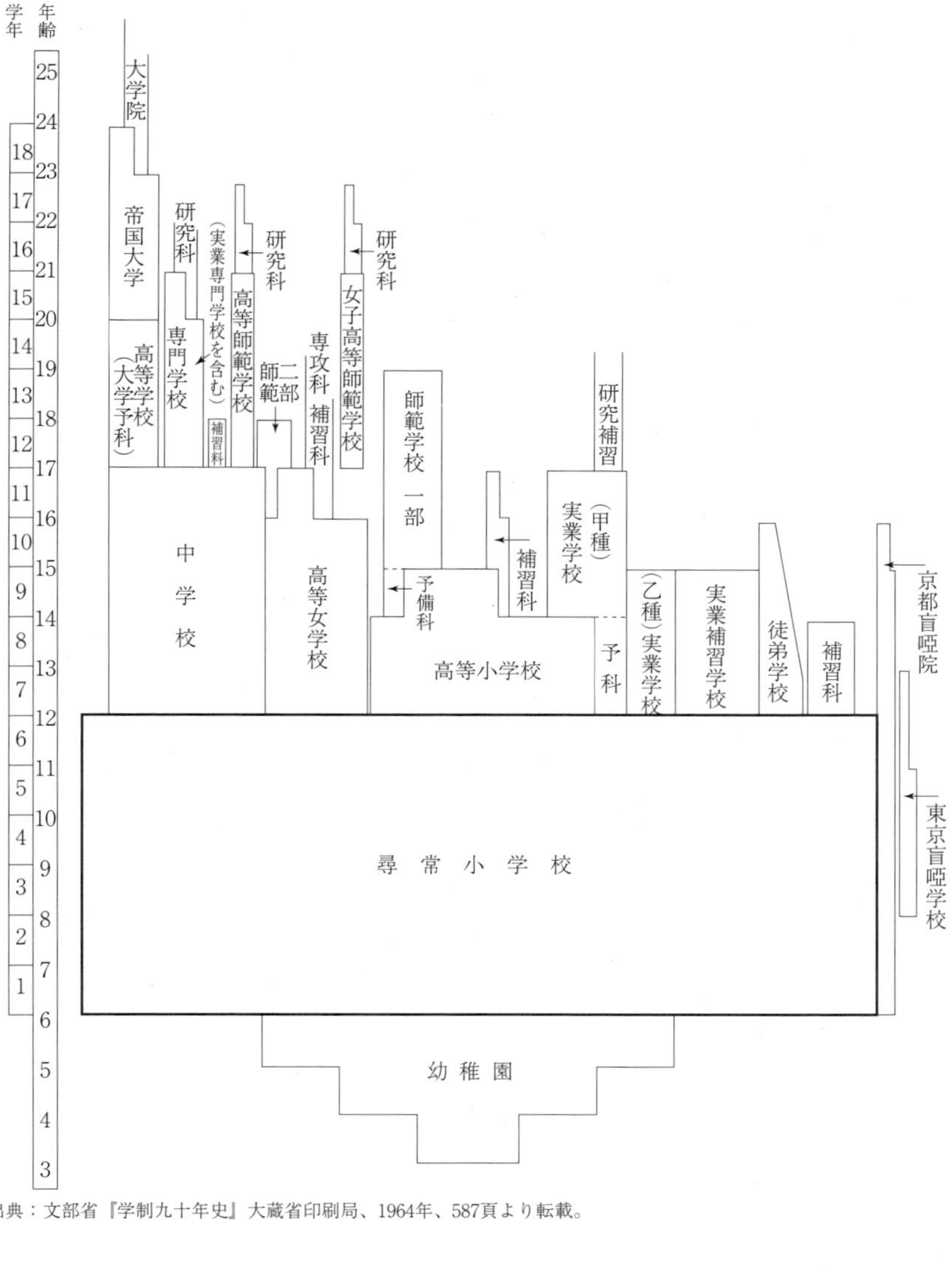

出典：文部省『学制九十年史』大蔵省印刷局、1964年、587頁より転載。

校・帝国大学の系統、専門学校の系統、師範学校の系統に分かれる高等教育課程が見られる。

義務教育における高い就学率が産業発展に貢献したことはいうまでもない。学齢児童の就学率は、国家の強力な義務教育政策もあり一八八三年に五割を超え、一九〇二年には九割、一九〇七年には九七％を超えた[41]。これを土台として中等・高等の教育体系が整備されてくるのである。明治初期の産業導入教育は、欧米先進諸国の技術や制度の導入に向けられていたために、いわゆる「お雇い外国人」教師による指導者養成教育と官営模範工場などでの実際の技術伝習という形態がとられていた。そのため工部省や大蔵省、内務省など、本来教育の中心となる文部省以外の官庁の下でも産業教育が推進されていたのである。初期の「お雇い外国人」には、富岡製糸場工場の首長であったフランス人製糸技師P・ブリューナや、大蔵省で通貨・金融制度近代化に貢献した英国人A・A・シャンドなど、イギリス、フランス、アメリカ、そしてドイツからの招聘者が多数を占めていた[42]。一八七二年の学制以来商業学校や農学校等に関する規程も制定されたが、文部省が管轄する学校制度の下で産業教育が実業教育、専門教育として整備されてくるのは、一八九三年実業補習学校規程、翌年の徒弟学校規程、実業教育費国庫補助法、一八九九年実業学校令、一九〇三年専門学校令等が制定された明治中期以降である。これらの法整備を推進した文部大臣は井上毅であり、実業教育を「国の富強、国の運命に関すること」と捉え、議会でも強力に働きかけた。

実業補習学校はドイツの補習学校をモデルとしたものであったが、当初小学校に付設して小学校教育の補習と同時に簡易な方法で職業のための知識・技能を授ける所とされ、初等教育に位置づけられた。徒弟学校は「職工タルニ必要ナル教科ヲ授クル所」であり、算術・物理や職業関連科目・実習を科目として、一二歳以上・原則として尋常小学校卒以上を入学資格としていた。九〇年代は染織を主流として陶磁器や木工等の在来産業向けの学校がほとんどであった。実業教育費国庫補助法は、実業教育奨励のため国庫より毎年一五万円補助するというものであり、工業・農業・商業の各学校、徒弟学校、実業補習学校を対象としていた。ただし主対象は工業学校であり、高級技術者教育ではなく、手足となって働く下級技術者・技能者の教育機関であった。その後の実業学校の増大を勘案すると、この国庫補助法の効果はきわめて顕著であり、イギリスの工業教育費国庫補助法（一八五九年）に相当しうるものとされている[43]。実業学校令は実業学校を「工業農業商業等ノ実業ニ従事スル者ニ須要ナル教育ヲ為ス」ことを目的とした学校であり、工業（徒弟学校を含む）・農業（蚕業・山林・獣医・水産学校を含む）・商業・商船・実業補習の各学校と規定した。同時に工業、農業、商業、商船、一九〇一年には水産の各学校規程を制定し、工業・水産を除く各学校を甲（年齢一四歳以上・高等小学校卒を入学資格、修業年限三年）・乙（年齢一二歳以上、尋常小学校卒を入学資格、修業年限三年）の二種とした。工業学校の場合、徒弟学校が乙種に該当した。これにより実業学校は中等教育機関として位置づけられた。

　高等教育における実業教育、専門教育を整備する上で重要な役割を果たしたのが専門学校令である。本法において「高等ノ学術技芸ヲ教授スル学校」が専門学校とされ、中等教育修了者を対象とする高等教育機関として位置づけられた。それと同時に実業学校令も改正され、第二条に「実業学校ニシテ高等ノ教育ヲ為スモノヲ実業専門学校トス」という文言を追加し、実業専門学校は専門学校令の規定に従うものとされた。

　それぞれの学校数（表2-4）の推移を見ると、帝国大学へと連なる中学校、高等学校は、中学校が一九〇〇年代に各府県五〜六校程度まで増えるものの、一九一八年の大学令により私立大学や単科大学が認められ大学数が増加してくるまではそれほど急激な増加が見られない。それに対して実業学校や実業補習学校は実業教育費国庫助成法による財政的裏付けを得て一八九〇年代後半より急速に増加し始め、実業学校数が一九〇五年に中学校数を上回っている。甲種では農業・商業が中心であり、工業は一九一〇年代の伸びが低く二〇年頃まで三〇〜五〇校程度にとどまっていた。しかし一九二〇年代より増加し始め、三〇年代には加速して一九四〇年には一八〇校を突破しており、重工業の発達と符合している。乙種では農業と徒弟学校が中心であり、一九〇〇年代から一〇年代に急増し、一九二〇年には

表2-4　学校数の推移

年	小学	中学	高女	実補	実甲	実乙	専門	実専	高等	大学
1875	24,303	116			1		7			
1880	28,410	187			15		73			1
1885	28,283	107	9		26		73			3
1890	26,017	55	31		23		32		7	1
1895	26,631	96	15	55	44	10	48		7	1
1900	26,857	218	52	151	113	23	48		7	2
1905	27,407	271	100	2,746	157	113	50	13	7	2
1910	25,910	311	193	6,111	203	274	62	17	8	3
1915	25,578	321	366	8,908	206	341	66	22	8	4
1920	25,639	368	514	14,232	279	393	74	27	15	16
1925	25,459	502	805	15,316	528	269	85	50	29	34
1930	25,673	557	975	15,248	786	190	111	51	32	46
1935	25,799	557	974	16,705	961	292	117	60	32	45
1940	25,860	600	1,065	20,492	1,206	271	121	72	32	47

出典：『日本近大教育史事典』（平凡社、1971年）の総括表、文部省『学制八十年史』（1954年）の教育統計の数値を使用。

注：(1)小学＝尋常高等小学校、高女＝高等女学校、実補＝実業補習学校、甲実＝甲種実業学校、乙実＝乙種実業学校、専門＝専門学校、実専＝実業専門学校、高等＝高等学校である。

(2)実業学校令（1899年）・専門学校令（1903年）以前の実業学校・専門学校は年報中の専門学校より分類。

(3)実補＝実業補習学校は1935年度より青年学校となる。

三九三校となりピークに達する。徒弟学校は一九二一年に徒弟学校規程が廃止されるまで、軽工業や在来産業で求められた「低度の技術教育」に貢献した。一方、甲種工業学校は、徒弟学校が工業学校に改組されたこともあり一九二一年以降増加が顕著となっているが、同時期には原動機使用工場や重工業の発展とともに中堅技術者の需要が高まってきたこともあって、機械・電気などそれらに対応した学科を備えたものが増加している。なお、一九二一年には実業学校中に職業学校が加えられ、裁縫や料理とともに写真・簿記・通信その他の職業に対応した学科が設けられることになり、多様化する職種への教育機関へと拡張されている。実業補習学校は小学校に付設できることや小学校の補習教育的色彩が強かったので学校数・児童数ではきわめて多い。しかし農業補習学校が圧倒的に多く、商工業への人材供給という点では相対的に低いものであった。各学校への入学者数の推移を見ると（表2-5）、小学校入学者と対比して中学校・実業学校・高等女学校等の中等学校への進学者がきわめて少なかったこと、さらに高等学校・大学や専門学校、実業専門学校といった高等教育機関への進学者はもっと少なかったことがわかる。例えば同学年の小学校入学者に対

表2-5　学校別入学者数の推移　（単位：人）

年	大学	高等学校	専門学校	実業専門学校	実業学校		高等女学校	中学校	実業補習学校	尋常小学校
	学生		本科		甲種	乙種				
1895	463	1,013					1,257	13,536	2,859	835,820
1900	859	1,491		546			4,899	28,227		1,021,949
1905	1,474	1,538	4,822	1,806	14,464	5,321	11,511	34,465		1,098,445
1910	1,693	2,155	5,044	2,801	19,617	13,353	18,826	35,878	140,316	1,184,086
1915	2,285	2,111	6,839	3,209	24,198	24,215	30,712	39,207	260,259	1,314,910
1920	6,782	3,491	9,787	2,743	42,321	25,138	46,311	48,328	420,737	1,408,425
1925	10,914	5,781	16,600	7,491	58,531	17,128	91,263	75,653	515,465	1,325,860
1930	16,064	6,764	23,762	7,414	68,875	14,839	92,704	76,172	670,941	1,600,203
1935	17,386	5,292	30,053	9,460	105,498	30,681	108,544	82,370	1,164,356	1,740,895

出典：学生・生徒数は各年『文部省年報』の数値を使用。
注：1935年実業補習学校欄は青年学校の数値。

する中学校への進学率は、一九一五年で三・二%、一九二五年で五・五%程度であり、三〇年代でも一〇%程度だったと言われている(44)。それでも年々高等教育機関への入学者は増えているが、一九二〇年頃を境に顕著に増加している。これはすでに指摘したように大学令により私立大学や単科大学が認められたため、専門学校や実業専門学校から大学へ昇格したものがあり大学入学定員が大幅に増えたこと、さらには第一次大戦を契機として日本経済の規模が拡大し、産業界がより多くのホワイトカラー層や技術者を求めるようになったこととも関連している。

ちなみに、ホワイトカラーは一般に職員、事務職員に対する総称であり、工場等で直接作業を行う職工と区別した呼称である。彼らの中から課長・部長といった管理職が生まれることもしばしばである。学歴と管理職に関する一九三〇年の文部省調査によると(45)、部長以上、課長、主任、社員、その他で区分した場合、部長以上の七割、課長の五割を大学・専門学校卒で占め、実業学校卒や中等学校卒との間に大きな差が生じていた。技術職では技師以上、技手、職長、職工、その他という序列で見ると、技手以上に大卒の九〇%以上、専門学校卒の八〇%以上が昇進し、逆に職工については、実業補習学校卒の七〇%、初等普通学校卒の九五%がそこにとどまっていた。したがって高等教育課程を卒業することと企業内での昇進には極めて高い関連性があったといえる。

2　産業発展と高等教育機関における実業教育

高等教育機関は産業発展にどのように対応しながら教育・研究機能を高めていったのだろうか。明治前期においては、高等教育機関という位置づけが明瞭なのは唯一の官僚養成機関であった東京大学（一八七七年設立）のみである。一八八六年に公布された帝国大学令では、大学は「国家ノ須要ニ応ズル学術技芸ヲ教授シ及ヒ其蘊奥ヲ攻究スルヲ目的」とされた。この後京都帝国大学（一八九七年）や東北帝国大学（一九〇七年）、九州帝国大学（一九一〇年）等の帝国大学が設立され、同様の役割を担っている。東京大学（一八八六年より帝国大学）を例にとれば、一八七七年に理学、法学、文学、医学の四分野で出発しながら、一八八六年には法、医、工、文、理の五科に拡大され、一八九〇年には農科、一九〇八年には法科に経済学科、一九〇九年には商業学科が新設されている（両学科は一九一九年に独立して経済学部となる）。明治前期にすでに教育体系の頂点にあった東京大学においても、経済発展につれ工業、農業、商業等の具体的産業領域に関わる研究・教育体制が、この時期に急速に整備されており、この段階における教育機関の役割を象徴的に示している。すなわち、明治二〇年代後半以降、産業発展に不可欠の専門教育・実業教育体制が高等教育機関においても積極的に整えられたのである。例として東京帝国大学の一分科大学とされた工科大学の卒業生をみておこう。工科大学の前身は、工部省管轄の工学寮、工部大学校であり、初期の外国人教師はH・ダイアー（H. Dayer）、W・エアトン（W. Ayrton）、J・ペリー（J. Perry）等の主としてスコットランドの大学関係者であり、ヨーロッパのポリテクニクに倣ったものであった[46]。工科大学は「工学の研究と指導的技術者養成が目的」であり、卒業生の多くが軍関係、官営工場、半官的大企業へ就職し、「明治後期の工業界の指導者の大部分をしめ」たとされている[47]。

ところで、実業教育と専門教育の区別については、明治前期の教育政策においては判然としない。制度的には、実業学校令と専門学校令、専門学校令公布にともなう実業学校令改正により実業学校、専門学校、実業専門学校における区別として明確になる。これらの規程によれば、さしあたり実業学校とは農業、工業、商業等の経済活動に対する知識・技能を修得することを目的とした中等程度の教育機関であり、専門学校とは専門的職業・職務等に必要とされるより高い専門知識や技能の修得を目的とした高等教育の機関である。さらに、実業専門学校とは、経済活動の遂行に必要なより高い専門知識や技能を修得することを目的とした高等教育機関であるといえよう。すなわち、高等教育機関に位置づけられる大学や専門学校、実業専門学校（これらには一九一八年公布の大学令により正式の大学に昇格してゆく私立大学や単科大学が含まれている）に担われた専門教育・実業専門教育により、商工業分野の企業で中核となる多くの技術者や経営者が供給されることになるのである。なお、大学令では、「大学ニハ数個ノ学部ヲ置クヲ常例トス。但シ特別ノ必要アル場合ニ於テハ単ニ一個ノ学部ヲ置クモノヲ以テ一大学ト為スコトヲ得。学部ハ法学、医学、工学、文学、理学、農学、経済学部及商学ノ各部トス」（第二条）とされ、帝国大学令改正に先駆けて経済学部や商学部を正式の学部の一つとした。

したがって、商工業の発展を担った高等教育機関は帝国大学のみではない。一九〇〇年代に高等教育機関としての位置づけが明瞭となる高等工業学校、高等商業学校および私立の専門学校も重要な役割を果たしていた。一八八一年設立された東京職工学校は、「職工学校ノ師範若クハ職工長タル者ニ必須ナル諸般ヲ教授スル」ことを目的とした四年制の学校であり、一四歳以上二五歳未満を対象に選抜入学試験を行った(48)。本科には化学工芸科・機械工芸科を設置し、卒業生は農商務省や機業地の織物講習所の技術指導員となり繊維産業の発展に寄与している。一八九〇年には東京工業学校と改称し、修業年限三年、化学工芸・機械工芸の二部構成とし、その下に染織・陶器玻璃・応用化学・機械・電気工業の各科が置かれた。在来産業への中級技術者供給機能に変化はないが、電気工業への対応が見られる。入学資格は満一七歳以上二五歳以下、尋常中学校卒とされており、のちの高等学校や専門学校と同等のものになっていた。一八九六年、一九〇〇年の規則改正により学校の目的を、「職工長」養成から「工業ニ従事スル者ノ為メニ必要ナル学理及技術ヲ教授スル」と変更し、卒業生の多くが官庁や諸工場の技術者になっている実態に合わせている。一九〇一年には東京高等工業学校と改称し、専門学校令公布後は実業専門学校とされ、さらに大学令公布後は昇格運動を経て一九二九年に東京工業大学へと改組される。同様に実業専門学校として高等教育機関に位置づけられたものに、大阪高等工業学校（一九二九年大阪工業大学、のちに大阪帝国大学へ統合）をはじめとして京都・名古屋・仙台・熊本・米沢に高等工業学校が、秋田に鉱山専門学校が設立されたが、「大部分は工学理論と実際との遊離を是正するために、地方の熱心な要求を背景として設けられ、地方産業の開発・振興に寄与した」(49)。一九四〇年段階で二六の官公立高等工業学校が設置されているが、大部分が一九二〇～三〇年代に設立されたものである。

商業の領域ではどうか。代表事例として東京高等商業学校（大学令により一九二〇年東京商科大学に昇格、現在の一橋大学）をみておく。商業学校については、一八七三年学制追加中に外国の知識を吸収するために外国人教師が教授する「高尚なる学校」を専門学校とし、その中に位置づけられていたが実際の設置は見られなかった。一八七五年に森有礼が商法講習所を設立し、アメリカ人商法学者ウィットニーを招聘して「洋式商業教育」を開始した。この講習所は、のちに東京府、農商務省、文部省へと直轄組織が変更され名称も東京商業学校と改称されるが、一八八七年には高等商業学校と改称されている。入学資格は尋常中学校卒、満一七歳以上、修学期間は予科一年・本科四年、カリキュラムでは英語を中心とした外国語に相当の時間を割いているほか、簿記、銀行や外国為替・租税等を含む経済科目、商品学や商業史等の商業関連科目、商法・海上保険法・国際法等の法律科目、さらに商業実践（国内外の取引を対象に、生糸・茶・綿糸・棉花・石炭等の重要輸出入品に関する仕入れから販売まで、諸般の手続き・計算・通信・記帳を演習）という科目を配置し、きわめて実践型の授業を行っていた。一九〇二年には神戸高等商業学校が設置されたので東京高等商業学校と改称され、翌年には専門学校令・実業学校令改正により実業専門学校と格付けされた。一八八〇年に五代友厚をはじめ大阪の有力商人により設立された大阪商業講習所も、「私立を以て学校を経営すること容易の業にあらず忽ち維持に困難」となり大阪府に移管され、一八八五年には第一種商業学校、一九〇一年大阪市立高等商業学校、一九〇四年には実業専門学校としての高等商業学校と認定されている[50]。同様の高等商業教育機関には、一九〇五〜一〇年にかけて山口、長崎、小樽の官公立学校のほか、大学令により正式に大学と認められるまで専門学校令下での「大学」とされた数多くの私立大学の商科あるいは商学部、理財科が該当する。文部省が私学に「大学」と名乗ることを認めたのは早稲田が最初（一九〇二年）であるが、語学力養成を重視した予科を設置し、その上に複数の学部を位置づけることが条件となっていた。その条件はそれに続く他「大学」にも適用された。

私学にあって早期より産業界に人材を送り出していた慶應義塾を例にとると、一八九〇年に専門学の課程としていち早く「大学部」を置き文学・法律・理財の各学科を配置していたが、一八九八年には政治学部を加えた四学部・五年制の「大学科」に再編し、一九〇四年にこれらが専門学校令下の「大学」として認可されている。理財科本科では、語学を重視しつつ経済史、運輸交通論、貨幣銀行論、商業政策、商法等の科目が配置されていた[51]。明治大学商学部を例に取ると、従来明治法律学校として「法律及ヒ行政経済」を教授する法律専門学校であったが、校友実業会（一九〇一年発足）の商科設置要請を受けながら一九〇四年には法・政・文・商の四学部体制に組み込まれている。商学部は、一九〇三年に早稲田大学の高等予科に開講されていたにすぎず、カリキュラム構成は東京高等商業学校に範をとり、講師陣も同校の教授陣を多く招聘して開講されたので、きわめて充実したものとなっていた[52]。後年、東京高等商業学校校長、東京商科大学初代学長となる佐野善作も講師に加わっており、「高等商業学科は、……之を官学の東京高等商業学校に学ばずんば、之を私学の明治大学商科に修むへし」と述べている[53]。産業界への人材供給を企図した同様の学科編成は、中央大学が一九〇七年に経済科を、一九〇九年に商学科を新設したほか、一九〇七年に専修大学の前身となる社団が法律・経済・商業分野を教育対象とし、同志社大学が一九一二年に政治経済学部を設置した事例等

図2-3　大学・専門学校卒業者数の推移

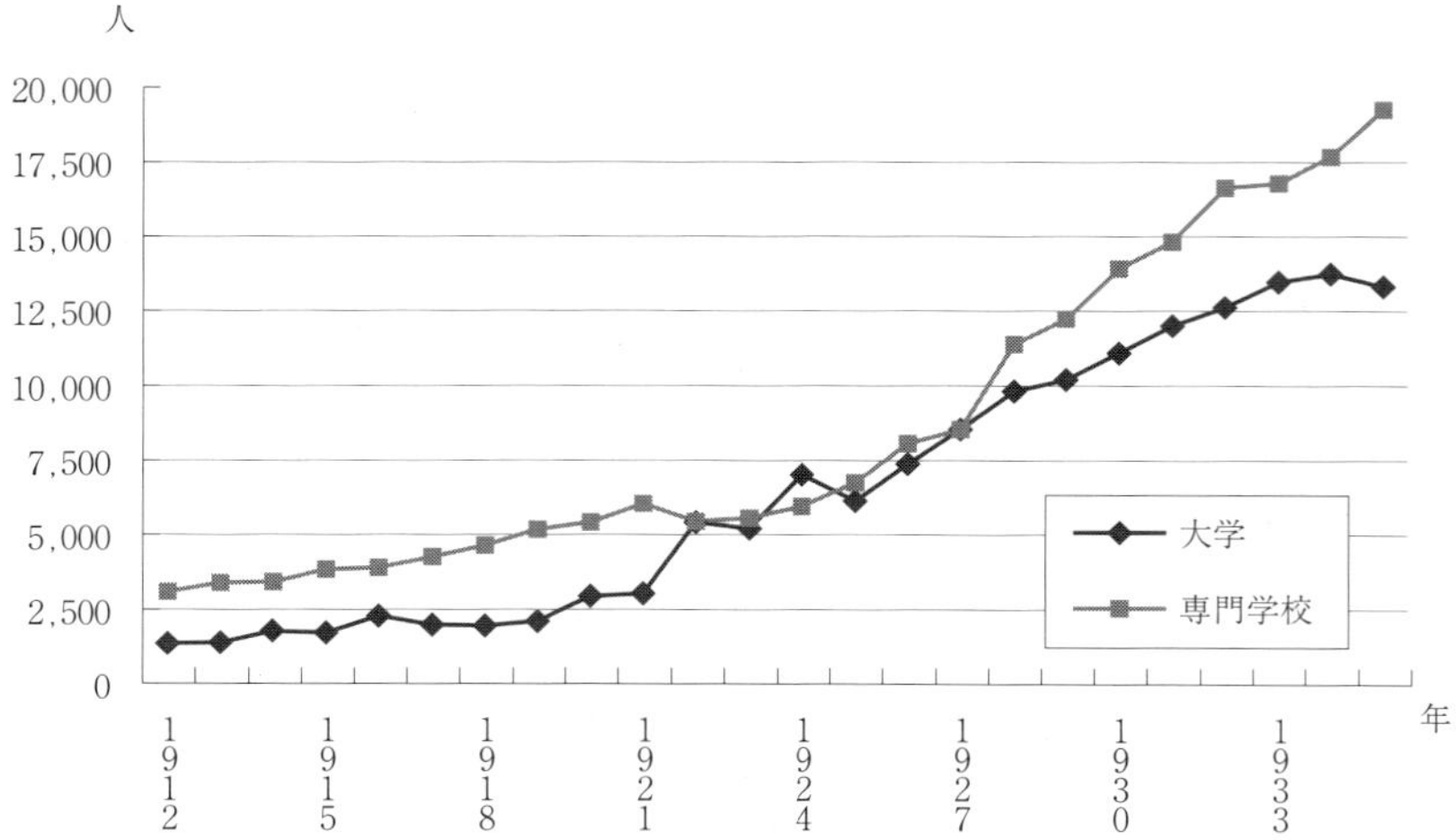

出典：各年『文部省年報』より作成。
注：大学は学生・専門学校は本科生のみ。

がある。一九二〇年以降、これらが大学令に基づく大学として正式に認可され、一九四〇年までに帝国大学七、単科大学一二、公立大学二、私立大学二六、合計四七の大学が設置され[54]、その中には多くの商学・経済学系の学部が置かれていた。またこれらの私立大学の多くが専門部＝専門学校を併設しており、そこにも商学・経済学系の学科が置かれていた。しかも学生数ではむしろ専門部のほうが上回っており、産業界への人材供給面で大いに貢献したといえよう。

一九二〇年代以降も実業専門学校として存続あるいは新設された商業学校は、一九四〇年段階で官立のものが長崎、山口、小樽をはじめとして一二校、公立のものが横浜、神戸にあり、私立が高千穂、大倉、松山をはじめとして一二校あった。多くの学校が第一次大戦後の設立であり、経済規模の拡大に照応している。

大学・専門学校卒業者数の推移は図2-3のとおりである。大学の場合は大学令施行後の大学急増に対応して一九二〇年代に急増し、一九二八年以降私学卒が帝大卒を凌駕している。専門学校の場合は、私学の大学移行期には停滞するものの、二〇年代後半以降急増している。予科教育のため大卒年齢は二二歳、専門学校および大学併設の専門部卒の場合は二〇歳となることもあり、専門部卒に対する需要も多く、一貫して専門部卒業者数が上回っている。

すでに指摘したように、明治中期以降高等教育機関への進学率は上昇しはじめ、「第一次大戦前後には欧米先進国に比肩しうるほどの水準」、「一九四〇年には、アメリカに次ぐ高水準」に到達したとされている(55)。このような高等教育機関卒業者の増大の背景には、工場制機械大工業の発達と企業の増大があり、高等教育機関に官僚・教員養成のみならず企業の経営者、ビジネス・リーダーの養成が強く求められるようになったことがある。官立の実業専門学校、特に高等工業学校（高工と略記）や高等商業学校（高商と略記）卒業生の就職状況は表2‐6のとおりであった。高工の場合は、早くから人材を民間企業に送っていたことや官公庁の割合が比較的高いことがうかがえる。移植技術を基に近代工業が展開したことを勘案すると、それらに関する知識と技術を学んだ卒業生の果たした役割は大きい。また官公庁については、明治維新以降軍工廠と呼ばれた大規模な官営軍事工場等があったため、一定の卒業生が送られていたのである。高商の場合、時代とともに民間企業への就職者が拡大している。一九一〇年代には傘下企業を株式会社組織に改組しながら、持株会社＝同族組織を頂点とする財閥が成立する。卒業生の多くが財閥系大企業へと就職し、人材を得た財閥はさらに事業を拡大してゆく。一方、私学は括弧付きの大学ながらやはり

表2-6　官立高等工業・高等商業学校卒業者の就職状況（1905～15年）

	高工			高商		
	1905年	1910年	1915年	1905年	1910年	1915年
官公庁	21.6	24.8	19.9	2.0	5.4	3.3
学校	5.1	3.7	1.9	1.0	2.5	1.0
民間企業	50.6	43.1	45.9	39.8	30.6	64.4
自営	6.9	8.6	5.5	1.5	4.3	2.4
進学	3.9	0.3	1.1	40.3	17.0	12.7
留学・在職	1.2	1.4	0.4	0.5	—	—
兵役	7.5	8.2	11.0	—	1.1	6.5
未定	3.0	9.2	13.5	13.4	38.4	8.2
死亡	0.3	0.8	0.7	1.5	0.5	1.5
合計	100.0	100.0	100.0	100.0	100.0	100.0

出典：『文部省年報』による。天野郁夫『近代日本高等教育研究』玉川大学出版部、1989年、264頁、表5-24より高工・高商の数値を転載。
注：各年卒業者の1年後の状況。

表2－7　慶應義塾卒業者の就職状況（1908年）

職　業	人数	%
官公吏	11	2.1
教員	8	1.5
銀行・会社員	248	46.8
新聞・雑誌	28	5.3
自営業	56	10.6
兵役	17	3.2
留学	5	0.9
不明	157	29.6
合　計	530	100.0

出典：『尾崎愕堂全集』第2巻、41～42頁より作成。天野『近代日本高等教育研究』266頁、表5-27を転載。
注：1903～08年の卒業者の1908年現在の状況。

表2－8　明治大学卒業者の就職状況（1909年）

職　業	法　科		政　科		商　科	
	人数	%	人数	%	人数	%
官公吏	683	13.1	—	—	25	6.7
司法官	512	9.8	—	—	—	—
教員	35	0.7	—	—	13	3.5
銀行・会社員	405	7.8	40	27.8	254	68.5
新聞・雑誌	180	3.5	34	23.6	2	0.5
弁護士	528	10.1	—	—	—	—
実業	170	3.3	—	—	37	10.0
自営業	1,551	29.8	16	11.1	12	3.2
政治家	117	2.2	3	2.1	12	3.5
不明	643	12.3	50	34.7	13	3.5
在外	11	0.2	1	0.7	3	0.8
死亡	373	7.2	—	—	—	—
合　計	5,208	100.0	144	100.0	371	100.0

出典：『明治大学商科大学一覧』1910年、8頁より作成。天野『近代日本高等教育研究』265頁、表5-25を転載。
注：1909年までの卒業者全数の同年当時の状況。

この時期には民間企業、特に銀行・会社員への人材供給を拡大している。ただし、タイプによって違いがあるので、慶應義塾（表2－7）、明治（表2－8）、早稲田（表2－9）の事例を掲げておこう。まず慶應の場合、福沢諭吉自身が複式簿記を日本に導入したことに象徴されるように、実業界への人材供給という点では先駆者であった。銀行・会社員として四七％、不明を除くと七割までを民間企業へ送っていた。三菱の荘田平五郎、三井の中上川彦次郎をはじめ多数の専門経営者を輩出している。明治は出発点が法律学校であり、卒業生の累計値をみると法科における官公吏・司法官、さらには弁護士の比率の高さとなってあらわれている。しかし一九〇四年に設置された商科では約七割が銀行・会社員となっており、高商と同様の傾向をみせている。早稲田の場合、設立初期には政治学や文学に重きが置かれていたが、一九〇七年には政・法・文・商・理工・高等師範という私学としては最も総合的な学部編成となっていた。そのような事情が就職先の分散傾向にあらわれている。自営業の割合が大きいのは、地主や商人中の比較的富裕な階層の出身者が高等教育機関に多い一つのあらわれであろう。それにしても銀行・会社員の比率が二割程度あり、やはり民間企業への人材供給という点で他の私学と同傾向であった。

官僚、ビジネス・リーダー、弁護士、医師、教育家、軍人、政治家、地主等で構成されるエリート中のビジネス・リーダーの比重は、一九〇三年の二四％から一九一五年には六五％に急上昇し、彼らの中の高学歴者の比率も一九〇三年の六・三％から一九一五年には一三・八％へ、一九三九年には三七・一％へと上昇したとされている[56]。このような民間企業における経営者やホワイトカラー層の大きな供給源になったのが、これら私立大学であり、専門学校であったといえよう。

3　在来産業と中等実業教育

典型的在来産業である織物業が発達した地域では、一八八〇年代より織物業の同業者が中心となって染織技術に関する講習所等を設置した事例が多い。それらが一八九四年実業教育費国庫補助法により財政的裏付けを得て公立の染織学校として発達している。例えば一八八五年栃木県足利の機業組合立の織染講習所（のちに織物講習所と改称）、一八八六年京都西陣の染織講習所、群馬県の伊勢崎織物業組合立の織物講習所、和歌山の染色講習会、一八八七年八王子の機業組合立の染織学校などが相次いで設立されている[57]。これらは織物産地の工場で必要とされた低級の技術者・技能者の養成・教育機関として、大きな役割を演じた。

表2－9　早稲田大学卒業者の就職状況（1909年）

職　業	人数	%
官公吏	371	6.0
司法官	58	0.9
教員	553	9.0
銀行・会社員	1,157	18.8
新聞・雑誌	323	5.3
弁護士	46	0.7
その他専門職	37	0.6
自営業	2,774	45.2
政治家	96	1.6
団体職員	34	0.6
在外	40	0.7
在学中	304	5.0
死亡	347	5.7
合　計	6,140	100.0

出典：『尾崎愕堂全集』全集第2巻、39〜14頁より作成。天野『近代日本高等教育研究』267頁、表5-28を転載。
注：1909年現在、卒業者全数。

商業の発達していた地方都市における商業教育に対する取り組みはどうであったろうか。一八八四年商業学校通則により中等商業学校に関する規程がある程度整理されると、地方でも商業学校の設立が進んでいる。特に貿易拠点や物資の集散地となる都市から設立され始めている。京都府立商業学校以外は通則の第一種校（入学年齢一三歳以上、修業年限二年）としている。第二種の場合入学年齢一六歳以上、修業年限三年であり、商業法規、商業史、英語等の科目が追加されているため、学校経費において地方への負担が大きくなるのみならず、生徒の家庭への負担も大きくなる。「商家の子弟に抽象的学術を授くるは百弊あって一利なし」といった商業教育に対する否定的観念と地方への負担が消極的対応にあらわれていた。しかし、一八九四年実業教育費国庫補助法による実業教育支援と、日清・日露戦期に進行した産業革命による国内外の生産・流通規模拡大が、地方レベルでも近代的簿記制度や取引事務に対する知識・技能、さらには語学力の必要性を認識させるようになり、第一次大戦期の経済的飛躍の下で企業数および企業規模の拡大による事務職に対する需要増に応えて、一九三五年には三九五校、生徒数一九・五万人に達している。

ところで、在来産業の発達していた地域における工業教育については、多くの場合産地の同業者たちが積極的に講習所や工業学校の設置に関与していたが、商業教育についてはどうか。比較的早期に設立された商業学校を例にとると、商業の発達していた地域もしくは主要港湾都市に設置されている。神戸商業講習所（一八七八年開設）は兵庫県令森岡昌純が慶應義塾の福沢諭吉に教師その他一切を依頼し、校費を県費より支出し、横浜商法学校（一八八二年開設、のちに横浜市立商業学校）は横浜の貿易商組合が資金提供し、新潟商業学校（一八八三年開設）は地元有力商人七〇余人によって設立された北越興商会が中心となって創設されている(58)。これらは一部の例にすぎないが、それぞれの地域における実業家たちが近代的な取引方法や実務を積極的に受け入れようとしていたことがうかがえる。しかしながら、学校を持続的に維持・発展させるためには、教員の供給や財政面で地元有志の財力では維持できず、たいていの場合府県等の財政負担に依存している。しかしそれでも安定しなかったようである。例えば神戸商業講習所は、当初県費と授業料で支弁していたが県会で支出を減らされたため、神戸港貿易商が積み立てた「貿易五厘金」（輸出入代金の千分の五）や一定期間農商務省の補助金等を受けたが、それでも困難だった(59)。結局、一八九四年制定の実業教育費国庫補助法により経営基盤の安定化が図られたのである。

おわりに

後発資本主義国日本にとって、幕末から明治維新期のイギリスは「外圧」そのものであり、抗しがたい強国と映っていたはずである。しかし、尊皇攘夷で直接対峙した長州や薩摩がいち早く彼我の格差を認め、薩摩は留学生までイギリスに送り込んでいる。「開国」当初、イギリスは日本の市場にはさほど期待感を持っていなかったが、綿製品や武器、砂糖をはじめ大量の物資が輸出できること、生糸や茶が輸入できることで、評価を変えていった。日本は不平等条約により不利な立場にありながら、アヘンや自由歩行権を除けば同じような貿易条件にあった中国とは、やがて「伸びの速度の差」をみせはじめる。比較的早い段階における綿糸輸入増に見られるように、幕末段階での織物業の一定の発展がこのような違いをもたらした一因である。

明治維新政府は、「外圧」に抗する「万邦対峙」の体制作りのためにスローガンとして「富国強兵」、「殖産興業」を掲げるが、後者は資本主義生産様式を移植・創出する経済政策であり、国家資本による技術や設備の移転は「上から」の資本主義化を促す役割を果たした。殖産興業政策は、農商務省段階に財政・金融面での危機を契機に直接経営と保護干渉方式から「間接誘導」方式へと変化する。しかしそれにともなう官営工場や鉱山の払下げが、それらを入手しえた政商に産業資本家としての飛躍を実現する、絶好の機会を与えたのである。また、大蔵省による株式会社制度に対する啓蒙活動もあって、国立銀行や鉄道会社等は株式会社制度に基づき設立され、一八八〇年代後半に訪れた鉄道・紡績・鉱山業を中心とした起業勃興を通じて株式会社形態はさらに広がっている。なお、株式会社制度は一八九三年の商法一部施行において法的整備がなされ、一八九九年の法改正で免許主義から準則主義に変更され普及しており、産業革命を主として担った企業はパートナーシップ経営や個人経営ではなく株式会社であった。

短期間に達成された後発型資本主義国日本の産業革命は、先進資本主義国との「対抗・依存」という視点から捉える必要があり、イギリスとは異なって①生産手段生産部門の量的成長の遅れ、②農民層分解の不徹底、③先進国からの輸入を前提とした消費資料の工業製品国内市場回復の指標等を考慮しなければならない。①については技術における世界水準到達と有力企業の成長を確立の指標として、脆弱性を輸入で補完しつつ国内の再生産を継続できることをもって確立とみなし、②については農業に依存した農家経営の自立性喪失＝賃労働への依存を手織機生産の衰退と出稼型賃労働の一般化に求める。③については消費資料の基軸をなす綿紡績業の成長が、輸出量の輸入量凌駕を果たすことをもって指標とした。そしてこれらの指標を達成し、生糸輸出・生産手段輸入・消費資料である綿糸布輸出という貿易構造を不可欠のものとしつつ、資本―賃労働関係に立脚した機械制大工業による生産が再生産構造に定置することをもって日本資本主義の確立とみなしたのである。また、一九〇〇年代に確立をみる地主制も、農外投資への依存＝寄生と家計補充的低賃金に補完された小作経営への依存＝寄生により資本主義経済に依存したものとして捉えられる。

ところで、このような資本主義的経済構造を支える先進技術の移転・開発と企業経営や取引を担う人材育成は、先進国へのキャッチ・アップに不可欠であった。明治政府はこの面でも教育政策を通じて積極的に取り組んでいる。初期には「お雇い外国人」に依存し技術や知識の移転に努めたが、やがてそれに替えて自前の技術者や教師を育て、さらには中等・高等教育の各レベルで実業教育・実業専門教育制度を整備して大量の人材養成を遂行してゆく。高等教育レベルでは帝国大学、官立実業専門学校、私立「大学」、専門学校において具体化されたが、教育体系において本格的に整備されてくるのは専門学校令が制定された一九〇〇年代である。帝国大学では官僚および研究・教育・技術面での指導者養成が志向され、実業専門学校や私立「大学」等では主として教育者・技師・専門経営者・ホワイトカラー層の養成が志向されていた。一方、中等実業教育は、多くの場合地元の実業家により提唱・設立された農商工等の実業学校に担われ、実際の経営に必要とされた技術者・技能者・事務職の養成がなされた。高等教育機関の卒業生は、企業内では帝大卒、官立実業専門学校卒、私立「大学」卒により序列化された事例もあるが、量的には私立「大学」や専門学校から輩出された人材が産業社会の発展を支えていたといえる。また地方都市に広がっていった実業学校等は、「国の富強、国の運命に関すること」として実現された実業教育費国庫補助法により初めて経営的基礎が与えられ定着していったといえる。総じて、中等・高等教育機関における実業教育・実業専門教育には国家が深く関与し、先進資本主義国へのキャッチ・アップを推進したといえよう。

(1) 毛利健三『自由貿易帝国主義』東京大学出版会、一九七八年、石井寛治『日本の産業革命』朝日新聞社、一九九七年、五頁。
(2) これに関する議論は石井寛治・関口尚志編『世界市場と幕末開港』東京大学出版会、一九八二年所収の「報告四」を参照。
(3) 石井寛治・原朗・武田晴人編『日本経済史1　幕末維新期』東京大学出版会、二〇〇〇年、八頁。
(4) 海野福寿「居留地貿易と生糸荷預所事件」(大石嘉一郎・宮本憲一編『日本資本主義発達史の基礎知識』有斐閣、一九七五年所収)参照。
(5) 石井寛治『日本流通史』有斐閣、二〇〇三年、九五頁。
(6) 杉山伸也『明治維新とイギリス商人』岩波書店、一九九三年、五三頁。
(7) 石井・関口、前掲書、二四七頁。
(8) 石井、前掲書、九五頁。
(9) 石井寛治『近代日本とイギリス資本』東京大学出版会、一九八四年、はしがき。

(10) 杉山伸也「国際環境と外国貿易」梅村又次・山本有造編『日本経済史3　開港と維新』岩波書店、一九八九年、一八四頁。
(11) 芝原拓自「東アジアにおける近代」（歴史学研究会・日本史研究会編『講座日本歴史7　近代1』東京大学出版会、一九八五年所収）参照。
(12) 石井寛治『日本経済史　第二版』東京大学出版会、一九九一年、一二三頁。
(13) 石塚裕道『日本資本主義成立史研究』吉川弘文館、一九七三年、六頁。
(14) 石井『日本経済史　第二版』一二五頁。
(15) 同前、一二六頁。
(16) 石井寛治『情報・通信の社会史』有斐閣、一九九四年、七九頁。
(17) 石井『日本の産業革命』二三頁。
(18) 久米邦武編・田中彰校注『特命全権大使米欧回覧実記　二』岩波書店、一九七八年。
(19) 同前、四二八頁。
(20) 毛利敏彦『大久保利通』中央公論社、一九六九年、一七八頁。
(21) 高村直助編『近代日本の軌跡8　産業革命』吉川弘文館、一九九四年、一一頁。
(22) 三島康雄『三菱財閥史　明治編』教育社、一九七九年、五五〜七八頁。
(23) 石塚『日本資本主義成立史研究』一一八頁。
(24) 石井『日本経済史　第二版』一三五頁。
(25)『大隈重信関係文書』第四巻、日本史籍協会、一九三五年、一八〇〜一八三頁。
(26) 奈倉文二・横井勝彦編『日英兵器産業史』日本経済評論社、二〇〇五年、一一三〜一一六頁。
(27) 石井『日本経済史　第二版』一八〇頁。
(28) 荒井政治『経済社会史入門』東洋経済新報社、一九八〇年、二四〜二八頁。
(29) 石井『日本経済史　第二版』一八〇頁。
(30) 同前、一八一頁。
(31) 白戸伸一『近代流通組織化政策の史的展開』日本経済評論社、二〇〇四年、八一頁参照。

(32) 石井『日本経済史　第二版』二一七～二一八頁。
(33) 石井・原・武田編『日本経済史2　産業革命期』東京大学出版会、二〇〇〇年、一五一頁。
(34) 藤井光男『戦間期日本繊維産業海外進出史の研究』ミネルヴァ書房、一九八七年、四〇頁。
(35) 石井『日本経済史　第二版』一八一頁。
(36) 石井・原・武田編『日本経済史2　産業革命期』三四一～三四三頁。
(37) 中村政則『近代日本地主制史研究』東京大学出版会、一九七九年、一三二～一四〇頁。
(38) 井上晴丸『日本資本主義の発展と農業及び農政』雄渾社、一九七二年、一一〇頁。
(39) 山田盛太郎『日本資本主義分析』岩波書店、一九七七年、八九頁。
(40) 中村、前掲書、七五～七七頁。
(41) 文部省『学制八十年史』一九五四年、教育統計参照。
(42) 土屋喬雄『お雇い外国人　⑧金融・財政』鹿島研究所出版会、一九六九年参照。
(43) 国立教育研究所編『日本近代教育百年史　第九巻　産業教育』一九七三年、六一頁。
(44) 久保義三他編『現代教育史事典』東京書籍株式会社、二〇〇一年、九四頁。
(45) 川口浩編『大学の社会経済史』創文社、二〇〇〇年、四九頁参照。
(46) 工業大学編『東京工業大学百年史　通史』東京工業大学、一九八五年、五～一三頁、東京大学百年史編集委員会『東京大学百年史　通史一』東京大学出版会、一九八四年、六七〇～六八〇頁。
(47) 東京大学百年史編集委員会『東京大学百年史　通史二』四五五頁。
(48) 東京工業大学編『東京工業大学百年史　通史』参照。
(49) 日本近代教育史事典編集委員会編『日本近代教育史事典』平凡社、一九七一年、四五六頁。
(50) 佐野善作『日本商業教育五十年史』三省堂、一九三九年、一〇頁。
(51) 慶應義塾編『慶應義塾百年史　中巻（前）』一九六〇年、参照。
(52) 明治大学百年史編纂委員会編『明治大学百年史　第三巻　通史編Ⅰ』一九九二年、参照。
(53) 明治大学『学叢』記念号、第二〇号、一九一一年。

(54) 日本近代教育史事典編集委員会、前掲書、統計参照。
(55) 川口浩、前掲書、四四頁、潮木守一『近代大学の形成と変容』東京大学出版会、一九七三年、第三 - 四一表参照。
(56) 同前、四四、四五頁。
(57) 国立教育研究所編『日本近代教育百年史　第九巻　産業教育1』二一〇頁。
(58) 佐野、前掲書、一〇～一三頁。
(59) 同前、一一～一二頁。

第3章　イギリス経済団体の特殊性

はじめに

一九世紀末以降のイギリス産業衰退の原因は、これまでさまざまな角度から議論されてきているが、そのなかでも特にアメリカの歴史家M・ウィーナの文化史的アプローチは異彩を放ってきた。彼によれば、唯一自生的な産業革命を経験したイギリスでは、工業化によって伝統的な社会構造が変革されることはなく、反産業主義的なジェントルマン文化の下で、産業資本家には低い社会的評価しか与えられず、彼らはたとえ事業に成功しても、自信も階級的誇りも持てないままに、産業界を離れて田園に土地を購入し、ジェントリー化していく道を志向したというのである。(1) イギリス社会における企業家の地位は、後発資本主義国に属するドイツや日本におけるそれと大きく異なっていた。(2)

しかし、ウィーナの所説以上に衝撃的な議論がある。それは、W・D・ルービンステインによるイギリス商業・金融国家論である。彼によれば、イギリスにはイングランド北部の製造業と南部のロンドン・シティの商業・金融業の間に、地域的にも構造的にも分離した二類型の中産階級が存在したのであり、イギリスの経済発展は産業革命期においてすら南部の商業・金融・サービス業の繁栄に依拠するものであった。つまり、イギリスは本質的に産業国家では

なかった、というのである。(3)

最近のイギリス経済史研究では、以上のような議論を背景として、伝統的地主貴族階級の政治的影響力の大きさや、彼らと密接な関係をもつシティ金融利害（バンカー）が、その卓越した経済的地位に基づいて発揮した多大な政治的影響力が強調されているが、(4)それでは、イギリスを「最初の工業国家」たらしめた産業革命の担い手たち、すなわち産業資本家たちは、本当にイギリス産業界の利害を政府の政策決定過程に反映させることが出来なかったのか。彼らには政治的影響力を行使することが出来なかったのか。出来なかったとすれば、それはいかなる理由によるのか。この章では、こうした点を産業革命以降にイギリス各地に誕生した商業会議所や第一次大戦時に総合的産業資本家団体として組織されたイギリス産業連盟（Federation of British Industries, 一九一六年設立）のような経済団体に注目して検討してみたい。

第1節　商業会議所の経済史

1　商業会議所のイギリス的特徴

商業会議所の起源は一七世紀のマルセイユにあると言われているが、イギリスにおける商業会議所の歴史は、表3-1のように一八世紀末に始まる。産業革命を契機とした産業社会の到来により、企業家は経営、貿易、雇用、交通、販売などさまざまな部門で未知の問題への組織的な対応を余儀なくされたのである。商業会議所はあくまでも地域的な商工業利害を担う経済団体であり、参加業者の動機や利害関係も一様ではない。党派的色彩は一般に薄く、特定の政策課題を掲げた政治団体とも異なる。とはいえ、決して政府の政策に対して無関心ではなく、ときには強力な圧力団体として政治的影響力を行使することもあった。

イギリスでもランカシャー綿業資本の利害を代表するマンチェスター商業会議所などは、自由貿易運動（free trade movement）の活動拠点として大きな政治的発言力を有し、「一九世紀イギリス産業の真の議会」とまで言われた[5]。マンチェスター商業会議所は、自由貿易運動を先導しつつ一八四六年の穀物法撤廃に大きく貢献し、またその一方では中国市場の開拓を求めてアヘン・アロー戦争を強力に支持していた。清朝に対するイギリスの砲艦外交（gunboat diplomacy）はマンチェスター商業会議所によって先導されたといっても過言ではない[6]。

その後一九世紀末には、国際競争の激化と深刻な経済不況を背景として、イギリスでも新市場開拓への関心が急速に高まり、スコットランドの産業都市グラスゴー、イギリス最大の貿易港リヴァプール、さらには世界の商業・金融センターロンドンなどの主要な商業会議所からもアジア・アフリカ市場の開拓（帝国膨張）に向けて、政府の援助・

表3－1　イギリスの主要商業会議所（1884年）

会議所名	設立年	会員数
Aberdeen	1851	222
Barnsley & District	1881	109
Birmingham	1813	196
Bristol	1823	278
Belfast	1783	200
Bradford	1851	300
Cardiff	?	178
Derby	1864	101
Dundee	1835	148
Dewsbury	1861	104
Edinburgh	1785	563
Gloucester	1839	130
Glasgow	1783	960
Greenock	1813	100
Huddersfield	1853	162
Hull	1837	144
Leeds	1851	131
Liverpool	1850	786
London	1881	1,386
Manchester	1794	546
Newcastle & Gateshead	1815	176
North Staffordshire	1851	190
Nottingham	1860	136
Oldham	1882	216
Plymouth	1813	210
Portsmouth	1879	108
Sheffield	1857	121
South of Scotland	1860	136
South Shield	?	135
Southampton	1851	135
Sunderland	1879	109
Swansea	1846	104
Walsall	1881	118
Wick	?	148

出典：*Chamber of Commerce Journal*, Jan. 5, 1884; A. R. Ilersic and P. F. B. Liddle, *Parliament of Commerce: The Story of Association of British Chambers of Commerce 1860-1960*, London, 1960, pp. 3-4, 246-248.

注：会員数100人以上の会議所（34）に限定して掲載。100人以下を含めると同年の会議所総数は70となる。

介入がさかんに要請されるようになった。他方、諸外国との競争に喘ぐミッドランド金属加工・鉄鋼業の利害を代表するバーミンガム商業会議所の場合は、早くから保護関税の導入による自治領植民地の開拓（帝国統合）を強く要請していた。(7)

表3-1から明らかなように、イギリスでは一八世紀末以降、商業会議所が地域的な商工業利害を担う経済団体として、ほぼ全国規模で誕生していた。イングランドのみならずスコットランド、アイルランド、ウェールズでも、主要都市ではほぼ例外なく商業会議所が誕生していたのである。ただし、イギリスの商業会議所には、次のような固有の特徴があった。

フランス、ドイツ、さらには日本の商業会議所は商業会議所法に基づいて設立された商工業者の法的代表機関として位置づけられ、したがって政府によって設立が認可された時点より、諮問や建議といった権限が法的に保証されていたが、イギリスの商業会議所の場合は、あくまでも個人会員と同業組合会員からなる会員制の任意団体にとどまっていた。そのためヨーロッパ大陸の商業会議所と比べて、その政治的地位は著しく低く、地位強化の必要性が当初から叫ばれていた。(8)これが第一の特徴である。

第二の特徴は、地域的な分業化と専業化を高度に遂げたイギリスの産業構造を反映して、各商業会議所間の意見調整が困難をきわめたという点である。いずれの国の商業会議所でも、そこに組織された個人企業や業者組合の動機・利害関係は一様ではなかったが、とりわけイギリスの場合は「一九世紀中葉の産業覇権」を支えた自由競争の原理を前提とする市場構造（＝原子的市場 atomistic market）が根強く残存しているために、産業利害の分裂・分散は特に深刻であった。すなわち、株式会社制度や技術革新を排除する同族的な小規模事業形態と地域的な分業化・専業化を高度に遂げた産業構造、この二点を特徴とするイギリスの競争的資本主義のシステムは、世紀転換期においても強固に保持され、アメリカやドイツのような垂直的統合による大規模法人企業の形成を阻害するとともに、各種産業利害

図3－1　ロンドン商業会議所（69 Cannon Street）

注：筆者撮影（2005. 8. 29.）。ただし、1994年頃に新館（33 Queen Street）に移転。

の組織化をも阻んでいたのである。(9) かくしてイギリスの商業会議所は、全国的にはもとより地域的にも、意見調整で困難をきわめることとなった。以下では、その点を帝国特恵＝関税改革問題に即して考察していく。

2　ロンドン商業会議所の政策課題と利害構成

イギリスにおける商業会議所の設立時期は、その大半が産業革命期以降一九世紀中葉までの期間に属していたが、なかには設立がいわゆる「大不況」期まで持ち越されたものもあった。とくにロンドン商業会議所（London Chamber of Commerce, 69 Cannon Street, London, EC4, 一八八一年に設立、一九七一年ロンドン商工会議所へ改名、以下ＬＣＣと略記）の場合は、設立時期が他の主要商業会議所よりも大幅におくれたにもかかわらず、設立直後には早くもイギリス最大規模を誇るまでに成長している。そこで以下ではまず、ロンドン商業会議所の主要な課題とそこに集った商工業者の構成に注目してみたい。

国際競争激化の渦中に誕生したＬＣＣは、設立当初より、海外市場の保護・開拓のために――より端的に言えば、帝国の膨張と統合強化のために――政府の積極的な援助を要請していた。一方では鉄道建設を介したアジア・アフリカ市場の開拓を主張するとともに、他方ではオーストラリアやカナダなどの植民地連合の強化を呼びかけていたのであるが、このＬＣＣの帝国膨張と帝国統合という二方向の対外政策路線は、もとよりそこに結集したロンドンの多様な商工業利害を反映したものであった。

ただし、ここで注意しておきたい点は、ＬＣＣにはシティ金融利害を代表するような銀行家のみならず、じつに雑多な商工業利害までもが組織されていたという事実である。

(1906～7年頃)

各種全国団体・国際団体（代表派遣）

各種委員会（1～13）	構成人員
1．調停委員会	20（12）
2．商業教育委員会	43（22）
3．商法委員会	24（ 9）
4．会社法改正委員会	24（13）
5．帝国商業会議所会議組織委員会	68（18）
6．晩餐会準備委員会	11（ 6）
7．国際博覧会委員会	14（ 7）
8．雑誌編集委員会	4（ 4）
9．都市商業委員会	17（11）
10．陸海軍国防常任委員会	24（ 8）
11．郵便・電信・電話委員会	14（ 7）
12．鉄道・ドック料金調査委員会	26（15）
13．機密委員会	18（ 5）

英帝国通商評議会（British Imperial Council of Commerce）本部事務所（1911年以降）

1992年、195頁。

ＬＣＣの中枢にはラボック、シャスター、ロスチャイルドのようなシティの大物が君臨し、銀行協会（Institute of Bankers, 一八七九年設立）や外債保有者協会（Corporation of Foreign Bondholders, 一八六八年設立）とも組織的なつながりを有していた。ＬＣＣ内には金融利害固有のセクションは形成されていなかったものの、貿易部門に関しては多様な海外市場別セクションが編成されており、そのなかには西アフリカ貿易セクションのようにマンチェスターやリヴァプールの商業会

図３－２　ロンドン商業会議所の機構図

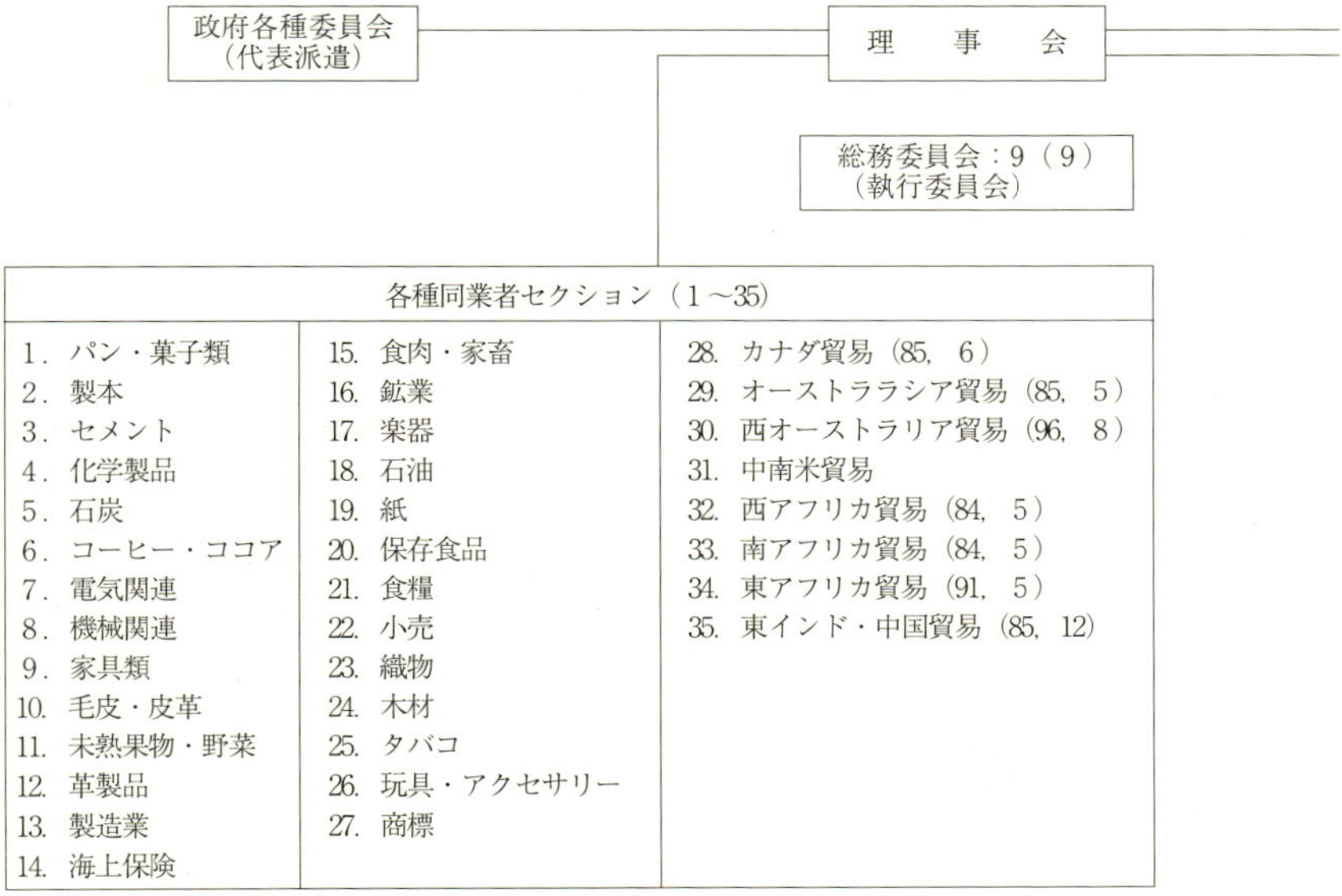

政府各種委員会
（代表派遣）
理　事　会
総務委員会：9（9）
（執行委員会）
各種同業者セクション（1～35）
1．パン・菓子類
2．製本
3．セメント
4．化学製品
5．石炭
6．コーヒー・ココア
7．電気関連
8．機械関連
9．家具類
10．毛皮・皮革
11．未熟果物・野菜
12．革製品
13．製造業
14．海上保険
15．食肉・家畜
16．鉱業
17．楽器
18．石油
19．紙
20．保存食品
21．食糧
22．小売
23．織物
24．木材
25．タバコ
26．玩具・アクセサリー
27．商標
28．カナダ貿易（85，6）
29．オーストラシア貿易（85，5）
30．西オーストラリア貿易（96，8）
31．中南米貿易
32．西アフリカ貿易（84，5）
33．南アフリカ貿易（84，5）
34．東アフリカ貿易（91，5）
35．東インド・中国貿易（85，12）

出典：横井勝彦「ロンドン商業会議所と帝国政策――1881～1914年――」『明大商学論叢』第75巻第２・３・４号、
注：(1)各種同業者セクション（28～30、32～35）に限って設立時期を付記した。
(2)各種委員会および総務委員会の構成人数でのカッコ内の数字は、理事会メンバーを示す内数である。

議所と連携して植民地省とも緊密な関係を有していた部門や、東インド・中国貿易セクションのように、マセソン商会、デント兄弟社、Ｐ＆Ｏ汽船会社といった巨大資本の代表が名を連ねた部門も確認できる。通常、ＬＣＣの歴代会頭はこうした部門から選出されていた。しかし、その一方にはじつに多様な中小の都市商工業者層がいくつもの業種別セクションに組織されていたのである。ＬＣＣの会員数は一九〇八年の三二六四人が、五年後の一九一三年には五二六五人にまで膨張していたが、この急増はそうした都市商工業者が大量に組織された結果であった。ＬＣＣの同業者セクションは、パン・菓子類、保存食品、果物・野菜、食肉・家畜といった食料品セクション、電気・機械・化学製品のような産業セクション、あるいは皮革品、楽器、玩具・アクセサリー、紙、家具類、皮革品のような日常家庭製品セクションなどじつに多様なセクションによって彩られていたのである。

LCCにはきわめて多様な商工業者層が包摂されており、その動きを金融・商業利害のみによって説明することは不可能である。ロンドンには単一の中心産業は存在せず、したがって、ランカシャーやヨークシャーの大都市が繊維産業の繁栄に依拠し、ニューカッスルが造船と機械工業の繁栄に依拠したのに相応するような産業上の特徴は、ロンドンにはみられない。だが、世界市場の中心地ロンドンには、金融・貿易・商業はもとより、広範な中小工業までの全分野におよぶ多種多様な業種が存在しており、ロンドンはその多様性においてのみならず、その規模においてもほかに類を見ないものであった。LCCの組織化の対象はそのすべてに及んだ。

以上のように、LCCはシティの商業・金融利害と中小の都市商工業利害の集合体であった。そして、このような多面的性格を有している以上、運動方針をめぐる意見対立や内部分裂の可能性は絶えず内在していたのである(10)。

3 LCCの内部分裂

LCCは、頻繁に帝国商業会議所会議（Congress of Chambers of Commerce of the Empire, 以下、コングレスと略記）を開催（一八八六〜一九一二年の間に計八回開催）して、通商同盟構想に基づいた帝国統合を追求していた。一八八六年に第一回コングレスがロンドンで開催された時点では、LCCは帝国特恵（差別）関税を基礎とする「通商同盟」ではなく、「自由貿易関税同盟」を主張していた。つまり、帝国内自由貿易＝植民地保護関税撤廃を支持する立場から、特恵制度の帝国的拡大という植民地側の主張を明確に否定していた。

その後、第二回コングレス（一八九二年）でも前カナダ蔵相タッパーの「帝国特恵」決議案が否決されて、LCC自由貿易派メドレーの「自由貿易」決議案が可決された。このような事実により、LCC（＝イギリス商業界）は、「通商（＝関税）同盟」結成の方法を「海外投資の植民地集中」を核心点とした「帝国内自由貿易」構想に求めたとされている。[11]第三回コングレス（一八九六年）では、統一党内閣の植民地相ジョゼフ・チェンバレンが「関税改革同盟」を提案しているが、これはあくまでも帝国内自由貿易（輸出入の帝国内集中）を志向するものであって、ＬＣＣもこれを積極的な植民地帝国開発政策として歓迎した。基本的にイギリス商業界＝ロンドン・シティ（ＬＣＣの中心メンバー）は、自治植民地をあくまでも有力海外市場のなかの一つとしてしか捉えていなかったのである。

しかしその後、チェンバレンは「関税改革同盟」構想を放棄して自由貿易派と決別し、植民地と国内保護主義勢力の要求する特恵政策支持に転換している。チェンバレンは植民地の工業的自立とイギリス「生産国家」の衰退という二側面より経済的危機を訴えて、かのチェンバレン・キャンペーン（帝国特恵運動一九〇三～〇六年）を全国展開したが、一九〇六年一月の総選挙では自由貿易の堅持を主張する自由党が大勝し、帝国特恵を支持する保守党が歴史的大敗を喫した。かくしてチェンバレン・キャンペーンは敗北を遂げ、関税改革論争にも政治的には一応の決着がついた。自由貿易が国民的選択として確認されたのであった。その間、シティ金融利害の自由貿易支持は動かなかった。一九〇三年にモントリオールで開催された第五回コングレスでも、カナダ製造業者協会から帝国特恵提案が出されたが、ＬＣＣは反対に回っている。

ところが、一九〇六年にチェンバレン・キャンペーンが敗北した直後に、ロンドンで開催された第六回コングレスでは、初めてカナダ・トロント代表から出された帝国特恵提案が可決されている（賛成一〇五、反対四一、中立二一）。しかも、そこではＬＣＣ自身が中立の立場に回っていた。さらに一九〇九年にシドニーで開催された第七回コングレスでは、ついにＬＣＣみずからが帝国特恵決議案を提起するにいたっている。明らかにＬＣＣは、帝国内自由貿易支持から帝国特恵支持へと方針上の一大転換を遂げたのである。その背景には、次のような動きがあった。

一九〇七年二月に開催されたＬＣＣの理事会は、第六回コングレスでの動きを憂慮して、自由貿易決議案を再提出したが、この決議案は否決され（賛成一四、反対二一）、逆にその直後のＬＣＣ総会では帝国特恵＝関税改革動議が圧倒的多数で採択され、全会員（三二〇〇名）を対象に実施した投票結果でも、帝国特恵＝関税改革の支持票一〇七七が反対票四七二を圧倒したのであった(12)。

ＬＣＣには自由貿易体制の堅持を主張するシティ金融利害とともに、帝国特恵＝関税改革を要求する多様な都市商工業利害が、数の上ではむしろ前者以上に多く包摂されていたのであり、一九〇七年にＬＣＣは前者（イギリス商業界の世論）を後者（都市商工業者層の世論）が「数の力」によって押さえ込み、帝国特恵支持団体へと転じたのである。

4　ＬＣＣ内特恵支持派の危機意識

ＬＣＣは、一九〇六年のチェンバレン・キャンペーン敗北の直後より、シティ金融利害の猛反発にあいながらも、帝国特恵＝関税改革支持の立場を明確にしているが、それはロンドンの商工業者層の危機意識を反映したものであった。ここではその一端を紹介しておこう(13)。

チェンバレン・キャンペーンの開始期に設置された関税委員会（Tariff Commission）は、広範な業種（銀行業を除く）に聞き取り調査を実施し、関税改革プランの作成を目指していたが、そこにはＬＣＣに属した商工業者からの回答（一九〇四年）も含まれていた。彼らは一様に内外市場へのドイツの経済進出の現状を訴え、帝国特恵支持の立場を表明していた。若干の例を示せば、次のごとくである。

ＬＣＣセメント業者セクションの議長を務めるチャールズ・チャールトンによれば、イギリスからカナダへのセメント輸出は、ドイツとベルギーの攻勢によって停滞を余儀なくされてきたが、先ごろ、カナダがドイツ製セメントに追徴税を課した結果、現在は回復基調にあり、植民地特恵関税がイギリスの当該産業へもたらす利益は十分に期待しうるものであった。

また、ピアノ製造会社を代表するジョン・C・コラードによれば、従来の主な輸出先はオーストラリア、ニュージーランド、インド、中国であったが、外国製品との競争激化と景気沈滞のために過去二、三年の間に数十の工場が閉鎖に追いやられている。その主たる原因は、本国と植民地市場にドイツ製ピアノが多数流入していることにあった。カナダではすでにピアノの自給が可能となっているものの、帝国特恵はやはりイギリスのピアノ産業の復興に有効である。

香水関連業種に関しても、やはりLCCに属したE・V・バレットが、フランス製香水との競争激化、アメリカ市場の禁止的高率関税、そしてドイツ製石鹸との競争状態を指摘して、特恵支持を表明していた。

そして、さらに送電ケーブルの製造業者T・O・カレンダーも、ドイツ、フランス、アメリカ市場からは高率関税のためにすでに撤退を余儀なくされているが、いまでは逆にドイツ資本がロンドンに進出して当該業種を制覇しつつある、と警告を発していた。

世紀転換期にイギリスを襲ったメード・イン・ジャーマニー・パニック（一八九六年）やアメリカン・インベーダー・パニック（一九〇二年）が過ぎ去った後でも、ロンドンの商工業者層の危機感が終息することは決してなかった。

第２節　全英商業会議所連合会（ACC）の影響力

１　産業革命とACC

イギリス産業革命の進展は、工業化以前の時代には予測しえなかった新たな諸問題を惹起したが、もとより当時の政府にはそれに対する処理能力など備わっていなかった。また、工業化の渦中にあった地方商工業者にしても、政府に対する発言権は与えられていなかった。各地の商工業利害を代表する商業会議所を全国的に組織する必要性は、このような状況の下で生じたのである。(14) 産業革命以降にはイギリス各地で商業会議所が急増し、ついに一八六〇年に全国的・全業種的規模の全英商業会議所連合会（Association of Chambers of Commerce of the United Kingdom. 以下ＡＣＣと略記）が創設されたが、それは以上のような各地商工業利害の要請を反映したものであった。

ここでＡＣＣが扱った初期の課題を列挙すれば、次のようなものがあった。破産法、中国市場の開拓、海上における交戦国の諸権利に関する法律、登録商標法、パートナーシップおよび有限責任法、度量衡の同一標準様式、古船具商の監督強化に関する法律、関税問題、原綿供給問題、羊毛供給問題と関連したカナダの鉄道建設等である。それらの大半は各地の商業会議所から提起された問題をＡＣＣがイギリス商工業界の全国課題として吸い上げたものである。ＡＣＣはイギリス各地の商業会議所を積極的に支援はするが、それらの独自な活動に干渉することはなく、政府と商工業界との連絡機関としての役割を担ったのであり、各地の商業会議所はＡＣＣの名を用いることによって政府に対する発言力の強化を期待したのである。

しかし、地域的な分業化・専業化を遂げた産業構造の下で、会員数三〇名以上のすべての商業会議所を組織するＡＣＣにとっては、決議採択に際して三分の二以上の賛成を要する規約のために、内部での意見調整は決して容易でなかった。しかも、リヴァプール、マンチェスター、グラスゴーの各商業会議所は、その影響力の大きさにもかかわらず、一九世紀末にいたるまでＡＣＣには加盟せずに独自の運動を展開していた。ＡＣＣは全国的・全業種的規模での経済団体ではあったが、このような状況の下では政府に対する影響力も期待に反して低いものにとどまらざるを得なかった。

一八八二年の時点ではＡＣＣの下に五八の商業会議所が組織され、さらに一九〇〇年までには九〇以上の商業会議所と五〇名以上の現職下院議員が名誉会員として組織され、歴代会頭にも現職国会議員が据えられていた。だが、ACCの議会に対する影響力は小さく、ロンドン商業会議所なども設立当初よりこうした状況を指摘して、真に実業界の利害を担いうる政府機関の設立を要請していた(15)。

ACCは創設時よりほぼ半世紀の間にその規模を二倍以上に拡大させたが、当初よりいくつもの課題を抱えていた。なかでもより本質的な組織上の問題は各商業会議所相互間の利害調整で、その最も顕著な事例が帝国特恵＝関税改革問題をめぐるACC内部での利害対立であった。帝国特恵＝関税改革問題に関しては、各地商業会議所の利害対立が調整不能であった結果、ACCが実業界の総意をもって政府当局に対することなど到底望めなかった。産業構造の分業化・専業化に規定された商工業利害の地域的多様性のゆえに、自由貿易派のマンチェスターと帝国特恵派のバーミンガムの対立に代表されるような各地商業会議所間の利害対立は不可避であった。分裂・分散状態にある商工業利害そのものが組織化されない限り、たとえ経済団体が全国規模で組織されたとしても、それは政治的発言力の強化には結びつかなかったのである。以下では、その具体的な対立状況について紹介しておこう。

2　ACCの内部分裂

一九〇六年総選挙での自由党の大勝により、チェンバレン・キャンペーンは敗北を遂げたが、翌年のLCC総会では帝国特恵＝関税改革動議が圧倒的多数で採択され、一九〇九年にシドニーで開催された第七回コングレスではLCCみずから帝国特恵決議を提起するにいたっていた。このような一九〇七年以降のLCCの方針転換に関しては、すでに紹介した通りであるが、こうした動きは当初よりACCをも巻き込んで展開していた。

既述の通り、チェンバレン・キャンペーンの敗北直後にロンドンで開催された第六回コングレス（一九〇六年）では、カナダ・トロント代表の帝国特恵決議案が初めて可決された。その結果、同年九月に開催されたACCの秋季大会は帝国特恵＝関税改革問題をめぐってはげしく紛糾しているが、その後一九〇九年にＬＣＣが帝国特恵支持へと方針転換した頃でも、依然として帝国特恵＝関税改革をめぐる主要な商業会議所の間の意見対立は調整不能の状態のままであった。

一九〇六年九月に開催されたＡＣＣ秋季大会では、サウス・オブ・スコットランド商業会議所が、第六回コングレスでの帝国特恵決議への支持をＡＣＣの決議案として提案した。同会議所は、スコットランド産毛織物のアメリカ市場への輸出が高率関税によって阻止されている事情を背景として、雇用対策の観点より植民地への特恵供与による帝国の紐帯強化（＝帝国市場の拡大）を主張したのであった。これを支持したブリストル商業会議所は、植民地貿易の重要性を統計的に論証し、「イングランドのすべての地域がランカシャーやヨークシャーでみられた貿易の拡大に一様に参画していたのではなかった」として、暗に伝統的な自由貿易政策に批判を加えた。続いて鉄鋼・金属加工業の利害を担うバーミンガム商業会議所が国内市場保護の重要性に注意を喚起しつつ、帝国特恵への支持を表明したのであった。

これに対して、シェフィールド商業会議所は、植民地貿易がイギリスの貿易全体に占める割合の低さとインド貿易の重要性を強調して帝国特恵に反対の立場を表明した。それを受けてリーズ商業会議所が「実際的提案もないままに自由貿易という本国の政策からの離脱を勧告することは出来ないが、この問題を公式な責任ある検討に付するために帝国会議が開催されることについては、これを歓迎する」という実質のない修正決議を提案した。そして最後に、自由貿易派の牙城マンチェスター商業会議所が決議案の撤回を強く要求した。㈠帝国特恵貿易は本国財政制度に保護貿易的修正をともなうこと、㈡一月の総選挙の結果、イングランド北部の産業の中心地では、この問題はすでに決着がついたと一般に信じられていること、㈢帝国商業会議所会議の参加代表はこの選挙結果を認めようとしないが、そこでの帝国特恵決議はもっぱら植民地側代表の賛成票によるものであったこと、以上の三点がマンチェスターの撤回要求の論拠であった。

このようなＡＣＣ内での帝国特恵＝関税改革をめぐる論議は、その後もさらに多くの商業会議所を巻き込んで展開されていく。だが、各商業会議所が商工業の地域的利害を代表する存在であった以上、ＡＣＣにその利害調整はほとんど期待できなかった。イギリスの商工業利害は、競争的資本主義の原子的市場構造とそのもとでの産業の地域的分業化・専業化の現状――さらには、それらの世界市場との関わり方――に規定されて、自由貿易派と帝国特恵＝関税改革派に大きく分かれた。したがって、三分の二以上の賛成を決議採択の条件とするＡＣＣが、この問題に関して一度も統一行動を起こせなかったのも、むしろ当然の結果であったと見るべきであろう(16)。

第3節　イギリス産業連盟（ＦＢＩ）とコーポラティズム

1　三者協議制の背景

コーポラティズム（corporatism）とは、政府と産業界と労働界との政策交渉を中心とした三者協議制のことであり、労働界の代表組織が労働組合会議（Trade Union Congress, 一八六八年設立）であったのに対して、産業界の代表組織の一つがＦＢＩであった。イギリス産業界の影響力が急速に強化されたのは、両大戦時に限ってのことであり、ＦＢＩの設立に象徴されるように、産業界と政府との関係がかつてないほど緊密化したのも第一次大戦を契機としてであった。イギリスにおける三者協議制の歴史的起点もここにあった(17)。

第一次大戦に突入すると、ただちにイギリス産業は広範な分野で生産の立ち遅れを露呈し、戦時物資の需要を賄うためには、産業の統括と再編が政府の緊急課題として浮上した。具体的には、一九一五年にアスキス連立内閣の蔵相ロイド＝ジョージが提示した「大蔵省協定」が「戦時軍需産業法」として立法化され、機械、鉄鋼、石炭、化学、輸送などの広範囲におよぶ軍需関連産業での労働争議への強制仲裁、「労働慣行」の一時停止、ならびに軍需企業の利潤規制などの権限が政府に与えられた。そして、そうした側面よりロイド＝ジョージを担当大臣とする新設の軍需省(Ministry of Munition)がイギリスの産業を組織することとなった。(18)

この軍需省の統括する戦時経済体制のもとで、政府と産業界との関係も一変する。三者協議制が形成される契機もここにあった。すなわち、国家統制に対して危機感を募らせるイギリス産業界では、政府との協議機会の確保をめざして、使用者団体や同業者団体の組織化が急速に進展し、代表的資本家団体と各種政府委員会との関係も急速に緊密化したのである。

さて、ここで注目したいのは、こうした状況のもとで成立した三者協議制に格別の期待を寄せる企業家が存在したことである。彼らの構想は、政府との協議体制を戦時下の一時的措置に終わらせることなく、戦後の経済再建の基礎としても位置づけることにあった。ＦＢＩの最大の目的は、イギリス産業界の意見を調整し、それに即した産業政策の展開を政府にせまる「実業界の議会」として機能することにあった。そして、ＦＢＩの創設者ダドリー・ドッカーは、ヨーロッパ大陸でのコーポラティズム運動からの影響を強く受けて、三者協議制の構築に多大の期待を寄せていた代表的な企業家の一人であったのである。(19)

だが結局のところ、産業利害の政治的影響力の強化・確立の試みは不発に終わっている。たしかに、ロイド＝ジョージ連立内閣（一九一六〜二二年）のもとで、戦時期に急増を遂げた各種業者団体の代表が政府の戦時機関に生産顧問として多数参加したことは事実である。しかし、ひとたび戦時経済体制から脱すると、政府の政策目標には自由貿易と均衡財政と金本位制が復帰して、産業利害はまたしても従属的な地位に追いやられ、政策決定に対する政治的影響力は、個人的にも組織的にも大きく後退を余儀なくされた。では、その原因はどこに求めるべきであろうか。以下では、その原因の一端をＦＢＩの組織化運動に注目して検討してみたい。

2　ＦＢＩの組織編成

一九一六年九月に選出されたＦＢＩの初代執行委員会メンバー二〇名の内の主な業種は、重機械工業一六名、軍需・造船業四名、繊維産業二名となっており、この構成から判断する限り、少なくとも初期のＦＢＩにはマンチェスターよりもバーミンガム、繊維産業よりも軍需・重工業の色彩が色濃く反映されていたといえよう。こうしたＦＢＩの中心利害の間では、関税改革が政策課題として共有されていたのである。[20]

関税改革論者ダドリー・ドッカーによって結成されたＦＢＩは、バーミンガムを拠点としつつも、イギリス産業利害を全国規模で組織して「実業界の議会」を確立すること（産業利害の政治的発言力の強化）を目指した。ドッカーは、一九一七年三月に開催されたＦＢＩ第一回総会で、初代会長として次のような演説を行っている。

「われわれは、次の目的を実現するに十分な規模と財源を備えた連合体の形成を目指すものである。すなわち、その目的とは第一に、産業諸立法の形成に際して、わが国政府からの十分な配慮を勝ち取ること、第二に、理解と協力の可能な関係を労働界との間に構築しうる大規模な組織を創設すること、そして第三に、イギリス実業界の利害総体の振興のために組織的な取り組みを遂行すること、以上である。」

この呼びかけには、一見どこにも無理はない。一九一七年六月時点で、ＦＢＩは三五〇の個人企業と六二の同業者団体を組織していたが、それが翌年六月にはそれぞれ七四〇社と一二九団体に倍増しており、順調なスタートであったかに見える。[21] 表３－２に示したように、一九二一年の会員総数は一七四一であったのであるから、その後の三年間にも組織拡大が飛躍的に進展したことはたしかであろう。だが、それ以降一九二六年までの五年間について見ると、表３－２の通り、会員の増加は停滞傾向を示している。なかでも目をひくのは、ＦＢＩの拠点であったバーミンガム

表３－２　FBI の地域別会員動向（個人企業と同業者団体）

	1921	1922	1923	1924	1925	1926
ロンドン	418	446	455	451	449	486
バーミンガム	247	244	226	228	222	229
マンチェスター	230	274	291	309	321	342
リヴァプール	105	101	103	105	111	111
サウス・ウェールズ	97	98	87	81	79	73
ニューカッスル	86	89	102	113	129	124
ノッティンガム	76	94	97	101	95	101
リーズ	73	79	77	75	75	72
シェフィールド	72	78	73	74	73	78
グラスゴー	69	95	100	98	95	94
ホーム・カウンティーズ	62	73	77	79	80	77
ブラッドフォード	61	74	85	89	87	95
レスター	58	61	60	60	58	57
エディンバラ	56	69	69	67	61	62
ノーザンプトン	31	29	26	26	27	27
合計	1,741	1,904	1,928	1,956	1,961	2,028

出典：A Marrison, *British Business and Protection 1903-1932*, Oxford, 1996, p. 448, Appendix V.

の会員数がこの間に減少に転じている事実である。しかし、そうした傾向から直ちにＦＢＩの産業利害の構成が大きく変質したと判断することは出来ない。むしろそれはバーミンガムにおける組織拡大が早期に完了していた結果と見るべきであろう。

一方、バーミンガムとは対照的に、マンチェスターでは会員の急増が確認できる。この増加はもちろんＦＢＩの組織拡大が北部にまで及んだ結果であるが、より正確に言えば、それはＦＢＩが帝国特恵＝関税改革支持を放棄したことを契機として、自由貿易派勢力が多数参入したことを意味していたのである。とはいえ、この事実をもってＦＢＩが全体として自由貿易支持に転じたと見ることはもちろん無理である。一九二〇年代前半に会員増が認められたマンチェスター、ブラッドフォード、ノッティンガムに加えて、リヴァプールとリーズも自由貿易派の基盤であったと見なしても、それらの地域の会員総数はＦＢＩ全体の三割以下にとどまっていたのである。

さらにもう一点、地域単位ではロンドンの会員数が他を圧倒していた事実にも注目すべきであろう。これは明らかに北部の産業利害と南部の商業金融利害というイギリス資本主義社会の二分法では説明できない現実であり、すでに見たＬＣＣと同様にＦＢＩがロンドンの広範な諸産業をも多数組織していたことを示しているのである。当時のロン

ドンは商業・金融センターであるのみならず、多様な中小規模企業から成る一大産業センターでもあった。(22)

3　排除の論理と妥協の論理

ＦＢＩにとっては、会員数の拡大こそが、つまり全国的全産業的規模での組織力こそが、政府に産業界の代表機関であることを認めさせ、政治的発言力を強化するための絶対条件であった。だが、ＦＢＩの組織拡大の対象は、「実業界の議会」を創設するというスローガンを掲げていたにもかかわらず、あくまでも製造業関連業種に限定されていた。商業会議所に代表されるような商業・貿易部門における経済団体のＦＢＩ加盟は、当初から排除されていた。

ＦＢＩ内に商人セクションを設置する提案に対して、ドッカーは商人の無国籍性を指摘して、強硬な反対姿勢を示している。だが、実際のところ各地の商業会議所の運動には商業利害のみならず、産業利害も反映されていたし、そこには製造業に分類できる多くの同業者団体も加盟していた。その点はドッカーの本拠地であったバーミンガムの商業会議所でも同様であったはずである。

だが、ＦＢＩ執行部は地域経済団体としては商業会議所よりも同業者団体を高く評価し、ＡＣＣは商人の組織であるのに対して、ＦＢＩはあくまでも製造業者の組織である、という排他的姿勢を崩さなかった。しかも、このような業種的選別は商工業間にとどまるものではなかった。ここでは、さらにＦＢＩに根強く存在した金融業界に対する敵対的感情の一端を紹介しておこう。

実際のところは、少数ながら以前から金融界メンバーはＦＢＩに組織されていたが、新たにバークレイズ銀行が執行委員会によってＦＢＩメンバーに選出されると、相次いで批判の声が沸き起こった。「産業団体は、その活動を正常に展開しようとするならば、銀行を批判できる完全なる自由を必要とするはずである。その組織のメンバーに銀行を加えることは望ましくない、とわれわれ〔ＦＢＩ〕会員は考えている」。これは一九二八年にノーザンプトンのイギリス・クロム加工会社がＦＢＩ書記Ｒ・Ｔ・ヌジェントに直接宛てた書簡の一節である。ＦＢＩ執行委員会は「前例（例えばロイズ銀行）の存在」を楯にして銀行批判の拡大を未然に防いだものの、これが実際には数社による連鎖的な批判に及んだ点に注目すべきであろう。

以上のようなＦＢＩの商業・金融セクターに対する排他的姿勢は、決して個人的な思想・心情に根差したものではなく、やはりイギリス資本主義の構造的特質に規定されたものであったと見るべきであろう。

にもかかわらず、ＦＢＩへの組織加盟件数は着実に増加していたが、ここで注目すべき点は、それにも次のような大きな代償が払われていたという事実である。一九一七年初めには四〇もの同業者団体と多数の有力企業を傘下に置く使用者議会対策協会（Employer's Parliamentary Association, 以下ＥＰＡと略記）がＦＢＩに加盟して、ＥＰＡの組織、財政、会員をＦＢＩが引き継ぎ、ＥＰＡの大企業については個人会員としてＦＢＩに加盟することとなった。大幅な組織拡大が達成されたことは間違いない。だが、既述の通り、それによりＦＢＩにはマンチェスターの綿業資本を中心とする自由貿易派が多数参入して、以降、ＦＢＩの運動方針からは関税改革の主張が一切削除されることとなったのである。組織の維持・拡大を優先したことにより、ＦＢＩはここに通商政策に対する影響力を放棄したのであった。

ＦＢＩ内の自由貿易派が増大したことで、保護主義的経済団体との合併はきわめて難しくなったが、じつはそれだけではなかった。ＦＢＩの設立母体であったイギリス製造業者協会（British Manufacturers' Association, 一九一五年設立）は、一九一六年に全国製造業者連合（National Union of Manufacturers, 以下ＮＵＭと略記）に改組され、当初より関税改革を中心課題として明確に打ち出して、加盟企業も一九一七年までに六三四社、一九二〇年までには約三〇〇〇社へと急増させていた。ＮＵＭはバーミンガムとロンドンを拠点とし、そこには新旧両産業に属する多数の小規模企業が結集していたが、それがＦＢＩと合併することは決してなかった。それどころか、関税改革問題をめぐってFBIからNUMへの会員流出まで生じていたのである。[23] FBIも、対立した諸利害を内包する各種資本家団体の連合体としての限界を克服できなかった。

第4節　経済団体のグローバリゼーション

1　帝国商業会議所会議

のちにノーベル平和賞を受賞したイギリスの経済学者ノーマン・エンジェルは、一九一二年一月、銀行協会において「国際関係に及ぼす銀行家の影響力」について講演し、資本主義諸国家間に存在する緊密な商業的金融的な相互依存関係のゆえに、戦争と軍備増強が勝者、敗者を問わず参戦国のすべてに対して甚大な被害をもたらすと警告を発した。だが、多くの大規模貿易商と銀行家が所属していたはずのロンドン商業会議所（LCC）は、第一次大戦にいたるまで一貫して英独建艦競争の強力な支持勢力であり続けた。[24]

すでに論及したようにLCCは一八八六年以降、頻繁に帝国商業会議所会議（コングレス）を開催していた。第一次大戦前では一九一二年に第八回大会を、そして第二次大戦後では一九七二年に第二六回大会を開催している。これは基本的に世界的な規模での通商ネットワークを介して、商工業界の政策課題をイギリス帝国（連邦）レベルで追求することを目的としていた。ロンドンで開催された第二回大会（一八九二年）に参加した海外組メンバーを一部紹介すると、ケープタウン商業会議所、ジブラルタル商業会議所、ジョージタウン商業会議所、香港商業会議所、ジャマイカ農商務協会、キンバレー商業会議所、ラゴス商業会議所、マドラス商業会議所、モントリオール商業会議所、オタワ商務院、ケベック商務院、シエラレオネ商業会議所、シンガポール商業会議所、シドニー商業会議所、トロント商務院、ウェリントン（ニュージーランド）商業会議所などが名を連ねていた。イギリス帝国の通商拠点のほぼすべてを網羅する顔ぶれである。第一次大戦前について見ると、開催会場は第五回（一九〇三年、モントリオール）、第七回（一九〇九年、シドニー）、第九回（一九一五年、トロント）を除き他の六回はすべてロンドンであったが、それもそのはずでコングレスの本部はＬＣＣの建物内に置かれていたのであった。

コングレスでの議題としては、本国・植民地間の通商問題（一九〇七年の第六回大会で帝国特恵決議を採択）、商標の帝国登録、移民問題、帝国内通信・郵便問題、商法の整備など、帝国通商統合の条件整備に関わる事柄がほとんどで、しかもＬＣＣが提出する議案が最も多かったが、この他の重要議題、帝国防衛問題（海軍費の植民地分担問題）についても同様のことが言えた。例えば、シドニーで開催された第七回コングレスでは、ドイツ海軍膨張の侵略的性格を強調するＬＣＣの決議案――帝国防衛と通商保護における本国・自治植民地間の協力関係構築と植民地側の防衛費分担――が可決されるにいたっている。

ＬＣＣは帝国防衛と通商保護の観点から、一貫して海軍増強の緊急性を指摘しており、一九一二年にノーマン・エンジェルが銀行協会で軍備増強と戦争の無益性を講じた翌年にも、海相Ｗ・チャーチルのもとに陳情団を派遣して、海軍増強支持の立場を公にしていた。以上のようにコングレスに関しては、内部に多様な利害を抱えつつも、ＬＣＣが帝国通商と帝国防衛の両面にわたって主導権を握っていた。

2　国際商業会議所（ＩＣＣ）

ＬＣＣは、一八八六年以降はコングレスを介して帝国各地の商業会議所を遍く掌握していったが、帝国以外の商業会議所がそこに参加することは原則としてなかった。したがって、当時、全国各地に誕生しつつあった日本の商業会議所がコングレスに顔を出すことなどもちろんなかった。とはいえ、ＬＣＣは日本に対しても早くから関心を示していた。ＬＣＣが日本の商業会議所の設立状況に関してコメントしたのは意外に早く、一八八四年には「日本においては政府と商業会議所の関係はきわめて緊密で、日本の商業会議所はイギリスよりもフランスやドイツのそれに似ている」と正当に分析していた。もっとも、日本では一八九〇年に商業会議所条例が公布される以前は、商法会議所（一八七八～八二年）、商工会（一八八三～九〇年）という名称を一律付されていた。

ともあれ、その後、日英両国の商業会議所間の関係がなんらかの形で緊密化したということはなかった。日英同盟調印の半年後、一九〇二年七月には東京商業会議所の初代会頭の渋沢栄一がＬＣＣの東インド・中国貿易セクションを訪問して、中国と韓国の日英共同開発を呼びかけているが、その会見の顚末についても残念ながら不明である。

イギリス帝国の通商問題を議論するコングレスに日本の商業会議所が出席することはなかった。日英同盟締結以降もそうであった。日英の経済団体が同じ国際的経済団体で顔を会わせるようになるのは、一九二〇年、すなわち日英同盟が解消される前年に設立された国際商業会議所（International Chamber of Commerce, 国際本部事務局はパリ。以下ＩＣＣと略記）においてであった。一九二一年四月にはイギリスから日本に実業団の親善訪英について打診がなされており、それを受けて同年一〇月には団琢磨（三井合名理事長）を団長とする欧米視察団が横浜を出航し、途中立ち寄ったパリでは日本のＩＣＣへの正式加盟を勧められている。

だが、当時の日本にはＩＣＣに加入するに足る全経済的団体はまだ存在していなかった。当時の経済団体としては商業会議所連合会（一八九二年結成）と日本工業倶楽部（一九一七年設立）が代表的なものとしてあったが、前者は全国の商業会議所だけを対象とした団体であり、後者は主として財閥企業、大企業の集団であって、どちらも全経済界を代表する団体とは言えなかった。(25) ＩＣＣの正会員である団体会員とは、一国または一地方の金融および商工業に関する団体で、その関係する部門についての利害を真に代表するものでなければならなかった。

そもそもＩＣＣは、第一次大戦後の復興と自由な国際通商の実現を目指して、一九一九年一〇月に戦勝同盟国五カ国米・英・仏・伊・ベルギーの産業人四〇〇〇人がアメリカのニュージャージー州アトランティック・シティに集まって開催された「アトランティック国際通商会議」がその起点であり、翌一九二〇年六月にパリで開催された設立総会（参加国五カ国、参加者四九七名）には、イギリス側からはＡＣＣ会頭Ａ・Ｊ・ホブソンやＬＣＣ会頭Ｓ・マチンのような組織委員会のメンバーをはじめとして、その他多数の各地商業会議所代表が参加していたが、じつは日本からも東京商業会議所会頭の藤山雷太が招待を受けて出席していた。[26] パリの設立総会で採択された決議は、ヨーロッパ戦災地域の復興対策、二重課税の撤廃、事務および人員の整理による各国財政の再建、国際信用調査機関の設立、外国銀行取扱方の公平化、不正競争の防止、工業所有権の保護、商標および原産地の名称等を合法的に調査するための付属機関の設置、港湾能力調査、貿易用語の統一、旅券および海運法規の改正、そして国際的経済協力団体としてのＩＣＣの正式な設立であった。ＩＣＣの目的は「諸国間の通商交渉を円滑ならしめ、金融・工業および商業に関係ある国際問題の円滑なる解決を図り、平和と商工業の発達に献身する実業人および実業団体の協力的活動によって、諸国並びに諸国民間の親善友好関係を増大すること」であった。

なお、日本でも一九二二年に全経済界を代表する経済団体として日本経済連盟を設立し、翌一九二三年には団琢磨（日本経済連盟会長／日本工業倶楽部理事長）を初代会長として国内委員会を発足させ、ＩＣＣへの正式加盟を果たしている。当初、ＩＣＣ国内委員会の会員は、わずかに商業会議所連合会（一九二二年に日本商工会議所に改編）と日本経済連盟会の両団体会員だけであったが、その三年後には団体会員も六団体へと増加している。

一方、イギリスはＩＣＣ創立総会からの常連であった。第一回総会は一九二一年六月にロンドンで開催され、参加者は四六八名で設立総会とほぼ同じであったものの、参加国は三六カ国へと飛躍的に増加を遂げた。総会最終日に挨拶に立ったＬＣＣ会頭のＳ・マチンは「戦争は我々ビジネスマンに多くのことを教えてくれた。なかでも敢えてひとつあげるとすれば、それは一国だけで存続できる国、世界を支配しうる国など存在しえないということである。われわれはいま、かつてないほどお互いに依存しあっている」として、経済復興と国際平和におけるビジネスマンの役割の大きさを訴えた。(27) ようやく経済学者ノーマン・エンジェルに追いついたかのごとくである。

アジア初のＩＣＣ総会は第一五回総会として一九五五年五月に東京で開催された。この東京総会は、経団連（一九四六年設立）(28)の相談役であった渋沢敬三を総会議長とし、参加国四五カ国、参加者人数一五三七名（当時のＩＣＣ加盟の団体会員は、イギリスが六八団体、日本が二六団体）ときわめて盛況であった。(29) 三五年前の設立時とは隔世の感がある。しかも、「アジアの問題―世界の進歩」というスローガンを掲げたこの東京総会は、東洋と西洋の間の新たな関係、すなわち東洋と西洋との対等な相互関係を象徴する特別な大会でもあった。ちなみに、アジアから東京総会に代表を派遣した国は、ビルマ、カンボジア、セイロン、香港、インド、インドネシア、韓国、ラオス、パキスタン、フィリピン、タイ、ヴェトナム等で、参加国全体のほぼ三分の一を占めていた。(30)

ＬＣＣもこの東京大会の成功を大いに讃えるとともに、西洋に対する排外的な姿勢が見られなかったことを強調しているが、大会そのものは、アジアの今後の発展には、商品物価の安定化、貿易規制の廃止、発展途上国への技術支援の継続、民間資本投資の促進などの諸施策の確立が必要であると結んでいる。(31)

（1）マーティン・Ｊ・ウィーナ著／原剛訳『英国産業精神の衰退――文化史的接近――』勁草書房、一九八四年、参照。
（2）吉森賢『企業家精神衰退の研究』東洋経済新報社、一九八九年、五一～五九、六四、九七頁参照。
（3）Ｗ・Ｄ・ルービンステイン著／藤井泰・平田雅博・村田邦夫・千石好郎『衰退しない大英帝国――その経済・文化・教育一七五〇～一九九〇――』晃洋書房、一九九七年、三二～三四頁。
（4）Ｐ・Ｊ・ケイン、Ａ・Ｇ・ホプキンス著／竹内幸雄・秋田茂訳『ジェントルマン資本主義の帝国Ⅰ：創生と膨張　一六八八～一九一四』名古屋大学出版会、一九九七年、同著／木畑洋一・旦祐介訳『ジェントルマン資本主義の帝国Ⅱ：危機と解体　一九一四～一九九〇』名古屋大学出版会、一九九七年。

(5) マンチェスター商業会議所の詳細については、熊谷次郎『イギリス綿業自由貿易論史――マンチェスター商業会議所 一八二〇～一九三二年』ミネルヴァ書房、一九九五年、を参照。

(6) 横井勝彦『アジアの海の大英帝国――一九世紀海洋支配の構図――』講談社学術文庫、二〇〇四年、第二章および第三章を参照。

(7) W. G. Hynes, "British Mercantile Attitudes towards Imperial Expansion", *Historical Journal*, Vol. XIX, No. 4, 1976; L. E. Davis and R. A. Huttenback, *Mammon and the pursuit of Empire: The political economy of British imperialism, 1860–1913*, Cambridge, 1986, pp. 256–260.

(8) 商業会議所連合会編『最近の欧米商業会議所』商業会議所連合会事務局、一九二四年、東京商工会議所百年史編纂委員会編『東京商工会議所百年史』東京商工会議所、一九七九年、を参照。

(9) 横井勝彦「イギリスにおけるビジネス・ポリティックスの展開と経済団体」『明大商学論叢』第七七巻第三・四号、一九九五年、一四八～一五一頁。

(10) 横井勝彦「ロンドン商業会議所と帝国政策――一八八一～一九一四年――」『明大商学論叢』第七五巻第二・三・四号、一九九二年、を参照。

(11) 桑原莞爾『イギリス関税改革運動の史的分析』九州大学出版会、一九九九年、補論一参照。

(12) A. Marrison, *British Business and Protection 1903–1932*, Oxford, 1996, pp. 95–97.

(13) 横井勝彦「ロンドン商業会議所の利害構成と運動形態」『西洋史研究』新輯、第二九号、二〇〇〇年、二四一～二四二頁。

(14) A. R. Ilersic and P. F. B. Liddle, *Parliament of Commerce: The Story of the Association of British Chambers of Commerce, 1860–1960*, London, 1969, p. 6.

(15) 横井「イギリスにおけるビジネス・ポリティックスの展開と経済団体」一五〇～一五一頁、Ilersic and Liddle, *op. cit.*, p. 139.

(16) 横井「イギリスにおけるビジネス・ポリティックスの展開と経済団体」一五二～一五三頁。

(17) W. Grant (ed.), *The Political Economy of Corporatism*, London, 1985, pp. 2–11.

(18) ヘンリー・ペリング著／大前朔郎訳『イギリス労働組合運動史』東洋経済新報社、一九六五年、一七九頁。

(19) R. P. T. Davenport-Hines, *Dudley Docker: The Life and Times of a Trade Warrior*, Cambridge, 1984, pp. 84-86.

(20) *Ibid.*, p. 110.

(21) 横井勝彦「イギリス産業連盟とコーポラティズムの限界性――産業史の一側面――」『明大商学論叢』第八一巻第一・二号、一九九八年、一三二頁。

(22) M. Daunton, "Industry in London: Revisions and Reflections", *London Journal*, Vol. 21, No. 1, 1996, pp. 2, 7.

(23) Marrison, *op. cit.*, pp. 338-341; 横井「イギリス産業連盟とコーポラティズムの限界性」一三五～一三六、一三八～一三九頁。

(24) 横井勝彦「シティと海上覇権――ロンドン商業会議所の海軍増強運動――」『明治大学社会科学研究所』第三二巻第二号、一九九四年、を参照。

(25) 藤田和男『経済団体物語』新経済社、一九五六年、一一～一五頁。

(26) *The Times*, June 18, 1920.

(27) *Chamber of Commerce Journal*, July 1921, p. 24.

(28) 古賀純一郎『経団連――日本を動かす財界シンクタンク――』新潮選書、二〇〇〇年、参照。

(29) 国際商業会議所日本国内委員会編『ＩＣＣの歩み――一九二〇～一九五五年――』［記録］一九五六年、八～一〇、二四二頁、［資料］一九五六年、二～三、一五～一六頁。

(30) G. L. Ridgeway, *Merchants of Peace: The History of the International Chamber of Commerce*, Boston, 1938, pp. 205-208; 同前［資料］、六～一三頁。

(31) *Chamber of Commerce Journal*, August 1955, p. 14.

第4章　日本における商業会議所の機能と構造

はじめに

日本における経済団体の歴史は長い。同業あるいは、異業種間の調整を目的とした、「座」や「株仲間」[1]といった名前は誰でも一度は聞いたことがあろう。地域的に限定された組織としては、江戸時代、町の日常の自治や危機管理、たとえば、被災時の復興システムまで管理した「江戸町会所」なども著名である。ただ、それらは、いうならば、現在の地方公共団体や、税制度＝「役」動員との関連での当局との折衝組織、もしくは、この関係の上で、幕府・藩からの動員などに関する情報伝達機関的色彩の濃いもので、近代資本主義社会における経済団体とは一線を引くべきであると考えられる。近代社会においては、彼ら商職人は、資本家・工業家という「市民」として、歴史の主役を演じることとなり、自己の利益を政策に反映させるための組織化を図ることになる。そして、この点では、洋の東西を問わない普遍性を持つのである。

ここでは、日本で初めて、本格的な近代的経済団体として各地に設立された「商業会議所」（のちの商工会議所）を中心に、「日本工業倶楽部」や「日本経済連盟」（のちの日本経済団体連合会、いわゆる「経団連」）などの経済団体の機能と構造を、前章のイギリスの商業会議所の対照に浮かび上がらせることを分析の主眼としたい。

第1節　経済団体の形成とその構造

1　条約改正問題と商業会議所

明治時代に入ってからの経済団体の変遷をいま、東京に限ってみれば、東京営繕会議所（一八七二年）～東京会議所（一八七三年）～東京商法会議所（一八七八年）(2)～東京商工会（一八八三年）(3)、そして、東京商業会議所への変遷（一八九一年）を経て現在の東京商工会議所（一九二八年）に落ち着いたといわれている。

ただ、山口和雄氏が分析したように(4)、東京会議所までが、養育院の設置、ガス事業の創設経営、共同墓地の設置など、のちの東京府会へ関連するような、江戸時代的「町会所」の機能を色濃く残していた点を考慮すれば、ビジネス環境を中心とした世論形成を担う現在の東京商工会議所の直接的な祖先は、明治期に入り、三回目の組織変更後の姿、東京商法会議所にたどり着くことになろう。そして、それが設立された理由が、条約改正問題を中心とした「国家政策」の推進者として位置づけられていた点は、先にみたイギリスの商業会議所と大きく異なる点である。

ⓐ東京商法会議所

この間の事情に、初代会頭となる渋沢栄一（一八四〇～一九三一）の言葉では、以下のようになる。

「私は銀行業者であったけれど、前々からの関係で大隈侯とは常に親密に心安く往き来して居たが、明治十一年であったかと思ふが、突然侯から商法会議所、今日の所謂商業会議所を作りたいと思ふがどうしたらよからう、と相談があった。…（中略）…条約改正に当って、我国担当者が彼の英公使パークスに交渉して「世論が許さないから改正されたい」と云った處「日本に世論があるか、商人が申立てると云ふけれでも何によって云はるるのか、日本には多数の集合協議する仕組がないではないか、個々銘々の違った申出では世論ではない」との意味で却って反駁して来た。…（中略）…其処で条約改正には世論が必要である。世論を作る場所を作らうとし、茲に商法会議所の創設となった(5)」のである。

経緯からみて、国家政策推進の一端を担うために、同会議所が位置づけられ、これに実業家が賛同して作られたことが判明する。当時の東京の代表的実業家、第一国立銀行頭取渋沢栄一、三井物産会社社長益田孝、日報社長福池源一郎、三井銀行関係の三野村利助、西洋織物商大倉喜八郎、生糸米穀商渋沢喜作、米商会所頭取竹中那香、両替商米倉一平の八人が発起人となり、一八七七年一二月に東京府に設立を願い出、翌一八七八年三月一二日、認可され、八月一日、駿河町三井銀行での初会合となった。その活動資金も内務省から年間一〇〇〇円の「保護金」を基礎とし、また、設立時には東京府から会議用家屋の新築下付をもらってのスタートであった。同機関が政府の政策立案および実施に対して関わった主要な懸案を列記してみると、以下のようになる。

商標条例制定問題、同業組合設立問題、貸借訴訟規則改正問題、関税改正問題、西洋型船々員試験課程改正問題、米会所及び円銀取引所改正問題、限月相対取引禁止問題、銀価変動抑制問題、危害品船積規則改正問題、職工条例問題、商家師弟契約法問題、紙幣整理問題、商法学校創設問題、荷造改良問題である。当時の最大の経済問題、松方デフレに直接関わる紙幣整理問題や関税自主権、同業者の組織化政策、商業教育充実の問題など国家レベルの政策問題が並んでいることがよくわかる。このように、西南戦

図4－1　渋沢栄一

出典：東京商工会議所所蔵。

争後のインフレーションと貿易収支悪化という経済環境の中、未熟ながら資本家の利害を代表する世論を形成した同会も、一八八一年に入ると、上層商工業者と東京在住商人との利害対立の激化が進み、さらに、内務省からの保護金の廃止、そして農商務省新設時の農商工諮問会規則（太政官第二九号布告）により、全国に農工商諮問会などが設置されたことにともない、組織の一新を迫られることとなる(6)。

ⓑ東京商工会

全国に設置されようとしていた商法会議所の組織編成に修正を迫った農商工諮問会規則とは、全国各地に官選の諮問会を設置し、農商務卿、府知事、県令の諮問への答申、統計調査などの実務機関および諸議会の設置運営を促すもので、農商務省という新設中央官庁のイニシアティブで地方を統合、指導しようとする強い意思のあらわれであった。これにより、一八八〇年において二八を数えていた地方の商法会議所はその存在意義を失い、東京商法会議所も、一八八三年、会員を会社・組合代表者に限定した新たな組織、東京商工会に編成替えを行った。設立当時の会員数、一〇七、うち組合数は四八で八八人、会社数は一五で一五人、会社類別には、運輸倉庫業が最多の六、それに工業、商業が三で続いていた(7)。会頭に渋沢栄一（銀行集会所）、副会頭に益田孝（廻米問屋組合(8)）、幹事に益田克徳（東京海上保険）、小室信夫（共同運輸会社）、梅浦誠一（倉庫会社）が就任した。つまり、幹部には、事実上、当時の経済を代表する大企業の社長、代表者が就任し、逆に東京在住中小商人は幹部から排除されたことになる。東京商工会の活動で最も目を引くものに、松方デフレ下での不況対策、そして、条約改正建議が上げられる。一方は国内の主要な経済政策、そして、もう一方は、経済団体創設のそもそもの目的である外交経済問題＝条約改正に対する国内世論形成という目的を達成するものであった。

ⓒ東京商業会議所

以上のような、中央官庁主導、大企業中心の組織化のトーンは、一八九〇（明治二三）年の「商業会議所条例」によりピークを迎える。これは、同年の商法発布にともない、全国の経済団体の法的な枠組みを整えるもので、法体系の整備の過程で、各地の経済団体は、特別な法人格を与えられた商業会議所として統一された。この結果、日本の商業会議所の形は、仏独（欧州大陸）系統の商業会議所の形、つまり、公法上の規定を受け、議員組織選挙制度に基づくタイプにきわめて近いものとなったのである。「商業会議所条例」によって、会員は議員として、選挙権、被選挙権を与えられたが、この際、「所得税納付」が要件となっており、所得税が免除されていた北海道などでは、商業会議所の設立は当初、不可能となっていた(9)。ただ、これも、一八九五年、農商務省令により、資格を所得税に変え「地方税三万円以上の納付」という要件にされることで、商業会議所は、ほぼ全国で設立が可能となった。

図4－2　東京商業会議所（初代）

出典：東京商工会議所所蔵。

東京商業会議所の場合、会頭には東京商法会議所以来の渋沢栄一、そして、副会頭には、やはり、往年のコンビである益田孝が就任し、大企業・大資本家を代表する世論形成の組織と考えられる。この点、各地の地方商業会議所では、やはり依然として、地元中小商店の利害代表者が多く会員となっていたことを考えると、東京商業会議所が地方商業会議所と大きく異なる点であった(10)。制度化直後に、東京商業会議所に代表される商業会議所が扱った主要な議論は、綿花輸入税と綿糸輸出税の撤廃、地租増徴要求、鉄道国有化問題に及んだ。これら主張の大部分はほぼ要求どおりに実現し、大企業・国家主導の組織形態を具現する活躍を果たしたが、実際には、特に地方商業会議所内での中小商人との意見の対立が次第に組織的な矛盾として膨らんでいく過程でもあった。

特に、各地でバラバラな設立状況を脱するため、全国的組織化の機運の中、一八九二（明治二五）年九月、京都において一五都市の代表が集い、商業会議所聯合会を発足すると、それまでの制限的な会員資格が緩和され、「帝国臣民または帝国の法律により設立した法人」と改められ、一般の商工業者すべてに開かれた組織編成の改正が行われた。さらに、一九〇二年には、法律第三一号公布の「商業会議所法」が制定された。これは、従来の「商業会議所条例」の不備を一掃し、改善するものであったが、その最大の特徴は、仏独の商業会議所同様に、各商業会議所の経費に対する強制徴収制度を認めたものとなったことであろう。この法律によって商業会議所の財政基盤が整備されることになったが、他方、会員それぞれが経費を平等に負担するという事実から、地方商業会議所を中心に、一般の民衆の経済感覚に近い地元中小商店の利害を主張する議論が沸き起こっていったのも事実である。

つまり、各地の商業会議所が連合すればするほど、大企業・資本家と国家の利害に対して、別に、民衆と地方中小会員の利害が明確に形成され、両者の対立の構図が明らかになってしまったのである。各商業会議所は、特に、日露戦後のいわゆる「戦後経営」時期[11]において、後者、つまり地元中小商店の利害を代表する「所得税・営業税反対」運動を展開する主体となったのである[12]。これは、国家・大企業・資本家の政策展開の礎、税制度を揺るがすもので、時の桂内閣は、いたずらに政府の政策に反対する行為という理由で、一九〇九年、「商業会議所法」を一部改正し、経費の強制徴収権を剥奪するまでにいたった[13]。

いずれにせよ、独占資本の急激な成長により、国家と独占資本の利害が明らかに地方中小商店の利害と対立し、もはや、商業会議所という形での経済団体の結集では、内外の諸問題に対応しきれないことが、以上の経緯から明らかとなるだろう。国家と独占資本は、日露戦後から第一次大戦にかけて、商業会議所とはまったく別個に、自己の利害を代表する経済団体を模索し始めることとなるのである。

2　産業革命と製造業経済団体の成立

近代日本の産業構造は、江戸時代以来の在来産業の再編の上に、移殖近代工業が乗った形で発達した。したがって、近代初期、明治前半期においては、まだ製造業は育成段階にあり、経済活動の牽引役は、それ以前に蓄積された商業・問屋・流通・金融ノウハウを基盤に、第三次産業がその担い手となっていたのである。しかし、政府の富国強兵政策により、日露戦争期に、一応の軍器独立が開始されると、第一次大戦期にかけて、軍工廠や三菱長崎、八幡製鉄所、石川島造船所、そして芝浦製作所など、近代重工業の生産が軌道に乗り、さらに、その裾野を構築する重工業向けの下請け中小企業群もあらわれ始めた(14)。綿工業に代表される軽工業部門とあわせて、日本でもようやく、産業革命の最終段階に入ったのである。この間の推移は、一八八六年から一九〇九年にかけての産業部門ごとの会社数および払込資本金を追った表４-１の各数値の動きによって明らかであろう。一八八八年における数値からは、この段階までの日本経済を牽引していた産業が、金融・商業そして運輸部門であることが判明する。それが、一八九九年から一九〇九年にかけて、造船業などを中心とした工業部門にシフトし、金融・商業部門には及ばないものの、運輸部門は凌駕する状況が読み取れよう。特に、「機械・器具」部門では、一八八六年段階で、会社数わずかに七七社だったが、一九〇九年段階では、二七七社に、資本金の合計金額は、一〇九万円が、四二三〇万八千円と、実に四二倍の伸びを示していることがわかる。この状況は、第一次大戦の未曾有の好況期にかけて続く「製造業の急成長」を示すのである。

一応の産業資本の確立にともない、商業会議所のみで運営されていた日本の経済団体も複合化する機運が高まり、

表4－1　産業部門別会社資本金　（単位：1,000円）

部門	1886年		1899年		1909年	
	（社数）	資本金	（社数）	払込資本金	（社数）	払込資本金
農漁業	(85)	1,052	(176)	2,303	(366)	14,752
工業	(1,030)	11,376	(2,143)	120,636	(3,247)	366,771
〔染織〕	(580)	4,708	(640)	53,798	(897)	97,923
製糸	(479)	2,669	(296)	4,547	(315)	4,795
綿糸紡績	(11)	1,341*	(60)	30,313	(30)	56,454
織物	(74)	580	(162)	9,124	(306)	14,503
〔機械・器具〕	(77)	1,090	(121)	9,366	(277)	42,308
機械	(7)	184	(29)	2,453	(88)	6,485
船舶	(10)	260	(11)	5,011	(15)	16,141
鋼鉄材		…	(22)	816	(39)	12,257
〔化学〕	(138)	1,842	(408)	19,977	(490)	60,986
セメント・煉瓦	(26)	317	(126)	6,244	(81)	14,710
製紙	(19)	555	(45)	6,265	(61)	19,512
〔飲食物〕	(55)	631	(646)	23,647	(890)	52,905
酒造	(6)	75	(190)	6,133	(295)	6,885
麦酒					(4)	11,531
煙草	(5)	6	(145)	11,320	(28)	264
製糖		—	(6)	2,419	(10)	10,857
〔雑〕	(179)	2,833	(274)	5,934	(549)	26,108
印刷	(73)	1,372	(93)	992	(119)	3,727
〔特別〕	(1)	270	(54)	7,909	(144)	85,989
電燈		—	(54)	7,909	(126)	62,949
瓦斯	(1)	270*		…	(18)	23,040
鉱業	(67)	3,348	(110)	27,146	(178)	175,508
採鉱・精練	(34)	2,958	(36)	10,020	(68)	103,414
石炭採掘	(32)	314	(24)	14,241	(54)	44,200
石油採掘・精製	(1)	75*	(50)	2,885	(29)	26,957
商業・金融	(440)	62,351	(4,619)	335,586	(6,941)	634,441
銀行・資金	(230)	56,262	(2,054)	275,515	(2,791)	475,719
運輸	(159)	35,733	(583)	198,146	(814)	175,689
水運	(117)	14,552	(202)	38,683	(255)	65,212
汽車鉄道	(3)	20,550*	(73)	156,967	(28)	32,730
電車鉄道					(34)	70,773
総　計	(1,794)	115,112	(7,631)	683,820	(11,549)	1,367,164

出典：内閣統計局『日本帝国統計年鑑』7回・20回・30回、農商務省『農商務統計表』3次。高村直助『日本資本主義論――産業資本・帝国主義・独占資本――』ミネルヴァ書房、1980年、47頁より転載。
注：*5万円以上の会社のみ。

一九一五年、製造業者を中心に、日本工業倶楽部が設立されるにいたった[15]。この組織の設立動機は、それまでの産業界最大の組織である、商業会議所のあり方への不満にあった[16]。すなわち、①実業界における商業・金融支配からの離脱、②大企業経営者の連帯、③「官」からの独立、そして④国際性の自覚に求められる[17]。

会員資格については、工業に関係する個人または法人とあり、初代会長には、三菱銀行にあって、新たな事業金融に積極的に取り組んだ豊川良平、そして副会長に、大日本麦酒の馬越恭平がそれぞれ就任した。一九一七年度において法人会員三一、個人会員二九三人であった同倶楽部も、一九三〇年には、会員数一一万七八七一人の規模を誇る組織に成長した。同倶楽部の研究、建議は、製造業に特徴的な労働問題や技術教育問題などに特徴を見るが、国際的事業としては、ＩＬＯへの加盟などが上げられよう。ただ、会員が財閥系・非財閥系電力独占体などからの、個人を中心に組織されていた点は、のち、一九二〇年代に急激に沸き起こった国際商業会議所加盟問題で、新たに日本経済連盟設立の要を招くこととなる。

3　日本経済連盟、戦後復興と日本経済団体連合会

一九二二年、日銀総裁井上準之助他一一名の代表的財界人により、「我経済力ヲ集中シ各方面ノ意見ヲ統一スルニ足ルベキ一大実業団体[18]」結成の呼びかけが行われた。そして同年八月、日本経済連盟は設立されたのである。その目的は、前年の一九二一年、国際商業会議所加入のため、一〇月に派遣された「英米訪問実業団」と欧米の実業界との交流から、工業倶楽部のように個人会員から成る組織ではなく、各業種別の産業団体と法人を組織化する日本を代表する「総合的な」経済団体の必要が差し迫っていたからであるとされる[19]。したがって、組織化に当たっては、団体会員および法人会員を主力としたが、実際には、一九二三年、団体会員一一、法人会員六四で、個人会員が二六二人とむしろ大多数を占める状態からのスタートとなった。やがて、工業倶楽部、東京銀行集会所、鉱山懇話会、大日本紡

績連合会、日本貿易協会などの参加を得て、有力な業種別経済団体のほとんどを組織化することに成功し、特に設立の大きな動機となる国際的な活動で、戦前日本の財界の代表を務めることとなった。設立総会当日の第一回評議員会で国際商業会議所への加盟を決議し、翌年には、団琢磨を国際商業会議所国内委員会議長に選出し、国際的資本家間交流・交渉に当たった。経済連盟の活動が工業倶楽部の活動にとって代わって、財界の「総本山」としての力を発揮するようになるのは、一九二八年の会長制への移行の後であるが、特にこの時期の日本は経済の「システム転換」期にあたっており、[20]官僚と財界を結ぶ連絡調整機関としての責任は次第に大きさを増していった。一九二八年には、商工会議所法で、商業会議所が商工会議所へと編成替えを果たし、さらに、一九三〇年代には商工省、企画院（後両者は合併して軍需省となる）など中央官庁による経済統制＝戦時経済システムへの改革が果たされるようになると、重要産業協議会など経済統制機関と連動して、経済団体としての独立性はむしろ阻害されるようになったのである。このトーンは、戦後にかけて強さを増し、一連のコーポレート・ガバナンスの大幅な変更、つまり、資本家から内部昇進重役への権限の委譲、経営陣と従業員の地位向上、個人株主資本主義から法人資本主義への移行を前提として、戦後の経済団体は再編成されていくこととなる。日本の経済団体は、この時期から五五年体制にかけて、政界のみならず、官界との密接な連動を展開して「計画経済」推進の一翼を担う主体となっていった。その意味では、他の近代国家のそれに対し、むしろ、江戸時代以来の「株仲間」、「町会所」的な性格を、より強くして現代にいたっていると考えることも可能であろう。逆にいえば、現在の構造改革にあたって、政府・官僚機構の縮小だけではなく、日本における経済団体の国家からの相対的自立化も射程におかれるべき緊急の課題となるだろう。

一九四五年九月には、中島商工大臣により、主要経済四団体、つまり、日本経済連盟会、重要産業協議会、日本商工経済会（各商工会議所の中央組織）、商工組合中央会（各同業・実業組合の中央組織）に対して戦後処理を諮問され、翌一九四六年八月、日本産業協議会（重要産業協議会を改組）、全国金融団体協議会、日本商工経済会、日本貿

易団体協議会そして商工組合中央会を中心として日本経済団体連合会（経団連）が生まれ、今日に続くのである。(21)

第2節　経済団体の諸機能

以上、東京商業会議所を中心にその前後の経済団体とその構造的特質を大雑把に振り返ってみたが、ここでは、これら経済団体がどのように、われわれの生活を取り巻く環境に働きかけ、そして、それが実現されてきたのかを、商業教育に関わるものと、通信システムに関わるものの二つのケースを取り上げることで振り返ることとしよう。

1　建議活動

ⓐ東京商法会議所と商業教育

第2章第3節で検討したように、(22) わが国の職業・実業専門教育は試行錯誤を繰り返しながらも、二〇世紀に入る時点で整備期を迎え、やがて大学令を経て一九二〇年代以降、本格的な完成を見ることとなったが、黎明期における制度上の混乱は、今想像する以上にきわめて振幅の大きなものであった。たとえば、高等商業教育機関の場合、設立以来、国家政策の歪みに翻弄され、そのままであれば、あわや、廃校の可能性すらあったのを救う働きをしたのが、商業会議所に代表される経済団体の建議機能であった。

森有礼によって、一八七五年に設立された、最初の高等商業教育機関である、商法講習所（現一橋大学）は、他の高等教育機関の多くと同様に、私的性格と公的性格の両者を持ち合わせる存在であった。当初、きわめて私的性格の強かった同校は、設立者の森が清国全権公使となった段階で、東京商業会議所の前身である東京会議所に託した。翌一八七六年、東京府と同会議所の財政を合併する際、同校も東京府の所管に移されることとなった。[23] この時期、教育関連法としては、中央集権的画一的制度を推し進める「学制」のもとに、同校も一応は東京府立の体裁をとっていたこととなる。しかし、一八七九年に「学制」は廃止され、その反動として逆に自由放任主義の強い、「教育令」が制定されると、東京府会は同校の経費拠出を拒否する態度を取った。つまり、日本で唯一の高等商業教育機関である商法講習所はいよいよその存続の危機に見舞われたのである。

これに対して、東京商法会議所会頭の渋沢栄一などは奔走し、農商務省および有志者の拠金を得て何とか急場をしのぐとともに、副会頭の益田孝以下一一名の議員により一八八一年六月、農商務省所管の商法学校創設の建議書提出の要望を行った。[24] 益田孝が商法講習所初代所長の矢野二郎と義理の兄弟の間柄にあったことからも非常に積極的な姿勢を示すこととなったのである。[25] これを受けて、七月一五日、東京商法会議所は、農商務卿、河野敏鎌に対して、建議書を提出し、一八八四年に入り、ようやく、同校は、農商務省の所管に帰し、学校名も東京商業学校と改称された。商法会議所の建議により、ようやく実現した官（国）立の高等商業教育機関であったが、その後、一八八六年から数年のうちに、長崎（現長崎大学）、滋賀（現滋賀大学）、大阪（現大阪市大）、新潟（現新潟大学）にそれぞれ公立の商業学校が設立され、これらを基礎に、さらに実業教育に対する経済団体のプレッシャーは強くなっていった。

特に、日清戦争による朝鮮半島、中国臨海・東北部での利権獲得は、それまでの国内需要と土産物的な輸出による経済の再生産構造を根本的に変える性格を持っていた。この日清戦後のビジネス拡張は、対外ビジネスのキャリアを当然に前提とするものであったから、外国語（主に中国語）を中心とした教育機関充実の要求は建議の過半に及ぶものとなった。[26] 例えば、一八九三年と一八九四年の二回にわたって行われた農商務省への東京商業会議所からの「商品販路の拡張、直貿易振興のための手段」に関わる諮問答申で、同所は、「一．領事の任用に注意し、主として実業教育を受けた人材あるいは、既に十分なキャリアを持つ実業家にその任に当たらせる、二．高等商業学校の卒業生を海外に派遣して商業を実習せしめること」を要望している。[27] 一連の建議、上申活動により、一八九六年には、農商務省予算臨時部に外国貿易拡張費が計上され、海外商況視察、海外実習練習など、公費で日清戦後の中国大陸市況のリサーチが展開されるとともに、在中国領事が急激に増大することとなる。[28] この点は、表4-2において最も顕著に見ることができよう。中国は一国にもかかわらず、ヨーロッパ全土に匹敵する領事館を設置するほどの最重要貿易相手となっていったのである。

表4-2　在外領事館設置数の推移

地域＼年	1884	1890	1900	1903	1911	1916	1923
中国	6	7	11	12	25	27	39
朝鮮	4	4	7	7	0	0	0
東アジア	0	2	2	3	5	4	8
欧州	11	15	20	24	31	25	41
北米	2	3	8	9	14	13	16
中南米	0	0	1	5	4	4	15
ロシア	2	2	2	3	3	3	6
アフリカ中近東	0	0	0	0	1	1	7
インド	0	0	2	2	3	3	2
オーストラリア他	3	2	5	5	6	5	6

出典：高嶋雅明「領事報告制度の発展と領事報告の刊行」角山栄編著『日本領事報告の研究』同文舘、1986年。

その後も続いて展開した各地域商業会議所からの商業教育、中国語を中心とした外国語教育機関の充実の建議により、やがて東亜同文書院など特異な形態の外国語学校が高等教育機関として設立される一方、各帝国大学に経済系学部が、そして早稲田、明治、中央、法政、専修、日本大学など私立法律専門学校群に商業科が設置され、また、甲種商業学校など、中等教育システムを利用した実業学校群が整備を開始したのである。[29]

ⓑ横浜商業会議所と太平洋横断電信ケーブル

さて、経済団体の機能は、以上のような建議・ロビーイング活動だけではない。むしろ、積極的に内外の経済団体との交流を通じて複数の地域間での世論形成に寄与する活動、いわゆるキャンペーンにも注目する必要があろう。そこで次に、商業会議所の独自の活動が、次第に日本全体をリードする当時の主要な海外情報網である国際通信ケーブル敷設の動きとなっていったいきさつを見てみることとしよう。[30]

そもそも、一九世紀中庸、海底ケーブルの敷設による国際電信システムが稼動した段階の国際関係は、現在から見るとやや奇異なもので、民間の海底ケーブル会社が一国と海外向け通信ケーブルの「揚陸」権について独占的契約を行うことがあり、日本、中国の極東諸国も、これにより、「大北電信会社」(Great Northern Telegraph Co., 当初は、Det Store Nordiske Kina & Japan Extension Telegraf-Selskab) に独占的経営を許す形を取っていた。ただ、この時代、植民地権益が生じているヨーロッパ諸国と当該植民地間の通信費は、その利害関係から低く抑えられていたが、大北所有のラインである日本臨海地域、すなわち、ウラジオストク~長崎~上海~香港ラインは他国の植民地利害が抵触しない地域であったためか、きわめて高額の料金設定がなされていた。大北電信会社の帰属するデンマークやヨーロッパの他の帝国主義諸国にとって、極東の袋小路線は植民地利害がなく、そこで、高い料金(tariff)設定が可能だったのである。日本の電信は、すべてこれら日本海側の会社線(前述の大北と香港からインドを経由してヨーロッパにいたるラインを所有していた大東電信会社)を通らざるを得ず、深い海溝の存在する太平洋側には通信連絡がなかった。そこで、以前から日本は何とか太平洋線をアメリカと共同で引き、東回りの通信線を確保したがっていたのである。日清戦争後、世界貿易構造に深く関与するようになった日本の実業界は、東回りラインの設置に向けて動きを活発化させた。なかでも、日本最大の貿易港を抱える横浜商業会議所は、従来からこの問題に深い関心を抱いており、日清戦争後、ほかの商業会議所の先頭を切る形で積極的に問題処理の活動を始めたのである。

一八九九年、アメリカ、フィラデルフィアの商品博物館主催の国際商業会議(Philadelphia Commercial Congress)に出席した横浜商業会議所会頭の大谷嘉兵衛は、太平洋海底線敷設促進の演説を会場で以下のように披露した(31)。「現在太平洋をはさんだ両側には、通信連絡がなく、北国周りと南方周りの二線路は遠距離で時間を要するのみならず、料金は高額で、途中の中継による誤字も起こりやすい。また、多くの国を経過するので、障害の場合の困難はもちろん、万一これら途上の一国と国交不調となる場合は、不足の事態も起こり得る。よって、太平洋横断海底線の建設を急がなければならないが、日本はアメリカによって文明を開発された国で、この大事業を遂行する富を持たない。アメリカは、文明と富とを有する国であり、ここに列席している人々は、その実力を有するものであるから、これらの人々の奮発によって、一日も早くその実現を希望する」[32]。大谷らはワシントンでマッキンレー大統領に直接陳情し、さらにシカゴでは、米財界を代表する有力者を動かした結果、同大統領は、一八九九年一二月の教書演説で、太平洋海底線敷設案を取り上げ、また、議会側もこの計画の推進を議決した[33]。

一方、横浜商業会議所は日本国内で一九〇一年三月に、内閣総理大臣、農商務大臣、逓信大臣に対して、太平洋海底線促進の建議を提出するなど、積極的なロビーイングを展開した。そして、一九〇六年、念願の太平洋を横断する海底ケーブルの敷設が完了したのである[34]。

民間団体ならではの機動性で国内のみならず、外国世論に働きかける機能により、海底電信、東回りの線路を確保した事例であるが、これにより、大北電信会社の極東における情報独占状態は終焉を迎え、その後、国際通信は、無線電信システムの国際競争参入を待ってようやく本格的な価格競争状態に入り、一九二〇年にかけて、五〇％近い料金の低落を見る。日米直通ラインは、この後の太平洋同軸ケーブル、そして現在の光ケーブルに換装されながらも、主要な情報幹線として現在も機能しており、横浜商業会議所は、その都度、国内外に働きかけ[35]、今日のインターネット時代の礎を構築していったと、評価すべきであろう。

2　情報コントロール

以上、商業会議所を中心に、日本の経済団体の構造と機能について概観を行った。ここでは、次の第5、6章において展開される議論、国内（在来）産業と国際マーケットの関連で、両者を取り結ぶ情報の結節点としての経済団体について若干触れることで、結びに代えたい。

図4－3

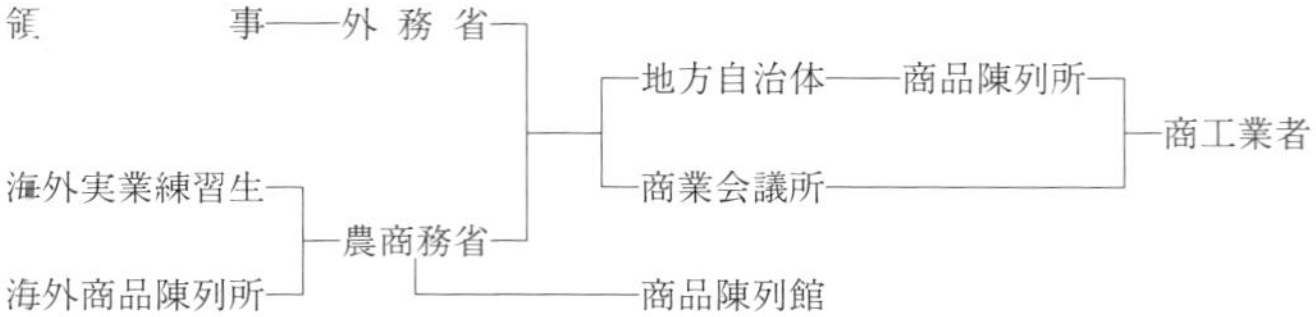

出典：角山栄編著『日本領事報告の研究』同文舘、1986年、p. iii より転載。

商業会議所および、その中央組織である連合会の機能において、最後に忘れてはならない重要なものに、市場と生産地における情報の連結機能がある。(36) 日本のように、資源と市場の両者ともに恵まれることのなかった国において、製造業が発達しようとするとき、その形態は、必然的に「加工貿易」構造を前提としたものとなり、市場から遠く離れた日本国内の産地・製造工程は、マーケット情報のコントロールの困難を常に抱えることとなっていた。

日本の場合、他の先進国に遅れて世界資本主義体制に組み込まれた事情もあり、ドイツ、ロシア(37)と同様に、マーケット情報収集機能が早急に確立される必要が生じ、先進国へのキャッチアップのため、政府機関に、本来民間に任せるべきマーケットリサーチ機能が設置されるようになった。つまり、外務省の現地派遣員である領事官制度の応用により、マーケット情報を入手する手段が確立されたのである。図4－3は、この外務省―領事官のマーケットリサーチを機軸に構築された日本の一九〇〇年前後の情報フィードバック機構を図式化したものである。

外務省の在外領事館が現地の大まかな市場動向を把握できる上に、国内の産業振興政策を主務とする農商務省（のちの通産省＝経済産業省）が補足的にこれにタイアップし、海外での商品陳列を行うことで日本製品の売込みを図るとともに（PR活動）、海外実習生を派遣し、技術習得するメカニズムが左側に展開しているのが見える。海外実習生の事例としては、羊毛技術習得のためのオーストラリア派遣などの事例を挙げることができる。(38) この実習生の選別は、面接などの試験によったが、運用上は、三井物産で織物を扱う部署などから若手の人材を選別して行われていた形跡がある。(39) 官営の情報収集ラインであるが、その担い手が民間の今後のビジネスを担う人材であるという、きわめて合理性の高い運用形態であったと考えることができよう。

これら海外におかれた情報収集機構が把握したマーケット情報は、外務省、農商務省情報として、官報などと一緒に配信された。図の右に諸情報のうち、マーケット情報を一括把握している商業会議所が配置され、ここから、さらに右に情報が伝達されることがわかる。地域性の高い産物に関しては、商業会議所と同列に置かれている地方自治体に直接情報が配信され、その双方が地方の商工業者の諸団体、例えば、農業協同組合、産業組合などへシフトされるメカニズムになっているのである。日本の在外領事館を管轄する外務省と経済諸団体を網羅する農商務省との間で交わされたこの情報リンクを「官民一体になっての情報戦略のユニークな組織[40]」の確立と捉えることができよう。

一般に、商業会議所が歴史的におかれた状況から、会議所の機能を、市場の情報収集発信ネットワークの結節点として措定した場合、まず、この機能は二つに分かれる。

その第一の機能は、市場の情報収集機能である。特派員、あるいは、領事官などの、特定マーケットの情報収集機能を担当するポイントに、ここでは、情報収集「端末」という概念を適用しよう。すると、第一の機能にとっては、適当な情報収集端末を適所に適時に配置することで、的確なマーケット・リサーチが展開される必要性が生じる。そして、第二に、把握した各市場の状況が適当時に情報に対するニーズのある適当者に対して発信される必要性が生じるだろう。各商業会議所の年報や月報による会員への周知、情報の共有化活動がこれに当たる。情報の収集・配信端末線の確保にはいくつかの方法があり、歴史的文化的な地域差が存在するだろう。例えば、それは第一に「小さな国家」と「自由貿易」思想が支配的な地域で発達したボランタリーな個別資本による自由な情報ネットワークが考えられる。また、他国ではあるいは「大家族主義」とその知己を通じて拡大するネットワークによってそれは、形成される。中国の華僑や買弁を結ぶ通信線を担う「多国籍家族ビジネスネットワーク」がこれに当たろう[41]。だが、日本の場合、以上の情報収集配信端末システムが自然発生的に成長することは期待できなかった。

一九世紀末に国際自由貿易市場にリンクした日本には、すでに使用に耐える大家族主義のネットワークは消耗し、社会学的に期待される機能を果たし得ない状況に陥っていた。また、自由放任思想に基づく個別資本も大航海時代を経たヨーロッパのグローバルな航海ネットワークには、ほど遠い段階にとどまっていた。つまり、日本の財界は個別に国際的市場情報をコントロールする素地はなかったのである。そこで、自然発生的組織ではなく、むしろ、国家的な事業としての生産者を統括する「同業者組織」あるいは、流通事業者を中心に包摂する「商業会議所」を設立し、それゆえその商業会議所も端末線を独自に施設することなく、領事官報告など「国家による」社会資本の整備によって情報を間接的に入手するシステムを取っていたのである。これは、つまり、領事官等他者の資源を自らの情報収集端末線に使用する方法で、いわば民間から官庁へのアウトソーシングにより、情報一単位当たりのコストを最小限に抑える努力がなされていたことになる。官設の情報端末線によって得られた情報は、各地の商業会議所、同業者団体を通じて共有化され、独自にその維持システムを構築するための煩雑な手数と資金需要を解消していた可能性があろう。

（1）宮本又次『株仲間の研究』講談社、一九七七年（宮本又次著作集／宮本又次著、作道洋太郎［ほか］編、第一巻）、藤田彰典『京都の株仲間』同朋舎出版、一九八三年、林玲子『江戸問屋仲間の研究』御茶の水書房、一九六七年、岡崎哲二『江戸の市場経済：歴史制度分析からみた株仲間』講談社、一九九九年、などがある。
（2）山口和雄『明治前期経済の分析（増補）』東京大学出版会、一九五六年、第九章「明治十年代の「資本家」団体——東京商法会議所について——」がある。
（3）三和良一『日本近代の経済政策史的研究』日本経済評論社、二〇〇二年、第一章を参照のこと。
（4）この間の論点は、山口、前掲書により初めて紹介されたものである。
（5）渋沢栄一「商業会議所に就いて」『龍門雑誌』第四五一号、一九二七年。

(6) この経緯については、三和、前掲書を参照。
(7) 同前、二五頁。
(8) 若林幸男「日清戦後三井物産の国際流通事業再構築」千葉歴史学会『千葉史学』第三四号、一九九九年、参照。
(9) この点、www. hokkaido. cci. or. jp.
(10) 竹内壮一「独占ブルジュワジー」石井寛治他編『近代日本経済史を学ぶ』有斐閣、一九七七年、を参照。
(11) 宮地正人「日露戦後の社会と民衆」歴史学研究会・日本史研究会『講座日本史』第六巻、東京大学出版会、一九七〇年、所収、同『日露戦後政治史の研究』東京大学出版会、一九七三年、大島美津子「地方制度」『講座日本近代法発達史』第八巻、一九五九年、などを参照。
(12) 竹内壮一「大正期における地方商業会議所——長野県上田商業会議所の有権者・議員分析——」『千葉史学』第一二号、一九七九年、参照。
(13) のち、商業会議所側は、経費の強制徴収権復活建議活動を展開し、一九一六年、大隈内閣の手によって商業会議所法の一部改正をみて、同権利は復活した。
(14) 沢井実「明治中後期の大阪機械工業」大阪大学『大阪大学経済学』第四八号、一九九八年、参照。
(15) 間宏『日本の使用者団体と労使関係——社会史的研究——』日本労働協会、一九八一年、第二章参照。
(16) 日本工業倶楽部五十年史編纂委員会編『日本工業倶楽部五十年史』一九七二年、を参照。
(17) 間、前掲書、九二頁。
(18) 竹内、前掲「独占ブルジョアジー」参照。
(19) 同前、三六頁。
(20) 岡崎哲二・奥野正寛『現代日本経済システムの源流』日本経済新聞社、一九九三年を参照。
(21) 経済団体連合会『経団連の十年』経済団体連合会、一九五六年、参照。
(22) 本書第2章を参照のこと。
(23) 永田正臣「近代産業成立期における教育問題——東京商業会議所と実業教育——」駒澤大学商経学会『研究論集』第一二号、一九六七年、参照。

(24) 山口、前掲書、三五七頁。
(25) やがて、高等教育制度と実業界は新卒定期入社制度の採用により、切り離すことのできない相互依存の関係に発展する。この点は、若林幸男「三井物産における人事課の創設と新卒定期入社制度の定着過程」『経営史学』第三三巻第四号、一九九九年、を参照。
(26) 永田、前掲論文参照。
(27) 『東京商業会議所月報』第一三号、一八九三年。
(28) 若林幸男「日清戦後『東京商業会議所月報』の分析」『明大商学論叢』第八三巻二号、二〇〇一年、を参照。
(29) 若林「三井物産における人事課の創設と新卒定期入社制度の定着過程」を参照。
(30) ここでは、石井寛治『情報・通信の社会史』有斐閣、一九九四年、などを参照。
(31) *The Times*, Nov. 9, 1899.
(32) 『横浜商業会議所百年史』一九八一年、三五頁、花岡薫『海底電線と太平洋の百年』日東出版社、一九六八年、六三頁。
(33) 花岡、前掲書参照。
(34) ただし、このラインの経営を行った米国商業太平洋海底電信会社（Commercial Pacific Cable Co.）も、実際は、大東電信会社、大北電信会社との折衝の過程で、両社にその株式の七五％を取得されていた。この点、花岡、前掲書および石原、前掲書を参照。
(35) 例えば、一九五二年の国際電信電話株式会社法案、国会審議の際にも横浜商工会議所は独占企業による運営に対する意見書を提出するなどの積極的活動を行っている。この点、詳細は、『横浜商業会議所百年史』三五頁。
(36) 本宮一男「第一次大戦前後における商務官制度の展開」『外交史料館報』三号、一九九〇年、片岡豊「戦前期の商業会議所と貿易」（松本貴典編『戦前期日本の貿易と組織間関係——情報・調整・協調』新評論、一九九六年、所収）、中村宗悦「戦間期東南アジア市場における在外公館とその機能」（同上書、所収）木村昌人「経済団体の情報機能——商業会議所」（佐々木聡・藤井信幸編『情報と経営革新——近代日本の軌跡——』同文舘、一九九八年、所収）などを参照。
(37) ロシア、ドイツの先進国へのキャッチアップシステムを理論的に整理した議論に以下のものがある。Alexander Gerschenkron, *Economic Backwardness in Historical Perspective*, Cambridge, Massachusetts, and London, 1976.

(38) 若林「日清戦後『東京商業会議所月報』の分析」。
(39) 同前。
(40) 角山栄編著『日本領事報告の研究』同文舘、一九八六年。
(41) 古田和子『上海ネットワークと近代東アジア』東京大学出版、二〇〇〇年、参照。

第5章　イギリス型経済システムと産業衰退

はじめに

一九世紀中期に頂点を極めたイギリス経済はその後持続的に衰退し続けた、という従来の定説に関しては、近年争いが生じている。W・D・ルービンステインやジェントルマン資本主義論で知られるP・J・ケイン、A・G・ホプキンズといった論者によれば、近現代イギリス経済の牽引部門は一貫して金融業を中心とするサービス・セクターであり、ロンドン・シティの金融業が現在に至るまで持続的に繁栄してきた以上、イギリス経済はそもそも衰退などしていない、ということになる(1)。ただ、こうした修正主義的潮流も、一九世紀以降イギリス工業が相対的に(つまり他の経済大国との比較で)衰退していったという事実に関しては、定説と一致している。つまり従来の定説は、工業の衰退がイギリス経済力全般の衰退を引き起こしたとみなしてきたのに対して、修正主義の論者、特にルービンスティンは、工業の衰退はイギリス経済にとって大した問題ではない、とみなしているわけである。

一般論で言えば、産業構造の高度化と呼ばれるように、経済発展の度合いにともなって、第一次産業(農林水産業)→第二次産業(工鉱業)→第三次産業(金融・サービス業)という順番で、経済活動の比重が移行するとされる。

日本の経済発展に関しても、まさに同様なことが妥当した。その点で言えば、経済発展にともなって、工業セクターからサービス・セクターへと重心が移動したとしても、それが直ちに経済力の低下を招いたということにはならないであろう。しかしながら、イギリスにおいては、こうした産業構造高度化のテーゼがあてはまらないきわめて例外的な状況が存在した。すなわちイギリスでは、一八世紀後半以降の産業革命に先立って、すでに一八世紀前半からロンドン・シティにおける金融業の活発な展開が見られた。そして、イングランド北部を主要舞台とする工業化（産業革命）と、ロンドン・シティを中心とする金融業の発展は、互いに相対的に自立したまま並立的に進展していったのである（詳細は後述）。したがって、イギリスにおいては、他国のように工業と金融業が有機的に結合し合う補完関係は見られなかったわけであり、工業部門と金融部門はイギリス経済を別個に支え合うという関係にあったと言える。このような状態において、工業セクターが衰退すれば、イギリス経済は金融部門をはじめとするサービス・セクターのみによって支えられることとなり、その脆弱性は増すと言わなければならない。実際、ヨーロッパ諸国の経済的低迷を後目にイギリス経済が金融部門を中心に活況を続ける、という楽観的状況を背景に修正主義が台頭する一九九〇年代にいたるまで、二〇世紀を通じて、同時代人は常にイギリス工業の衰退をもってイギリス経済の衰退を論じてきた。工業の衰退はイギリス経済の大勢に影響を及ぼさなかったというルービンステインなどの視点は、一九九〇年代以降の新しい時代状況で生じたイギリス経済に関する楽観論を二〇世紀全体に投影している気味があり、定説を完全に覆したというまでにはいたっていないと言うべきだろう。とはいえ、近現代のイギリス経済において一貫してサービス・セクターが工業セクターに劣らず重要な役割を占めてきたことに改めて注意を喚起したという点で、ルービンステインやケイン、ホプキンズのジェントルマン資本主義論といった議論が果たした意義が大きいものであることは認めるべきであろうが。

さしあたり以上の点から、本章においては、工業の衰退、もしくは産業衰退はイギリス経済にとってたしかに由々しい事態であったという前提に立ちつつ、日本との比較も念頭にして、イギリス産業衰退の原因にアプローチを試みる。イギリス産業衰退の原因は、これまできわめて多種多様な観点から論じられてきたが、それらの説の網羅的な紹介を本章は意図するものではない。むしろ本章においては、イギリス特有の経済構造に基づく構造的規定性というシステム論的観点にもっぱら依拠して、イギリス産業衰退の原因を解明していきたい。すなわち当初はきわめて合理的なものとして強みを発揮したイギリス独自の経済システムは、時代の転換にともなって非効率的なシステムへと転化し、いったん確立したシステムとして、今度は構造転換を妨げるよう機能した、ということになる。ガーシェンクロンは、後発国ほど工業化のスピードが速い傾向があるという説を提起したが（後進性の優位仮説）、本章はその議論に対応して、工業先発国であるイギリスがこうむった不利益という点に着目するのである[2]。さらに、日英比較という視点を導入することにより、イギリスにおける「先行者の不利益」と、日本における「後進性の優位」を対照させるとともに、第4節では、本章全体の議論とからめて、日英経済関係をめぐる近年の研究史にも言及しておきたい。

第1節　一九世紀におけるイギリス型経済システムの生成

1　イギリス独自の工業金融

一七六〇年代から一八二〇年代にかけて展開した産業革命に先んじて、イギリスにおいては、一六九〇年代以降のいわゆる財政革命、もしくは金融革命の結果、金融業の先駆的発展が見られた。財政革命とは、一六九四年に国債引き受け機関としてイングランド銀行が設立され、以降国債の大量発行と国債の市場取引が進展した結果、ロンドン金融市場が整備されていった現象を指す[3]。一九世紀に入ると、イギリス国債の発行が大幅に減少したため、ロンドンの証券市場では、代わって外国債や内外の鉄道株式が盛んに取引されるようになっていった。その結果、ロンドン証券市場の活動は、次第に海外証券の取引に傾斜していくようになり、一九世紀の後半には、海外投資に偏ったロンドン証券市場の性質は明瞭となるにいたる。一八九〇年代以降には、ロンドン証券取引所で取引される海外証券の比率は、六割から七割に達した。

一方、ロンドン証券市場では、主にイングランド北部で活動する工業企業の株式や社債を取引することはほとんどなかった。つまりロンドンの金融業は、鉄道建設に資金を供給した以外の面では、イギリスの工業化に直接的に貢献することは、あまりなかったと言える。一八六〇年代までの農業の繁栄と大土地所有制度の下で、巨額の地代収入を得ていたイギリスの地主達の莫大な資産はロンドン金融市場で集中的に運用されていたが、イギリスの工業化は、そうした資金を直接的に活用して遂げられていったわけではなかったのである。それでは、イギリスの工業化のための資金は、いかにして調達されたのであろうか。

イギリスにおいては、一八世紀初期において、株式会社組織をとる泡沫会社が次々に設立され、バブル景気をあおった結果惨憺たる恐慌を引き起こすという南海泡沫事件が生じたため、以降一八二五年に至るまで株式会社の設立には厳しい規制がかけられていた。したがって、鉄道会社を除き、産業革命期に活躍した企業の大半は、株式会社ではなく、比較的少数の無限責任社員から成る家族企業や合名会社（パートナーシップ）といった形態をとっていた。一九世紀を通じて徐々に株式会社は普及するが、株式の公開は進まず、私企業というイギリス独自の企業形態が支配的であり続けた。したがって、イギリスにおいては、不特定多数の人々から広く薄く資金を集めることには適さない状況があったわけであるが、一九世紀においては、それは大きな問題とはならなかった。なぜならば、産業革命以来イギリスでは巨額の資金を要する装置産業はあまり発達せず、固定資本比率の低い中小企業が主流であり続けていたからである。多くの場合、そうした中小企業の経営者は、自己資金や親類縁者からの借入れにより固定資本をまかなうことができたから、長期資金を金融業に頼る必要は薄かった。一方、運転資本に要する短期資金に関しては、地方銀行から当座貸越という手段で借り入れることが可能であった。このようにして、イングランド北部の工業企業は、地域内部で自足的に資金を調達することができたのである。つまり、イギリスの海外投資、もしくは資本輸出は、国内企業の側における資金需要の不足という面からも説明することが可能なのである。

株式会社組織をとる大企業の発達が遅れ、中小企業が主流であったイギリスでは、原子的市場構造と呼ばれるように、多数の中小企業が激しい競争を展開しあう状況が継続した(4)。このような激しい競争は、価格の低落を通じて、木綿工業のような伝統産業におけるイギリスの国際的優位に貢献したと言える。実際、第一次大戦前夜まで、イギリス木綿工業は世界最大の輸出産業であり続けた。

2　対外的依存構造の形成

以上のように、一九世紀のイギリスにおいては、イングランド南部にあるロンドンを拠点に発達する金融業と、イングランド北部を中心とする工業とが互いに密接な関係をもたないまま、並立的に繁栄していた。とはいえ、金融業は工業の発展に何ら寄与しなかったというわけではない。金融業が工業に長期資金を供給するという形での直接的な関係こそ強くはなかったものの、金融業は海外投資を通じて輸出貿易を促進するという形で、間接的に工業の発展に貢献した。

イギリスの海外投資先は、初期においては欧米諸国に集中し、ついで帝国諸地域（イギリスの植民地）と南北アメリカ大陸諸国に集中していったが、そのような大量の資本の散布を受けた諸国は、イギリス資本を利用して国内のさまざまなインフラストラクチャーを整備していった。イギリス資本を利用して建設された代表的なインフラは鉄道であったが、鉄道建設のための資材、つまり車両やレールといった鉄製品をイギリスは当初独占的に供給することができた。つまり、イギリスの海外投資による鉄道の建設は、イギリス鉄鋼業にとっての輸出貿易促進という効果をもったのである。それのみならず、イギリス資本によって各国の経済開発が進むと、各国における購買力も増大し、その結果木綿製品をはじめイギリス製品に対する需要も増大した。このように、ロンドン・シティの金融業によって行われる海外投資・資本輸出は、輸出貿易の促進を通じて、海外市場向けの工業の繁栄を支える役割を果たしたと言える。

このように、一九世紀においては、ロンドン・シティにおける金融業とイングランド北部を中心とする工業は、互いに相対的に自立しつつも、それぞれ繁栄を享受することができた。時期を追ってロンドンの金融業は国内投資より海外投資に著しく傾斜していくようになったが、そのような旺盛な海外投資に後押しされて、イングランド北部工業の市場も国内市場より海外市場に傾斜していくこととなった。その結果、イギリスの金融業と工業は、いずれも国内取引より国際取引に偏った海外市場依存型とも言うべき性質をもつに至ったのである。一九世紀におけるイギリス政府の経済政策は、そうしたイギリス経済の特質に適応するものとして、形成されていった。

一八世紀まで、イギリスは他のヨーロッパ諸国と同様に、重商主義政策と呼ばれるきわめて保護主義的で介入的な色彩の強い通商政策を展開していた。しかしながら、産業革命を経て、他国に対して圧倒的な工業優位に立つにいたったことを背景に、一九世紀に入ると段階的に重商主義政策を廃棄していくようになり、一九世紀中頃にはほぼ完全な自由貿易政策を採用するに至った。また、資本の移動に関しても、まったく規制は設けられなかった。一方、対内的な経済政策の面でも、民間の経済活動に対する国家介入は極力抑制され、典型的な「小さな政府」が出現した。こうして、自由放任政策を通じて原子的市場構造が温存され、海外投資とセットになった自由貿易政策を通じて対外的経済関係の安定が図られたのである。

以上のようにして、一九世紀のイギリスにおいては、自由放任主義的な経済政策の下で中小企業優位の構造が残存し、活発な商品輸出と資本輸出の結果として海外市場に著しく依存するという独自の経済構造が生じるに至った。政府の経済政策も含めて、このイギリス独自の経済体系を指して、イギリス型経済システムと呼ぶこととする。このイギリス型経済システムは、少なくとも一九世紀の中頃までは、大いに強みを発揮したことは確かである。しかしながら、一九世紀末期になると、こうしたイギリス型経済システムの下での金融業と工業の繁栄共存状況は、早くも崩れ始めることになる。

3　産業衰退のはじまり

先述したように、イギリスの資本輸出は、当初はイギリス工業製品の輸出貿易を拡大する上で大きく貢献した。しかし、イギリスの資本輸出は、それと同時に、イギリスにとってはライバルとなる欧米諸国の工業化にも寄与したのである。例えば、アメリカは特に南北戦争以降、大量のイギリス資本を導入して鉄道建設を大々的に進め、その波及効果により早くも一八八〇年代には工業生産量でイギリスを追い抜くにいたった。初期においてはアメリカは、鉄道資材の多くをイギリスからの輸入に依存していたものの、関税による国内産業の保護を通じて、やがてほとんどの鉄道資材を自給していくようになる。それどころか、力をつけたアメリカ鉄鋼業は、世界市場においてイギリス鉄鋼業と争い、次第にそれを駆逐していくようになるのである。イギリスの資本輸出は、いわゆる紐付きではなかったため、イギリス商品の購買を義務づけるものではなかった。したがって、当初はイギリス工業の輸出貿易を助長する効果をもったイギリスの資本輸出は、時期を経るに従い、他国の工業化を助長する効果をもつようにもなっていったのである。(5)

また、ほぼ一八五〇年代まではイギリスの国内投資と海外投資は平行して増減する関係にあったものの、一八六〇年代以降になると、海外投資が増大すれば国内投資が減少し、国内投資が増大すれば海外投資が減少するというトレードオフの関係が生じてくるようになる。海外投資が増大すればするほど国内投資は低迷するという関係がある場

図5－1　世界工業生産に占める各国シェア　（単位：%）

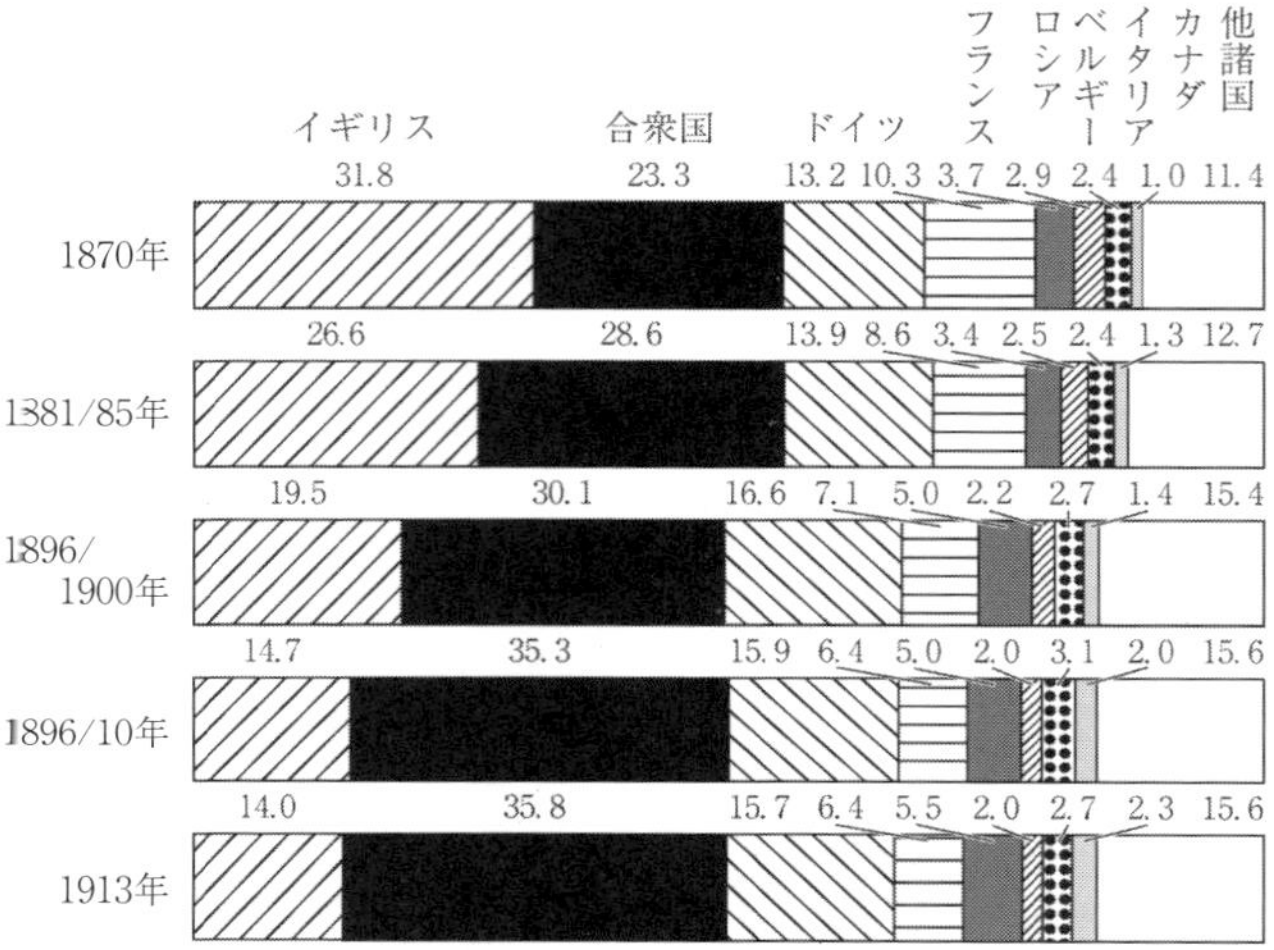

出典：宮崎犀一他編『近代国際経済要覧』東京大学出版会、1981年、88頁。

合、過剰な海外投資は、国内産業を資金不足の状態に陥れる危険が高くなった。

　こうして、一九世紀も末期のイギリスにおいては、金融業と工業が互いに乖離しつつも、ともに繁栄を享受するという構図は、次第に瓦解し始めた。両者の内金融業の繁栄は、旺盛な海外投資とその収益を基礎にとどまるところがなかった。むしろ、「世界の銀行」としてのイギリスの地位は一九世紀末期になって確立するにいたったのである。これに対し、イギリスの工業力は一九世紀末期以降陰りを見せ始めるようになる。すなわち、一八七〇年代以降イギリスを除く主要欧米諸国は、次々に保護貿易政策を採用し、もしくは強化することによって、国内産業を保護育成しつつ工業化していった。特にアメリカとドイツの二国は、株式会社組織をとる大企業中心の産業構造により、急速に重化学工業を発展させ、工業力の面ではイギリスをしのぐ存在となっていった（図5－1参照）。つまり、イギリス型経済システムは、工業力の強化という面では、次第に時代遅れのものとなっていったのである。

　その結果、世紀転換期の頃には、イギリス型経済システムを改変すべしという時論が大いに勢いを増してくることとなった。それにもかかわらず、皮肉なことに、当時の国王にちなんでエドワード期と呼ばれる、世紀転換期から第一次大戦が勃発する一九一四年にかけて、海外市場に依存したイギリスの経済構造は一層深化し、工業とは分離した金融業の自律的発展には拍車がかかっていくこととなる。次節では、その顚末を見ることとしよう。

第2節　エドワード期におけるイギリス型経済システム転換の挫折

1　ドイツ経済の台頭

欧米諸国の工業力台頭と比較してのイギリス工業力の相対的衰退に警鐘を鳴らす上で先駆的な役割を果たしたのは、保護貿易政策への転換を要求して一八八〇年代に発足した公正貿易運動であったと言える。公正貿易運動は、一八七三年以降欧米諸国を襲った慢性的な長期不況の中で、主要欧米諸国の中ではほとんどイギリス一国のみが自由貿易政策に固執しているという状況へのいらだちを背景に生じてきた(6)。「大不況」と呼ばれるこの長期的不況は一八九六年にようやく終息し、同じ頃公正貿易運動も下火となったが、イギリスの工業力への懸念はこれを以て沈静したわけではなかった。一八九六年には『ドイツ製品』、一九〇二年には『アメリカの侵入』というタイトルの著作が公刊され、ドイツ、アメリカの工業製品の滔々たる流入の前にイギリス工業が次々に敗れ去っていく様子がセンセーショナルに描き出され、評判となった。特にイギリスで関心を集めたのは、イギリスに比べて特に資源の上で勝っているわけでもないドイツ経済の著しい台頭であった。つまり、イギリス型経済システムに対するドイツ型経済システムの優位ということが語られるようになってきたのである。

もともと分裂状況にあったドイツ諸国家は一八三四年以来関税同盟を結成し、その枠組みの中で市場統合しつつ、先発国イギリスを追い上げる工業化を官民一体となって推進してきた。一八七一年には統一国家ドイツ帝国が成立し、帝国政府は積極的な介入政策を通じてさらなる工業化を推進していくこととなる。国家レベルでの積極的な科学技術教育の推進は、高度な科学技術を要する化学産業や電気機械産業の飛躍的な発展をもたらすこととなった。またドイツでは、多くの鉄道が政府の公共事業によって建設されたが、これもほとんどの鉄道が民間企業によって建設されたイギリスの状況とは大きく異なっていた。

鉄道建設を駆動力として発展したドイツ鉄鋼業は、一八七〇年代にはもはや保護を必要としない段階に達していたが、にもかかわらず帝国宰相ビスマルクは、一八七九年に鉄鋼業に手厚い保護を与える関税を導入した。その結果ドイツ鉄鋼業は、関税によって守られた国内市場において、価格引き上げを通じて十分な超過利潤を確保することができたため、余剰商品を海外にダンピング輸出することができた。こうしたダンピング戦略を通じて、ドイツ鉄鋼業はイギリス鉄鋼業に対し優位を築くことができたのである。また、ドイツでは独占に対する規制がほとんど設けられず、カルテルという形での独占体の形成が進んだ。株式会社組織をとる独占企業集団の早期的な形成は、中小企業を中心とするイギリスとは、この点でも好対照をなしていた。

以上のような官民一体の政策と並んで、ドイツ型経済システムを特徴づけたのは、工業と金融業が一体化した「金融資本」の形成である。元々資本不足の状態にあったドイツでは、当初から銀行が株式会社の創業を支援するという形で企業が成長した。多くの場合イギリスの銀行が工業に短期資金を供給する役割しか果たしていなかったのに対して、ドイツでは巨額の資金を有する株式預金銀行が工業に積極的に長期資金を供給したのである。アメリカやフランスでは預金銀行と証券引受業務を行う投資銀行とは別組織となっていたのに対し、ドイツでは投資銀行と預金銀行を兼営する独自の銀行組織が発達し、これは特殊ドイツ的銀行、もしくはユニバーサル・バンクと呼ばれた。こうしてドイツにおいては銀行と企業との間で有機的な結合関係が見られたが、ドイツの経済学者R・ヒルファーディングは、銀行による企業支配の面に着目して、これを「金融資本」と呼んだのである。(7)

このように、ドイツ型経済システムは、イギリス型経済システムとは著しい対照を成していた。国家主導の積極的な工業化支援政策と大企業・大銀行の組織的発達によって特徴づけられるドイツ型経済システムを、ヒルファーディングの名称にちなんで「組織された資本主義」と呼ぶならば、イギリス型経済システムは個人主義的資本主義と言うべきものであった。後発工業国日本は、組織化の程度ではドイツに及ばなかったものの、国家による殖産興業政策や財閥形成を通じて、ドイツ型経済システムを範としつつ、急速な工業化を果たしていったのである。

2　システム変革の機運

一九世紀後半に生じてきた、第二次産業革命と呼ばれる工業化の新しい波においては、明らかにイギリス型経済システムよりドイツ型経済システムの方が優位を発揮するようになってきた。初発の工業化であるイギリス産業革命が木綿工業という軽工業の発展を中軸の一つとしていたのに対し、第二次産業革命は鉄鋼・化学・電機産業など重化学工業の発展を基軸としており、高度な科学技術と大規模な設備によって特徴づけられていた。これは、大企業主体の組織的資本主義が優位を発揮する事態にほかならなかったのである。

イギリスの世論は、こうした状況に決して無関心ではなかった。一九〇〇年以降の英独建艦競争に端を発する英独関係の緊張を背景に、イギリスでは反独ナショナリズムとも言うべき風潮が社会全般に広がっていたが、その一方、脅威の裏返しとして、ドイツの活力に満ちた経済力への高い関心が見られた。イギリスの知識人は、ドイツの権威主義的な政治体制を侮蔑する一方、経済体制の面ではドイツを礼賛して憚らなかった。イギリス型経済システムを時代遅れとみなし、ドイツ型経済システムに倣うべきとする議論は党派の枠組みを越えていた。当時のイギリスは自由党と保守党の二大政党政治の下にあったが、元々政治哲学の面では、個人間の自由競争を善とする自由主義を掲げる自由党と、国家有機体論（国家は個人の集積ではなく一種の有機体であるという考え）を唱え、個人主義を排撃する保守主義を掲げる保守党が対立するという構図があった。しかしながらエドワード期になると、自由党の多数も国家有機体論に与するようになり、個人主義的自由競争を前提とする自由放任主義的イデオロギーは、周辺に追いやられるに至った(8)。

イギリス型経済システムの変革を目指す動きは、現実政治の面でも本格化した。中でも、一九〇三年以降保守党の有力政治家J・チェンバレン（Joseph Chamberlain 一八三六〜一九一四年）が自由貿易政策の転換を求めて展開した関税改革運動は、公正貿易運動とは比較にならないほど大規模な全国運動となった。チェンバレンは、工業製品及び農産物に保護関税をかけるとともに、自治植民地との間で特恵関税同盟を結成するという案を提唱した。これにより、イギリス工業は国内市場と帝国市場を同時に安定的に確保できるというわけである。保護を通じて国内産業が息を吹き返し、国内投資が増大するとも喧伝された。鉄鋼業の中心都市バーミンガムのネジ製造業者という前身を有するチェンバレンは、工業の利害とシティ金融業の利害が乖離している状況を不健全であるとし、両者が相互依存して繁栄する状況を望ましいものと主張した(9)。また、チェンバレン率いる関税改革派のコア・メンバーであったミルナー子爵は、長いドイツ滞在歴をもつ、政界きってのドイツ通であり、積極的な国家介入政策を通じて安定的な労使関係をつくり、生産者国家としてのイギリス再生を図る急進的プランを作成した(10)。

しかしながら関税改革運動は、農産物関税が食糧価格の上昇をもたらすという自由貿易派の宣伝に圧倒され、一九〇六年総選挙、および一九一〇年の二度の総選挙における保守党の敗北をもって挫折した。自由貿易対関税改革が争点となった総選挙において勝利し、一九〇五年から一九一四年にかけて長期政権を維持したのは、自由貿易を掲げる自由党である。とはいえ自由党は、自由貿易主義だからといってレッセフェール主義の政党であったわけでは決してない。むしろ、通商政策を除いては、保守党よりはるかに国家干渉に積極的であった。また、工業利害と金融利害の両者に支持されていた保守党に対し、自由党の支持基盤はもっぱら工業利害にあり、その点でも、工業再生に向けイギリス型経済システムを変革する主体としては、むしろ自由党の方が保守党より適格であったとも言える[11]。実際自由党政権は、健康保険・失業保険から成る国民保険制度や老齢年金制度といった、労使関係を安定させるための社会政策を実現させ、この時期イギリスは一躍福祉先進国となった。ところがその一方で、自由党政権はイギリス経済の個人主義的資本主義という性質や海外市場依存型構造を変革することには失敗し、むしろ海外市場依存型構造は自由党政権期に大幅に強化されることとなった。それでは、政党の枠組みを越えてイギリス型経済システムの転換を求める声が高まっていたにもかかわらず、システムの転換はなぜ挫折したのだろうか。

3　対外的依存構造の最終的確立

エドワード期におけるイギリス型システム転換の失敗の原因を考えるにあたって、鍵を握ると思われるのは、一九〇〇年に当時保守党内閣の植民地担当大臣であったジョゼフ・チェンバレンによって改正された植民地証券法という法律である。この法律では、イギリスの植民地諸国（インドと自治領）がロンドン金融市場で公債を発行する際に優遇措置を設けることが定められた[12]。当時イギリスは南アフリカ戦争の渦中にあり、植民地諸国の援軍をあおいでいる状況にあったから、この法律は、植民地諸国の支援に報いる措置であったと言える。この植民地証券法を契機として、以後大戦が勃発する一九一四年にいたるまで、帝国投資（植民地投資）を中心に持続的な資本輸出ブームが展開していくこととなる。自由党が一九〇五年に政権に就いて以降資本輸出の増加傾向は加速し、一九一〇年以降になると、四年間で資本輸出総額は二倍以上に伸びるという未曾有の急増を示すにいたった（図5-2参照）。こうしてエドワード期において、ロンドン金融業の資本輸出偏向傾向は、最終的に定着するにいたったのである。

図５－２　イギリス資本輸出に関するイムラー推定値（破線）とサイモン推定値（実線）

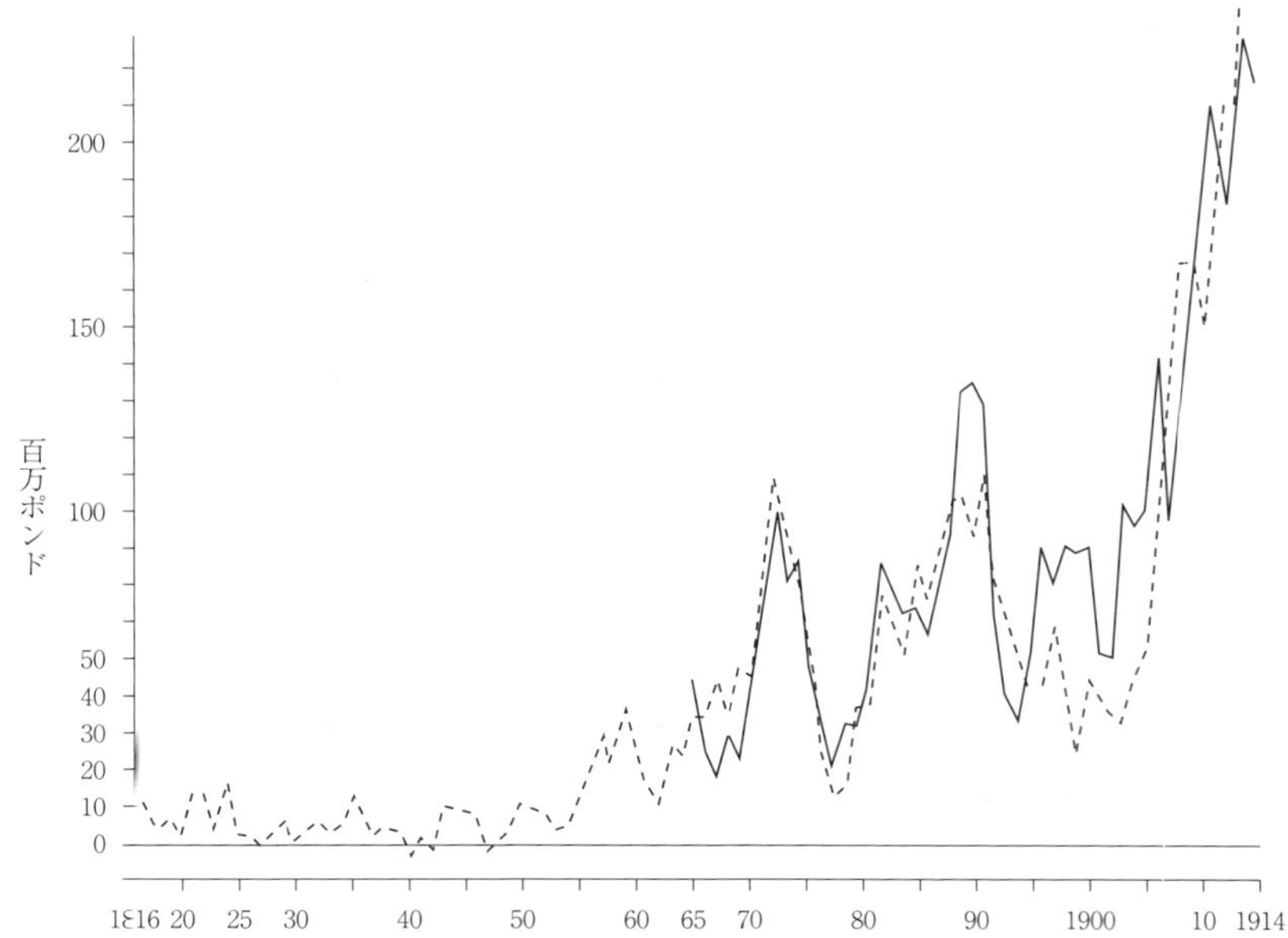

出典：P. L. コトレル著／西村閑也訳『イギリスの海外投資』早稲田大学出版部、1992年、７頁。

自由党政権下、特に一九一〇年以降資本輸出が激増したことには、次のような背景があった。すなわち、すでに述べたように、自由党政権は一連の社会政策を実施したが、そのための財源は、主に地主階級に対する増税によってまかなわれた。地主階級への大増税を含む予算案は一九〇九年に「人民予算」として上程されたものの否決され、総選挙を経てようやく一九一〇年に施行されたが、これをもって、租税を回避しようとする地主達は次々に所領を処分していき、「洪水のような土地売却」と呼ばれる状況を現出した。土地売却によって得られた資金は、有価証券、特に当時特恵的な扱いを受けていた植民地公債などへの投資に新たに振り向けられていった。つまり、地主階級を狙い打ちにした自由党政権の税制改革が、資本輸出の激増をよびおこしたのである。

このように、エドワード期の資本輸出ブームは、経済外的理由により制定された植民地証券法により点火し、自由党の税制改革の意図せざる効果として加速した結果、生じたものであった。したがって、当時の資本輸出ブームは、やや不自然な形で創出されたものではあったが、結果として、これは輸出産業のブームをもよびおこし、エドワード期を好況基調とする原動力の一つとなっていった。

もともとイギリスの資本輸出は工業製品の輸出貿易を直接的に促進する機能をもっていたが、先述したように、そうした機能は次第に低下するようになっていた。例えば、エドワード期のイギリスが最大の投資先としていた自治植民地カナダにとって、工業製品の最大の輸入相手はアメリカであった。それでもこの時期には、資本輸出が輸出貿易を間接的に促進する機能が働いていた。すなわち、イギリスから輸出された資本によってアメリカからカナダへの工業製品輸出が促進されたとしても、アメリカはカナダへの輸出で得た黒字を通じてインドから一次産品を輸入し、インドはアメリカへの輸出で得た黒字によってイギリスから工業製品を輸入する、という迂回的な経路を通じて、イギリスの工業製品輸出が結果的に促進されるという事態が生じていたのである(13)。実際エドワード期において、イギリスの木綿工業は特にインドへの輸出拡大によって、未曾有の繁栄期を現出した。

とはいえ、エドワード期における、膨大な資本輸出に牽引された輸出産業のブームは、いったんは盛り上がったイギリス型経済システム変革の気運を冷却させる効果をもったことは否定できない。つまり、木綿工業などのブームによって、重化学工業化の波への乗り遅れという、イギリス型システムが内在する最大の問題点が、本質的な解決を見ないままに、一時的に糊塗されてしまったわけである。

その一方、膨大な資本輸出の結果として、工業と金融業ともに、イギリス経済の海外市場依存型構造はもはや後戻りのできない段階にまで深化するにいたった。資本輸出と商品輸出の両面において、海外市場志向が過度に進行したことの問題点を、それぞれまとめておけば、次のようになる。まず、資本輸出に関して言えば、海外投資の激増により膨大なポンド建在外資産を蓄積するにいたったイギリスは、対外的なポンド価値の安定に深くコミットせざるを得ない状況になった(14)。対外的ポンド価値が下落した場合、イギリスがポンド建てで有する巨額の在外債権が目減りすることとなるからである。このような事情は、後述するように、一九二〇年代に産業不況の悪化をもたらしたポンド高政策の背景となるに至る。

一方、エドワード期におけるイギリスの商品輸出の拡大は、木綿工業をはじめとする伝統的産業部門によって牽引されたものであったが、その輸出市場は、欧米諸国のように保護関税によって市場を守られていないアジア諸国、特にインドに偏っていた。このように、イギリスの工業が、欧米市場で最先端の技術を競い合うのではなく、競争の乏しいインド等の市場へ「退却」したことは、これも次節で後述するように、やがてイギリスの工業基盤を脆弱化させる原因となったのである(15)。

以上のような、イギリス経済の海外市場依存の深まりは、統治機構の政策傾向をも規定した。当時のイギリスで通商産業政策を所管していた商務院は、一九〇五～一四年の自由党政権期に大幅に機能を拡充し、社会政策の面では失業保険制度を策定するなど急進的改革の担い手となったものの、国内産業を育成するための産業政策の面では、ほとんど新機軸を示すことはなかった。それというのも、当時の商務官僚は、伝統的輸出産業を主体とする産業構造を所与の前提として、政策形成を行っていたからである。すなわち、第一次大戦期に商務院の改組案を調査するため任命された委員会は、その報告書で次のように指摘している。「直ちに明らかになったことは、商務院は過去において国内交易の促進および育成をその主要な機能の一部とは見ていなかったということである。商務院の通商に関する機能は主に、情報の収集とその普及によるイギリス海外貿易の育成、海外貿易に関する統計の収集と発行、通商条約その他の通商協定に関する外務省への助言、海外において個々の通商業者が業務を遂行する際の障害に対処すること、以上に向けられてきた(16)」。

つまり、本来は産業全般の利害を所管すべき商務院は、輸出産業の振興に特化した組織的特質を有しており、そのため国内市場向けの新興産業の保護育成に関心を示すことはなかったのである。それゆえ商務院は、輸出産業の繁栄状況とまがりなりにも両立していた中小企業主体の原子的産業構造に手をつけることはなく、むしろそれを前提として、直接的な介入によらない通商振興策を展開した。

これに対し、後発国の日本では、イギリスの商務院にあたる組織であった農商務省（一九二五年以降商工省）が、これとは対照的に、直接的な介入政策を通じて産業の組織化を推進するという、先駆的な産業政策を推進した。すなわち、第6章で詳述されるように、農商務省は輸出振興のため、元々国内市場向けの伝統的な在来産業を同業組合に組織していき、粗製濫造や過当競争の防止を図った。また、海外の先進的技術を摂取するための実業練習生派遣制度や、海外市場の情報を収集するための海外商品陳列所、工業試験所の助成のほか、海外の豊富な情報を地方の企業家に直接伝達するための各種の刊行物の発行なども行った(17)。

このように、先発国のイギリスと後発国の日本とでは、政府主導による産業の組織化という点で大きな違いが見られた。第一次大戦後、工業面でのイギリス型経済システムの行き詰まりは明瞭となるにいたる。

第3節　大戦間期における慢性的産業不況

1　一九二〇年代における産業復興構想

一九一四〜一八年の第一次大戦戦時中、主要な戦争当事国となったイギリスは、軍需物資の生産に全力を投入するようになり、輸出貿易は大幅に停滞した。その結果、イギリスの主要な輸出市場であったインド、日本、中国などのアジア諸国は、イギリスからの工業製品輸入が途絶えたことにより、戦時中に自給的工業化を進めていくこととなった。特にアジア諸国における木綿工業の発展は目覚ましかった。インドを含むアジア諸国の自給的工業化の動きは、イギリスにとっては最大の輸出市場が失われたことを意味した。実際、戦後になってもイギリスの輸出貿易は回復せず、木綿工業をはじめとする伝統的輸出産業は慢性的不況に陥っていくこととなったのである。つまり、戦前にイギリス工業がインドをはじめとする後進国市場へ過剰に依存したことのつけがまわってきたわけである。

大戦間期（一九一八～三九年）のイギリスでは、伝統的輸出産業の中心地であるイングランド北部と、国内市場向けの新興工業が台頭してきたイングランド中部（ミッドランド）、および南部の間で、二極化現象が生じていた。すなわち、構造的不況に喘ぐイングランド北部とは対照的に、イングランド南部と中部では、化学、電機、自動車工業や各種の食品産業といった、主に国内消費用の新産業が発展し、失業率も低位にとどまった。しかしながら、こうした新産業は、労働力と工業産出額の両面において、いまだ伝統的輸出産業には遠く及ばなかった。そのため、戦間期を通じてイギリス工業全般は不況基調によって特徴づけられ、失業率は常時一〇％を超える状態となったのである[18]。

このように、戦間期においては、伝統的輸出産業の不況対策が焦眉の課題となった。伝統産業が抱える構造問題は誰の目にも明らかになったため、戦間期には産業復興のための具体的構想が本格的に展開されていくこととなる。特に一九二〇年代にその中心的担い手となったのは、自由党、およびそのブレーンを務めた経済学者Ｊ・Ｍ・ケインズ(John Maynard Keynes, 一八八三～一九四六）であった。戦前に保守党と並んで二大政党の一角を占めていた自由党は、戦後労働党にとって代わられて急速に没落しつつあったため、ラディカルな産業復興構想を提示することを通じて、党勢回復を図ったのである。

自由党の産業復興構想は、ケインズを含めた著名なエコノミスト達の参画を得て作成され、一九二八年に『イギリス産業の未来』と題されて刊行された。これにおいては、資本を国家が所有し、取締役が国家によって任命される公益委員会が株式会社組織の下に編成され、各産業の再組織化にあたることとされた。各産業においては、政労使三者代表から成る機関を設置し、政府機構の関与を通じて労使協調体制を推進することとされた。さらに、海外投資に向けられていた資金を国内投資へ振り向けたり、国家の財政余剰からの借入れにより国内産業復興のための公共投資を実施する、といった投資のコントロールを行う機関として、新たに全国投資局を設置することも提言された[19]。政労使三者代表機関を通じての労使関係の調整をともなうシステムをコーポラティズム体制というが、自由党案は、このようなコーポラティズム体制を構築するとともに、国家のイニシアチブを通じて、原子的構造の下にある伝統的輸出産業を、組織化された国内市場向け産業へと再編していく、という案であったと言えるであろう。

自由党案作成に尽力したケインズは、個人的にも、木綿工業再編のための具体的プランを作成した。ケインズは一九二六年に著した論説において、操業短縮によって不況乗り切りを図っていた木綿工業の現状を厳しく批判し、非能率な工場の閉鎖と効率的な工場への整理統合という産業合理化の必要を力説した。当時日本では産業組織化が進み、綿紡績業は九大紡績会社によって集中的に整理統合されており、イギリスの綿紡績業に対して優位を示すようになっていた。ケインズは、そのため日本ではイギリスと同程度の紡錘で四・五～五倍の生産が行われていると論じ、イギリス木綿工業の特に紡績部門においてグルーピング、つまり合併を推進することの必要を論じたのである。この論説は多大な反響を呼び、綿紡績業者の経営者組織である綿紡績業者協会連合は、その会合にケインズを招待するにいたった。ケインズはこの席において、連合や銀行が強制力を用いて最低販売価格の設定、弱小企業の整理、および効率的な企業への生産集中を図るカルテルを結成することを勧めた。そしてカルテルの次には、設備近代化のための資金の提供と生産能力利用の再調整を行う持株会社を結成すべきであると主張した。ケインズの不況カルテルという提案は綿糸協会の結成という形で実現を見たが、綿糸協会非加盟業者による価格切下げ競争を通じて、翌一九二七年には綿糸協会は活動停止に追い込まれ、結局紡績業の産業組織化が進展することはなかった[20]。

ケインズの活動はこれにとどまることはなく、一九二九年に当時の内閣によって、「銀行、金融、信用政策のあらゆる側面を調査」すべく、「金融と産業に関する委員会」、通称マクミラン委員会が組織された際、ケインズはこれに参画し、委員会の中心メンバーとして、委員会報告書の作成にあたって主導的役割を果たした。一九三一年に公刊された委員会最終報告書は、大企業と比べて中小企業金融が困難をきたしていることを指摘し（いわゆるマクミラン・ギャップの問題）、金融機関と国内産業との結びつきの強化を求める勧告を行った(21)。

2 シティ・保守党路線の勝利

結局、自由党やケインズによる、一連の活動はほとんど実を結ぶことはなかった。産業や金融業の側が自主的に従来の構造の大幅な再編に取り組む構えを見せない以上、自由党やケインズが主張するように、イギリス型経済システムを変革するためには政府の介入をもってするしかなかったわけだが、自由党案は同党が一九二九年総選挙で大敗した結果水泡に帰し、マクミラン委員会の勧告も黙殺された結果、システムを政策介入により変革しようとする動きは頓挫することとなった。そして実際には、一時的例外を除いて大戦間期に常に政権党の座にあった保守党によって、イギリス型経済システムを前提とした経済政策が展開されていったのである。

保守党はロンドン・シティの金融利害と緊密なコネクションを有しており、その経済政策も、シティの意向によって規定されていた。すなわち、一九一四年の大戦開戦以来、戦時財政の必要から金本位制は停止されたが、戦後になると、シティは金本位制への速やかな復帰を要求するようになった。金本位制によりポンドへの信頼を回復し、ロンドンを再び国際的金融センターとしようとしたのである。しかしながら、貨幣発行に厳しい制限をかける金本位制への復帰は、産業への資金供給のパイプを細くすることを意味した。さらに、戦時中からポンドの実勢相場は米ドルに対して下落していたので、イギリスが戦前平価で金本位制に復帰した場合、ポンドの過大評価をともなうということになり、ポンド高によるデフレ圧力を産業界に加える恐れがあった。実際ケインズは、戦前平価での金本位制復帰が産業不況の悪化をもたらすと主張し、金本位制復帰に反対するキャンペーンを展開した。にもかかわらず、イングランド銀行と大蔵省は合意の上で金本位制復帰を推進し、一九二五年に保守党内閣は戦前平価での金本位制復帰を実行したのである。しかしケインズの予言通り、これがともなうデフレ圧力は産業不況を悪化させ、翌一九二六年にはイギリス史上初めてのゼネストが起こることとなった。[22]

一方、金本位制復帰により、一九二七年から二九年にかけて新たな資本輸出ブームが発生した。しかし、戦後の世界経済の混乱が続いていた中で、この資本輸出はイギリスの輸出貿易の拡大にはほとんど貢献しなかった。むしろ伝統産業の合理化のために活用し得た資金がみすみす海外に流出したことの弊害の方がはるかに大きかったと言える。こうして、資本輸出による金融業の繁栄と厳しい産業不況とが共存するという、イギリス型経済システムが抱える矛盾は、この時期に明瞭に浮かび上がるにいたった。

それにもかかわらず、保守党政権は、自由党やケインズが主張したような、産業組織政策、資本輸出規制、金融構造の改革のいずれにも積極的に着手することはなかった。保守党政権、およびそれを支える大蔵省、イングランド銀行は、あくまで産業の自助努力に問題の解決を委ねた。一九二四年には当時の労働党政権によって、産業復興策を検討するため、「商工業に関する委員会」、通称バルフォア委員会が設置されていたが、これは保守党系実業家を中心メンバーとしており、その最終報告書は、イギリス産業が構造的欠陥を抱えていることを指摘しつつも、産業に自助努力を求めるという保守党政権の姿勢を追認した（第７章参照）。

このように、保守党は、イギリス型経済システムにとって最大の受益者であるシティ金融業と癒着していたがゆえに、システム自体の保全を図る現状維持的政策しかとり得なかった。言いかえれば、戦前期に確立をみたシステムは自己運動をはじめ、保守党はその担い手として最もふさわしかったがゆえに大戦間期に長期政権を築き上げることができたのである。インフレ防止を関心事とする大蔵省とイングランド銀行もまた、基本的にシティ金融業と利害を共有しており、システムを支える役割を果たしたのである。(23) いずれにせよ、これにより、金融業の繁栄と産業の相対的衰退というイギリス経済の方向性は定まった。一九三〇年代には、産業革命以来イギリス最大の輸出産業であった木綿工業と日本の新興木綿工業との関係は、完全に逆転することとなる。

第4節　日英産業関係の逆転

1　日本綿業の台頭

一八八〇年代以降産業革命が進行した日本では、すでに一九〇〇年代の段階で、木綿工業が生糸生産に次ぐ外貨獲得産業に成長していた。戦間期の日本はイギリスと同様に慢性的な不況状態にあったが、それにもかかわらず産業は順調に発展し、特に木綿工業は日本最大の輸出産業として、アジア市場、特に中国、インドへ、爆発的とも言えるような輸出拡大を果たしていくこととなる。日本木綿工業の優れた競争力は、いくつかの要因に由来していた。紡績部門では、企業合併を通じて早くから大企業中心の産業構造となっており、それらの企業は大日本紡績連合会（紡連）によって強力に組織されていた。商工省の奨励策に助けられつつ、不況基調の戦間期に紡連が展開した産業合理化において、大規模工場は新型機械の導入や電力消費の節約、管理規模の拡大などを通じて経費を削減した。また、綿業界は輸出入部門においても高度に組織化が進んでおり、輸出貿易は三井物産など、綿花輸入は東洋綿花（東綿）、日本綿花、江商などの少数の大企業が独占していた。輸出商は製品開発に必要な市場調査を積極的に展開し、輸入商も、綿花輸入の集中化、および大量買い付けの制度を通じて、製造業者に原料を低価格で供給したのである。また、大量の女性労働力の使用による低賃金と長時間労働、および一九三一年以降の大幅な為替切下げも、綿製品の価格競争力を強化することに大きく貢献した[24]。

以上のような日本木綿工業の発展により、最大の危機に陥ったのがイギリス木綿工業であった。一九二〇年代において両者は、戦前のイギリスにとってインドに次ぐ第二の輸出市場であった中国市場を争ったが、結局一九三〇年時で中国の輸入に占めるイギリスの比率九・三%に対し日本の比率は二六・四%と、日本綿業が圧勝した[25]。しかし満州事変を契機に中国で日本製品の排斥が進んだため、一九三〇年代には日本綿業はインド市場へ大規模な進出をするようになり、今度はインド市場をめぐって日英間で熾烈な競争が繰り広げられることとなったのである。

インド市場はイギリス木綿工業にとってはまさに命綱であったから、綿業界はインド市場への日本製品流入を防ぐ措置をとるよう、政府に激しい圧力をかけた。その結果一九三二年には、イギリス統治下にあったインド政府（インド政庁）は、イギリス綿布に対して二五%、非イギリス製の綿布に対して五〇%と、イギリス製品を優遇する特恵関税を導入した。さらに、一九三三〜三四年に開催された、日本政府とインド政庁との間の通商交渉である第一次日印会商では、イギリス政府の指令を受けたインド政庁は日本側に綿布の自主的輸出統制措置をのませることに成功した[26]。それにもかかわらず、一九三五年の時点で、インドの綿布輸入に占めるイギリスの輸出総計四億八九〇〇万ヤードに対し、日本の輸出は総計五億二六〇〇万ヤードと、日本はイギリスを上回るにいたった[27]。これは、最早保護的措置によってしても、イギリス木綿工業が日本木綿工業に対して優位に立ち得ない状況にまでいたったことを示していた。

2　日英経済の相互依存

とはいえ、日英間の経済関係は、産業的対立によってのみ特徴づけられていたわけではない。従来は、世界恐慌期の一九三〇年代は世界経済がブロック経済によって分断された時代であったという認識が一般的であった。すなわち、イギリス、フランス、アメリカが次々にその勢力圏を囲い込み、独自のブロック経済を構築していく中で、日本やドイツは市場を失い、暴力的に独自のブロック経済建設を目指していったというわけである。このような見方は完全に的外れとまでは言えないが、特に近年の研究においては、最大のブロック経済であったイギリスのスターリング・ブロック（イギリスのポンド・スターリング通貨にちなんだ名称）に関して、その開放的側面が強調されるようになってきている。すなわち、杉原薫によれば、ブロック経済には宗主国との連結を強く主張する日米型と、自由貿易帝国主義とでも言うべき英蘭（イギリス・オランダ）型の二者が存在した。[28] このような見方に立つ場合、日英間の経済関係は、対立の局面ばかりでなく、補完的局面をも内に含んでいたということになる。どのような点で、日英間経済関係が補完的要素をもともなっていたと言えるのか、次に考えていこう。

イギリスのスターリング・ブロックは、通貨圏、および通商圏としての二重構造を有していた。通貨圏としてのスターリング・ブロックは、一九三一年にイギリスが金本位制から離脱し、ポンドがフロート化（変動為替化）した際、自国通貨をポンドに固定相場でリンクさせることを選択した諸国によって形成された。これらの諸国は、イギリスの自治領（カナダ、ニューファンドランドを除く）、および植民地諸国のほか、貿易・金融の面でイギリスと関係が深かった国々、すなわち北欧諸国（ノルウェー、スウェーデン、デンマーク、フィンランド）、バルト三国、ポルトガル、ギリシャ、ユーゴスラビア、南米諸国（アルゼンチン、ボリビア、ウルグアイ）、中東諸国（エジプト、イラク、イラン、トルコ）、そして日本をも含んでいた。これら諸国は、ポンドを自国通貨の基準に採用したり、あるいは採用を廃止したりするのに、イギリスの許可を必要とはしなかった。またこうした国々の間においては、集団的機構も存在しなかった。そしてさらに各国は、自国の保有するポンドを自由に金やドルと交換することが可能であった。日本は、切り下がった低い水準のレートでポンドにリンクしたから、スターリング通貨圏に対して輸出ドライブをかけることができた。つまり日本は、スターリング通貨圏の大いなる受益者であったと言える。一方でイギリスにとっても、スターリング通貨圏が拡大することには、ポンドの基軸通貨性が高まるというメリットがあった。

これに対し、通商圏としてのスターリング・ブロックは、一九三二年のオタワ会議に始まる。この会議においてイギリスは、カナダ、オーストラリア、ニュージーランド、アイルランド、南アフリカ連邦、インド、ニューファンドランド、南ローデシア等の自治領、植民地諸国とオタワ協定を結び、域内諸国を関税率で優遇するという帝国特恵関税制度をつくりあげることにより、ついに自由貿易を放棄した。こうした通商圏からは日本は排除されていた。しかしながら、通商圏としてのスターリング・ブロックも、必ずしもイギリス工業のために排他的に市場を囲い込むような機能を果たしていたわけではなかった。スターリング通商圏は、むしろイギリス本国に対する帝国諸国の一次産品輸出を増大させる効果を発揮し、一九三〇年代には本国の対帝国貿易収支は出超から入超へ逆転するにいたった。つまり、オタワ会議以降イギリスの貿易赤字はいっそう増大したのである。しかしその代償として、帝国諸国は貿易黒字によって獲得した対外準備をポンド建て預金としてロンドンに保有することを強制された。これにより、各国がロンドンに保有するポンド残高は飛躍的に増大し、ポンド価値も安定したのである(29)。このように、帝国諸国が稼ぎ出す貿易黒字は、ポンド価値安定のための原資とされたわけであるが、帝国の中枢であるインドにとって重要な輸出市場となり、ロンドンのポンド残高を増大させる上で一役買ったのが日本であった。すなわち、日本は工業化するにつれ、インドから大量の綿花や銑鉄を輸入するようになった。その結果、インドにとって日本は、輸入先としてのみならず、輸出先としてもきわめて重要な相手国となったのである。そしてインドが日本に対する輸出によって稼ぎ出した黒字もまた、ロンドンのポンド残高の原資として、ポンド価値の安定に貢献した。したがって、イギリス工業と日本工業は互いに市場を奪い合う関係にあったとはいえ、イギリス金融業と日本工業との間には一種の共生関係が働いていたとも言えるのである(30)。

このように、スターリング・ブロックは、通貨圏、通商圏いずれの側面においても、ポンド価値の安定を至上の目的とする点で、イギリス工業より金融業を利するような体系をなしていた。したがって、日本の工業発展と必ずしも深刻に矛盾するようなものではなかったとも言える。スターリング・ブロックの持つこのようなコスモポリタンな性質は、一九三〇年代を通じて事実上政権党の座にあった保守党が伝統的にシティの金融利害と密着した政党であったことの反映であったとも言えるであろう。いずれにせよ、イギリス型経済システムの上に構築されたスターリング・ブロックは、システムの維持を前提としたものでしかなく、イギリスの産業衰退を逆転させるような機能を果たすものではなかったのである。

おわりに

本章においては、個人主義的資本主義を特徴とするイギリス型経済システムと、それとは対照的な組織資本主義を特徴とするドイツ型経済システムが対抗した様相を、後者のシステムを取り入れた日本経済の状況もまじえて論じてきた。第二次大戦以後においても組織資本主義の優位は継続し、西ドイツと日本は西側陣営において最高の経済成長率を達成する一方、個人主義的資本主義のイギリスやアメリカは伸び悩んだ。ところが、大体一九九〇年代を境にして、アメリカとイギリスの経済力の復興を背景に、一転個人主義的資本主義の優位が叫ばれるようになり、現在にいたっている。

アメリカ経済学界の圧倒的影響力を受けている現代の主流派経済学は、非歴史的な演繹的手法を特徴としており、地域的差異や時代状況を問わず、いかなる状況においても、競争的市場と自由放任的経済政策とのパッケージが普遍的に妥当であるというモデルをつくりあげた。アメリカを発信源とする現代のグローバリズムは、このような経済思想に裏打ちされている。

現代が個人主義的資本主義が強みを発揮する時代となっていることは事実であろう。とは言え、歴史を貫通して、いかなる状況にも普遍的に妥当する経済体系というものが存在するという考え方は危険ではなかろうか。個人主義的資本主義が時代遅れとみなされ、それとは対照的な組織資本主義が優位を発揮するという時代もまた、まぎれもなく存在したのである。今後も、支配的な経済システムは、その時々の時代状況に応じて、変遷を重ねていくこととなるであろう。

（1）W・D・ルービンステイン著／藤井泰他訳『衰退しない大英帝国――その経済・文化・教育　一七五〇〜一九九〇――』晃洋書房、一九九七年、P・J・ケイン、A・G・ホプキンス著／竹内幸雄・秋田茂訳『ジェントルマン資本主義の帝国Ⅰ：創生と膨張　一六八八〜一九一四』名古屋大学出版会、一九九七年、同著／木畑洋一・旦祐介訳『ジェントルマン資本主義の帝国Ⅱ：危機と解体　一九一四〜一九九〇』名古屋大学出版会、一九九七年。

（2）A・ガーシェンクロン著／絵所秀紀他訳『後発工業国の経済史』ミネルヴァ書房、二〇〇五年。

（3）J・ブリュア著／大久保桂子訳『財政＝軍事国家の衝撃』名古屋大学出版会、二〇〇三年。

（4）横井勝彦「イギリスにおけるビジネス・ポリティックスの展開と経済団体」『明大商学論叢』第七七巻第三・四号、一九九五年、一四八〜一五一頁。

（5）資本輸出がイギリスの脱工業化を進める点に注目した先駆的な論者は、イギリスの経済学者ホブソンである。J・A・ホブソン著／矢内原忠雄訳『帝国主義論』下巻、岩波文庫、一九五二年、二三八〜二四〇頁参照。

（6）B. H. Brown, *The Tariff Reform Movement in Great Britain 1881-1895*, New York, 1943, 参照。

（7）R・ヒルファディング著／岡崎次郎訳『金融資本論』上・下、岩波文庫、一九八二年。

（8）P. Clarke, *Lancashire and the New Liberalism*, Cambridge, 1971; M. Freeden, *The New Liberalism*, Oxford, 1978; M. Fforde, *Conservatism and Collectivism 1886-1914*, Edinburgh, 1990, 参照。

（9）桑原莞爾『イギリス関税改革運動の史的分析』九州大学出版会、一九九九年、第四、六章参照。

（10）Viscount Milner, *The Nation and the Empire*, London, 1913; do., *Questions of the Hour*, London, 1924.

（11）松永友有「イギリス自由党の経済政策再評価」『社会経済史学』第六五巻第五号、二〇〇〇年、参照。

(12) H・ファイス著/柴田匡平訳『帝国主義外交と国際金融』筑摩書房、一九九二年、七二〜七三頁。
(13) 井上巽『金融と帝国』名古屋大学出版会、一九九五年、一二六〜一二七頁。
(14) オファーによれば、一九〇九年以降におけるイギリスの海軍大拡張の背景には、膨張した在外資産の防衛という意図があった。A. Offer, "Empire and Social Reform: British Overseas Investment and Domestic Politics 1908–1914", *Historical Journal*, Vol. 26, 1983.
(15) E・ホブズボーム著/浜林正夫他訳『産業と帝国』未来社、一九八四年、一八〇〜一八二頁参照。
(16) UK National Archives, BT 13/134.
(17) 白戸伸一『近代流通組織化政策の史的展開』日本経済評論社、二〇〇四年、第二、三章、杉原薫『アジア間貿易の形成と構造』ミネルヴァ書房、一九九六年、第八章。
(18) D. H. Aldcroft, *The Inter-War Economy*, London, 1970, 参照。
(19) Liberal Industrial Inquiry, *Britain's Industrial Future*, London, 1928.
(20) 熊谷次郎『イギリス綿業自由貿易論史』ミネルヴァ書房、一九九五年、二八一〜二九五頁。
(21) 加藤三郎他訳『マクミラン委員会報告書』日本経済評論社、一九八五年。
(22) 金本位制復帰後に、ケインズが蔵相チャーチルに加えた痛烈な批判に関しては、J・M・ケインズ「チャーチル氏の経済的帰結」宮崎義一訳『説得論集』ケインズ全集第九巻、東洋経済新報社、一九八一年、所収、参照。
(23) G. Ingham, *Capitalism Divided?*, London, 1984, pp. 152–169.
(24) 石井修『世界恐慌と日本の「経済外交」』(勁草書房、一九九五年)、六〜一一頁、参照。
(25) 同前、二九〜三〇頁。
(26) 第一次日印会商については以下を参照。同前、第三章、籠谷直人『アジア国際通商秩序と近代日本』名古屋大学出版会、二〇〇〇年、第六章。
(27) 熊谷、前掲書、二八二頁。
(28) 杉原、前掲書、一三三頁。
(29) 以上、井上、前掲書、一六六〜一七一頁、三瓶弘喜「スターリング・ブロックの構造と解体に関する覚え書」『文学部論

叢』（熊本大学）第七八号、二〇〇三年、一〇八～一一〇頁。

(30) 秋田茂『イギリス帝国とアジア国際秩序』名古屋大学出版会、二〇〇三年、第六章、参照。

〔備考〕本稿は、平成一七年度群馬大学教育研究改革・改善プロジェクト「持続可能な社会」構築のための社会情報学的研究―
2．社会科学情報に関する統計資料データベースの構築と整備に関する学際的研究による研究成果の一部である。

第6章　日本における流通組織化政策と輸出振興

はじめに――国内産業政策と海外進出――

本章では在来産業の組織化と輸出に着目して日英間の経済構造の相違と関わりを検討する。そのために、まず明治前期の日本の貿易に超えがたい壁となって立ちはだかった居留地貿易についての検討から始める。そして「利益線」確保を目指した日清・日露戦期以降、アメリカへの生糸輸出と並んで東アジア地域への綿糸布輸出が日本資本主義の再生産構造に重要な環として定着してゆくが、それがどのようにして進展したのか、あるいは可能であったのかを検討する。そしてさらに第一次大戦を画期とした生産力の飛躍が、中国やアジア市場をめぐってどのような軋轢と対抗を生み出してゆくのかを検討する。

第1節　同業者組織化政策の展開と直輸出政策

1 「営業の自由」化政策

資本主義的経済発展が可能な前提条件は、封建的経済諸規制を解除して商品生産および商品交換の自由が確保されることである。そのためには私的所有権の法認（＝所有の自由）と、「営業の自由」（人格的自由の一環としての経済的自由と、産業規制からの自由＝「公序（または公共政策 public policy）に基づく経済的自由」を含む）(1)、すなわち経済活動を規制する身分制度の解除と職業選択の自由の確保、特権組織（前期的独占組織）の解除、移動の自由や商品流通を規制する関所や津留め等の解除が必要である。日本では、「所有の自由」、「営業の自由」が明治初期の改革により形式上実現される。イギリスの場合、一七世紀の市民革命による初期独占の排除と、一八二〇年代の自由貿易体制の構築により「営業の自由」に関する基本線が確保されていた(2)。日本の場合、「営業の自由」の主体的担い手によってではなく、維新政府により商品生産・商品流通に対する封建的規制が撤廃されてゆく。私的所有権は、国民経済の主要産業が農業であり、土地が主要生産手段である段階では土地の私的所有権法認が基本である。一八六八年「村々ノ地面ハ素ヨリ都テ百姓持之地」と布告して以来、田畑勝手作布告（一八七一年）、地所永代売買解禁布告（一八七二年）そして、封建地代に匹敵するほどの地租と引き換えに、所有権は一八七三年の地租改正条例布告により農民＝地主に形式上は付与される。ただし、国家により強制的に押しつけられた高率地租は、土地所有から得られる富の大半に対する自由処分権を制約しているため、実質的な意味での私有財産権の確立・保障とはいいがたい(3)。職業選択の自由については一八七二年農民の商業活動の自由（大蔵省第一一八号）が容認されることにより決定的となる。

移動の自由については一八六八年の関所の廃止、一八六九年の津留めの禁止により実現する。これらの規制撤廃政策により、とりわけ私的所有権法認と職業選択の自由容認により資本主義的経済発展のための基本的な制度上の枠組みはできた。しかし実態として自由な営業活動が可能であるためには、幕藩制下で排他的営業権を持ち、流通過程を支配していた株仲間組織や権力と結びついた特権的商人層の支配力が、解体もしくは排他性を失っていたのか否かが問題として残るのである。

そこでまず株仲間制度に対する維新政府の対応を、先学の研究に依拠して整理しておこう。(4) 一八六八(慶応四)年正月、維新政府は「制度諸令一切先是迄之通」とし、同年三月、大阪において「市中商業仲間組合有之候分先是迄之通被成置候間一商限株牒取調紙面草々可差出モノ也」として、株仲間等の存続を認めた。しかし、同年五月に商法司より出された「商法大意」では一変している。すなわち、商法会所を設立することになったが「一、売値段取極仲間定法ト唱候類取調ノ上御聞届可相成候得共職業出精定法ヨリ下直ニ売買イタシ候儀ハ可為勝手事……(中略)一、諸株仲間取調ノ上人増減勝手タルヘキ事　一、是迄仕来候冥加金上納等ノ儀ハ御廃シ相成候取調ノ上税法御定可被仰出候事」とされた。(5) したがって「仲間」組織の存在や「仲間定法」は容認しているが、かつての「株仲間」のように同業者数を制限し、冥加金上納と引き替えに独占的営業権を持つことは容認せず、価格協定についても低価格販売の自由を認めている。(6) さらに府県レベルでの対応を見ると、同年八月京都では、新規に「仲間」を結成しようとしている者にも申請書を出させて、営業を認可した団体には「鑑札」を下付している。旧来のように、「仲間」に営業独占を容認する対応ではない。しかし、「心得違ノ者」が跡を断たないため、一八七二、七三年頃より府県レベルで「諸仲間」の解体がかなり強力に行われたようである。宮本又次氏は大阪の事例として、一八七二年四月、「自今諸仲間ト唱候類ハ総テ解放申付、(中略)是迄仲間承知ノ上ナラデハ開業不相成業体モ、以後ハ勝手ニ相営不苦候」との達が出され、(7) 同様の仲間解体指令が和歌山、滋賀、東京、京都、神戸、堺等でも出されたことを指摘している。したがって、「商法大意」布達以降、明治政府や地方機関は旧来の仲間的独占組織＝前期的独占組織に関しては解体を進める政策を採っていたといえよう。しかし、このような一連の仲間組織解体は、規制撤廃に伴う「冒険射利の徒」の新規参入時にありがちな流通の混乱と停滞を併発した。(8) このことは商人間に新たな同業者組織化を求める運動を惹起し、のちに同業組合準則の制定へと結びついてゆく。

一方、維新政府により財政基盤形成や貿易体制構築のため新たに展開された諸政策の中では、流通に関わる特権的組織は排除されていたのだろうか。この点についてまず商法司（一八六八年閏四月〜六九年三月）、通商司（一八六九年二月〜七一年七月）の下で展開された流通政策を検討しておこう。徳川幕府と結びついた主要都市の特権商人の流通規制力は、農民的商品生産発展を背景とした在郷商人層の台頭と幕末開港による新たな流通機構の出現により著しく弱体化していたが、維新政権の政策的要請に基づき再編が試みられる。維新政権はその成立期において商法司、通商司を置き全国的商品流通の掌握と貿易の管理を企図した。前者は、「政府自ラ低利ヲ以テ資本ノ貸付ヲナシ政府モ人民モ共ニ利ヲ得物産ヲ繁殖セシム」(9) ために設置されたとするが、財源確保のため維新政府が発行した太政官札＝「金札」の流通が真の目的であった。(10) 当初維新政府が財源としえたのは三都の豪商からの募債により集めた会計基立金三〇〇万両だけであったが、四八〇〇万両を超える大量の太政官札（＝金札）を発行し、そのうちの三〇〇〇万両を財政赤字補填に当てた。(11) 商法司には、三井、小野、鹿島、島田等の旧都市特権商人と、茂木、原、吉田の横浜巨大貿易商人等の商業資本を参画させ、彼らの信用力を背景に各地に設けられた商法会所を経て、金札の貸し下げ＝流通と全国的商品流通網掌握を目指したが、(12) この段階では太政官札が額面通り流通する状態ではなかったため、不成功に終わった。(13) あとを引き継いだ後者、すなわち通商司の所轄事項は、「外国貿易振興を軸とした国内商業金融政策」であった。傘下に半官半民的通商会社・為替会社があり、通商司の勧誘により設立された各種商社（外国貿易商社、市中商社、諸国諸税品売捌商社、諸国物産商社に類別）は、太政官札の貸与を受けた為替会社から融資を受けて事業展開できた。そのうち東京・大阪・京都の通商・為替会社が統括的地位にあり、その傘下に開港場や主要都市の商社・為替会社が位置づけられ、全体を通商司が管轄するという構造であった。これらは三井、小野、島田、鴻池、広岡、殿村、下村等の三都の特権的両替商と、各地の有力商人、横浜の生糸売込商等より資本金を拠出させ、彼らに経営させたものであった。[14] 外国貿易の管掌・振興を掲げつつ、版籍奉還後は各藩の商会所を廃止して諸国産物の国内流通と外国貿易を通商会社の管轄下に置こうとした。しかし、貿易については、大阪の通商会社に見られたように、政府の管轄下にある貿易商社に排他的独占権を与えようとしたが、自由貿易に反するとして外国商人や公館から抗議を受け失敗に終わっている。[15] こうしてみると、政府は独占的貿易機関（商法会所、貿易会社）を旧特権商人等に結成させ、それらを通じて流通機構を掌握しようとしたのであるが、諸外国からの「自由貿易」圧力の前に実現できず、前期的独占組織＝団体の育成に向かうのではなく、三井、三菱をはじめとした、いわゆる「政商」＝前期的・特権的商人資本の育成へと向かうのである。したがって国家的産業規制は未成立のまま、政府は形式的には「営業の自由」の枠組みをつくり上げ、政商＝初期独占に特権的保護を与えて助長したのである。そして「初期独占としての政商がなしくずし的に財閥に転化し、その財閥が早くから近代的独占としての側面を帯びるようになる」のである。[16]

さらに、明治維新以降の経済活動の発展、産業革命の達成において、その担い手として政府が奨励したのは会社組織であり、産業革命期のイギリスと異なり株式会社であった。この企業形態も、先進国から移植されたものであり、一八七一年にそれを解説した福地源一郎の『会社弁』や渋沢栄一の『立会略則』が大蔵省から刊行され、日本国内への普及に貢献した。日本最初の株式会社は、国立銀行条例に基づき設置された国立銀行であり、[17] 七六年の条例改正により設置が容易となり、七九年に一五三行に達したところで認可締め切りとなっている。譲渡自由な等額株式の発行により資本を形成する方法は、資本蓄積が低位であった日本で大規模事業を展開する上できわめて有効であった。国立銀行は、全社員の有限責任制、会社機関による経営といった株式会社の基本形態を備えていた。同様の株式会社形態は、政府による奨励もあって鉄道会社、紡績会社をはじめ、広範な産業領域で主要な経済の担い手たる企業に広がった。なお、会社法制が整い有限責任制が確立されるのは、一八九三年商法の一部施行によってである。

2 居留地貿易と横浜連合生糸荷預所事件

内務卿大久保利通は、一八七五年に大隈大蔵卿と連署した「輸出物品ヲ以テ外債償却ノ議ニ付伺」書と「海外直売ノ基業ヲ開クノ議」建議書を太政大臣宛てに提出する(18)。前者では、返済見通しが立たなかった英国債三四〇万ポンド償却のため、日本商品を直送し「エゼント」のイギリス商人に売却させ返済金に充てることが計画されていた。後者では、「商権ハ概ネ外商ノ手ニ有セラレ我商売ハ到底彼ノ籠絡ニ罹ルヲ免レ」ない状況なので、「一二ノ商賈ヲ誘ヒ相当ノ資本ヲ付託シ一舗ヲ横浜ニ設ケ、専ラ海外各邦ノ商会ト通信シテ直ニ我物産ヲ販売」し、他日には海外に「分設」を設けて「国商直売」を展開させたいとしていた。「商権」あるいは「商権回復」という言葉は、不平等条約下の輸出問題をめぐってこの後しばしば論じられている。対等平等な取引権と解しうるが、「回復」方法としてはここで提起されているような直輸出による居留地貿易の圧倒と、後述の横浜連合生糸荷預所事件で提起される居留地貿易における取引慣習改正＝対等取引の実現という二つの方法がありえた。いずれも欧米列強の掲げる自由貿易に対置された後進国日本の防衛的対抗手段であったが、圧倒的な経済力および軍事力の格差と不平等条約を前提とするかぎり、前者の実現可能性はこの時期においてはきわめて低いものであった。だが大隈財政下では、内務省の殖産興業政策の一環に在来産業の育成が位置づけられ、外債償却・正貨獲得という当面する財政金融の重要課題と結びつけられることにより、国産品の直輸出奨励・保護政策が積極化している。一八八〇年には横浜正金銀行が開設され、「準備金」より三〇〇万円の預入金を得て直輸出振興のための外国荷為替（＝御用荷為替）取組みを開始している。このような政策に呼応して、生糸等の産地や横浜では直輸出会社が設立された。群馬県の上毛繭糸改良会社（一八八〇年開業、県内の器械製糸・改良座繰製糸八七組合を結集、内務・大蔵両省・県より支援)、横浜の同伸会社(一八八〇年、富岡製糸所長速水堅曹を中心に組織された生糸直輸出専門商社であり、「大久保―大隈財政期の勧業・直輸出政策を体現化した商社」)[19]等が代表的事例である。

これらは当初活発な事業展開を示すものの、松方財政下での政策変更=紙幣整理・正貨蓄積優先により、直輸出は次第に低迷してゆく。すなわち、政府による勧業資金貸下げ不許可、一八八二年横浜正金銀行による地方より開港場までの荷為替取組廃止(内地為替取組廃止)により、資金力の乏しい地方直輸出商社の営業は困難になり、さらに翌年、直輸出が伸びなかったため正金銀行は外商への荷為替取組みという、直輸出奨励とは正反対の方向へ資金運用を開始した。しかも、その後御用荷為替金額に占める外商取組額の比率は日本人貿易商への取組み額の比率を大幅に上回っていったのである[20]。このように輸出方法に関する政策は、生糸輸出に代表されるように、松方財政の下で直輸出ではなく売込商による居留地貿易を前提とするものへと転換されたのである。

「商権回復」を掲げたもう一つの防衛的対抗は、一八八一年九月から一一月にかけて日本国中が注目した横浜連合生糸荷預所事件で時代を画している。これは第二次大戦前日本の最重要輸出商品であった生糸をめぐる日本人売込商と、居留地外国商人との激しい対立であった。以下においては、主として海野福寿氏の研究によりその要点を見ておく[21]。同年九月に荷預所は業務を開始した。一〇月に設立者である横浜生糸売込問屋一同から地方荷主あてに出された「告知書」によると、従来の取引は、外商の商館もしくは問屋店頭で見本により取引価格・数量・搬入日取り決め↓商館倉庫へ生糸荷搬入(預かり証等の発行なし)↓商館にて「拝見」(=外商による見本品との照合、搬入後拝見日を遅らせたり、価格引き下げを要求、本国での価格いかんにより「ぺケ」(破談)とする場合等があった)・「看貫」(=重量検査、検査料請求・多めの風袋差引・端数切り捨て等の不当な扱いがあった)・代金支払い、という順序であり、「言ふべからざる陋習」があり、外商が「専横を以て不当の利益を壟断するもの」であったという。その改革のために設置された連合生糸荷預所は、前年一〇月に作成された「組合生糸荷預所要旨」によると、横浜生糸売込商により結成された「荷預所組合」の共同倉庫並びに検査機関であり、売込商が荷受けし外商に売り渡される全生糸の唯一の引渡し所とされていた。輸出生糸の物流ルートは、地方荷主→生糸荷造所（検査・荷造り・保証書添付）→連合生糸荷預所（品位検査・計量・保管）→外商の商館→輸出という具合である。八一年九月に制定された「生糸売込問屋申合規則」は、従来の商館引込取引に替えて以下のような荷預所取引を明示していた。すなわち、①地方荷主からの生糸等は荷預所で検査・保管、②売込商は店頭で見本品により外商と商談、③現品受渡し・代金受取りは荷預所で行う、④看貫料は廃止、売込商口銭は定率化、⑤荷主に対する荷為替金貸付は現価の八割以内とし、売却後代銀を紙幣に換算して清算、⑥加盟売込商を通さず直接外商と取引した者やそれに応じた外商との取引は拒絶するとされており、有力売込商・貿易商二六名が署名していた。

連合生糸荷預所設立に関する日本側の動きに、横浜居留外商は荷預所組織をギルドと捉え、まず八一年七月に米国公使に日本政府に対する抗議を要請し、同公使は外務省に照会している。日本政府は「商売上の約定により成るもの」として政府による干渉を拒否している。荷預所が設立されると、居留地外商三四商会は「該荷預所ヨリハ生糸類一切取引不致」という広告を出し、さらに翌一〇月には「告知文」を作成し地方荷主へ発送している。そこでは、横浜売込商あるいは直輸出商社が「日本生糸商業ノ商権ヲ専有」するものであり、貿易の自由を妨げ、荷主の自由な販売を妨害している。何人も外人と直接取引する権利を持っており、「直接ニ取引セント欲スル諸君ハ丁寧ニ待遇シ、信義ヲ以テ交通センコトヲ約ス」としていた。その後も、外国船への日本商の直輸出品積み込み拒絶決議や、外国銀行の日本人への貸付停止措置がとられる。日本側では、東京銀行集会所同盟銀行臨時集会が荷預所荷受け以外の生糸荷為替謝絶決議を挙げ、正金銀行も続いた。さらに運送会社も荷預所以外への生糸逓送謝絶を応諾し、主要新聞は「商権回復」キャンペーンを展開して国民運動化していった。

外商側の地方荷主との直接取引はほとんど失敗し膠着状態が続くなかで、地方荷主は直輸出へと運動を先鋭化させるにいたり、一一月にはいると売込商側と外商の間で急速に妥協策が講じられる。最終的に双方が合意したのは、将来、双方が満足できる条件が整えば共同倉庫を設立するが、それまでは従来同様外商倉庫引込み、外商による検査とし、引込み時には預かり書と火災保険証書を交付する。そして代価・検査期限等を記入した約定書を交換するというものであった。共同倉庫設置を棚上げし基本的には旧来の取引方法に復する内容であり、日本側の敗北であった。

この事件の積極的意義として、海野氏は「外商が生糸貿易取引の相手は売込商であること、換言すればそれ以外のルートによっては取引不可能であることを認めねばならなかった」点を指摘し、売込商の「民族的防壁」たる意義を強調された(22)。対等平等な取引は実現できなかったが、産地直接取引は阻止されたので、外商によるさらなる譲渡利潤や投機的利益獲得には歯止めがかけられたというのである。確かに売込再開直後には約定書に規定された改善点が反古にされてしまうが、八〇〜九〇年代にかけてペケや不当な値下げを強要した外商に対しては、売込商が共同して取引をボイコットし外商に陳謝させており、居留地貿易という限界内で「商権回復」運動が一定の成果を残したといえる(23)。

ところで横浜生糸売込商がこのような強靱な「民族的防壁」となりえたのは、特権的・排他的営業独占組織＝ギルドによってではなく、前貸金融により製糸家や地方荷主に対する支配体制を構築してきたからにほかならない。先の「生糸売込問屋申合規則」にみられるように、有力売込商は地方荷主に対する荷為替金融により、生糸や原料繭の購入資金を供給し彼らを従属させていったのである。そして八〇年代後半以降、石井寛治氏が指摘したように、器械製糸マニュファクチュア経営や改良座繰経営等を対象とした出荷前の無担保前貸金融を開始し、さらに経済的支配関係を強めてゆくのである(24)。このような金融関係は、売込商への融資を担ってきた横浜正金銀行・第二・第七四国立銀行等に対する日本銀行（一八八二年設立）の政策的金融により確固たるものとされた。

居留地制度は一八九九年実施の条約改正（領事裁判権否定、内地雑居）により廃止されるが、外商を経由する居留地貿易はその後も継続されている。日本商人による直輸出入の貿易総額に対する割合は、一八八〇年七・四％（輸出九・八％、輸入二・六％）、一八八五年九・〇％（輸出九・五％、輸入八・四％）、一八九〇年一八・九％（輸出一一・一％、輸入二四・二％）、一八九五年二五・〇％（輸出一九・七％、輸入三〇・五％）、一九〇〇年三八・四％（輸出三七・一％、輸入三九・四％）、関税自主権が確立された一九一一年に五二・五％だったとされている。[25]明治末期にこのような逆転が起こるには、比較的早い段階で設立された貿易商社である大倉組商会（一八七三年設立）、森村組（一八七六年設立）、三井物産会社（一八七六年設立）、生糸の直輸出・買取輸出で台頭した横浜生糸合名会社（一八九三年設立）、原商店輸出部（一九〇〇年設置）、棉花・綿糸布貿易で台頭した日本綿花会社（一八九二年設立）、江商（一九〇五年設立）等の商社の成長の結果である。[26]

3　同業者組織化政策の展開

明治政府は一八八四年三月に「茶業組合準則」、同年一一月に「同業組合準則」、翌年一一月に「蚕糸業組合準則」という同業者組織化を促す準則を布達している。内務省による輸出振興政策や農商務省による間接的勧業政策において、政府は在来産業における同業者組織化を殖産興業政策の重要な一環として新たに位置づけるようになっており、これらの準則はその法的表現といえる。ここでは蚕糸業組合準則と同業組合準則の目的や組織的特徴を、制定過程と条文に即して検討しておこう。

①蚕糸業組合準則　生糸流通の場合、前述のように横浜の生糸売込商の果たした役割が大きい。一八七三年一月の生糸製造取締規則、三月の生糸売買鑑札渡方規則の制定により、製造人―地方改会社―横浜生糸改会社という流通経路が設けられた。そして、横浜生糸改会社設立に参画した三越、小野、原、茂木といった売込商の地位が優位性をもつ

ようになり、さらに一八八一年の「連合生糸荷預所事件」を経験しながらも、「売込商体制」は前貸金融を媒介として、いっそう強固なものとなっていった。また、製糸技術の面でも一八七七年前後に器械製糸が大きく発展し、一八七八年には六六六もの器械製糸場が存在していた。そのほか、群馬、福島等では地方荷主や比較的大規模の製糸家が中心となって、座繰糸の共同揚返しを行うようになり、器械捻造糸に近い品位の捻造糸を生産するようになっている。この「売込商体制」と製糸業の技術的発展の下で同業者組織化も推進される。

一八八五年に政府が開催した「蚕糸集談会」において、「養蚕々糸条例頒布之議ニ付建言書」[27]が提案され、その中で一七条からなる「蚕糸組合組織目的」[28]も提出されたが、これが「蚕糸業組合準則」の原型となったようである。この準則によると、蚕糸業組合に求められているものは、まず第一に、生産物の品質や荷造りなどの検査機能を持ち、粗製濫造を防止し、品質を一定にする手段となることである。第二には、流通してゆく商品に組合名を付すことにより、その商品に信用を得させると同時に、小規模の生産者が、地方商人等の介在を省略しうる可能性を生み出すことである。第三に、組合—府県取締所—中央部という統轄体系の末端に位置づけられ、最大の輸出産業として発展させるための一分枝となることであった。

②同業組合準則　一八八四年一一月に農商務省達三七号同業組合準則が布達された。この準則は、全産業を対象とした同業者組織化方針の最初のものであった。この準則が布達される背景には、商法会議所を中心とした営業者自身の同業者組織化運動と、間接的勧業方式という殖産興業政策の転換がある。

同業組合準則の概要は以下のようであった[29]。まず、「同業者組合ヲ結ヒ規約ヲ定メ営業上福利ヲ増進シ濫悪ノ弊害ヲ矯正スルヲ図ル者不少候処往々其目的ヲ達スルコト能ハサル趣ニ付今般同業組合準則相定候条向後組合ヲ設ケ規約ヲ作リ認可ヲ請フ者アルトキハ此準則ニ基ツキ可取扱旨相達候事」として、九条からなる条文が示された。主な点は、同業者間の福利と「濫悪ノ弊害」の除去を目指して、一．一定地域の同業者の四分の三の同意で組合が結成され（第一条）、管轄庁より認可されたら他の同業者は原則としてそれに加入しなければならない（第四条）、二．組合規約としては、目的、加入・脱退の方法、違約者の処分方法等が必要である（第三条）、三．組合は営利事業を行えない（第五条）等である。

準則布達後、種々雑多な同業組合の認可申請が見られたので、政府は一八八五年に適用対象を「重要物産ノ改良蕃殖ニ関スル農商工業者ノ組合」に限定し[30]、さらに一八八六年六月には「同業組合準則心得書」を内訓し、準則の趣旨からの逸脱に注意を促している[31]。そこでは「総テ公益改進ノ目的ニ悖戻スルノ廉アラハ堅ク之ヲ禁セサル可ラス」として、一一項目の注意事項が示されていた。重要なものを列挙すると、一．「価格若クハ賃銀ヲ一定スル事」（営業上の活発さを阻喪し、需要者に不利を与える恐れがある）、二．「製造高ヲ制限スル事」（却って発達進歩を害する恐れがある）、三．「問屋又ハ仲買人ノミニ就テ売買スヘキ制限ヲ設ル事」（専売買権を与えることになれば拘束しすぎである）、四．「仕向先又ハ産出元ノ制限ヲ設ル事」（拘束しすぎる結果各自の勤勉心を阻喪させる恐れがある）、五．「身元信認金又ハ積金ノ事」（加入制限となりうるので極力適当な額に止めるべきである）、六．「違約者ヲ処分スルニ其営業ヲ停止シ又ハ除名スル事」（民間での約束事項ではなく法令に依るべきである）、七．「加入ノ際組合員ノ連署ヲ要スル事又ハ部内ノ取締若クハ委員等ノ紹介添書ノ類ヲ要スル事」（新規加入を拒み起業を妨げるからこのような規定を設けるべきではない）、であった。

以上の検討を踏まえて、これらの「準則」の勧業政策上の役割を整理しておこう。まず第一は、松方デフレ下にあって、自由競争の「弊害」にいまだ対抗しうるだけの資本も生産力も備えていなかった在来産業を、小規模の同業者自身の結集により粗製濫造と詐欺的取引による崩壊から守る方策として旧来の商人層から期待されたということである。その際留意すべきことは、商工業者を一体として組織化しようとしていた点である。組織化に熱心であったのは商人であり、生産の担い手は一般的にきわめて零細で市場から隔離された状態にあり、その結果、組織内では商人の発言権が優位を占めていたといえよう。第二には、農商務省創設を前後して具体化されてきた勧業諸会による間接的勧業政策を、同業組合という恒常的組織を通じて、より効果的に推進するということである。このことは市場流通を確保するという第一の役割に加えて、在来産業の担い手である小規模零細営業者を組織化し、輸出産業の担い手として編成するという積極的役割を負わせた。すなわち、生糸、茶をはじめとする在来産業の産物を輸出商品化するための前提として、粗製濫造の防止＝品質の維持・改良や規格の統一化、量的確保等を同業組合の課題としたのである。

第２節　日清・日露「戦後経営」と東アジア市場

１　日清「戦後経営」

一八九〇年帝国議会が開設され、一二月山県有朋首相は軍拡予算の説明において、一国の独立を維持するためには、領土＝「主権線」を防衛するだけでは不十分であり、「利益線ヲ保護スルコト」、すなわち朝鮮半島を保持する必要を強調した(32)。このような論理を背景として、日清戦争（一八九四〜九五年）は宗主権を主張する清国を排除し、日本の朝鮮支配を確立するために仕掛けた戦争であった。

一八八〇年代から二〇世紀初頭にかけて、東アジアではロシアの南下政策とイギリスの市場獲得競争とが緊張関係を孕みながら展開されていた。一八八五年イギリスは朝鮮半島の南に位置する巨文島を占領する一方で、ロシアが朝鮮と密約を結び南下政策を推進し、フランス・ドイツがロシアに接近していた。そこでイギリスは日本と友好関係を深めて牽制しようとした。その具体策のひとつが日本との不平等条約の改正である。一八九四年七月、清国に対する宣戦布告に先立って調印された日英通商航海条約では、領事裁判権の廃止、関税権一部回復、最恵国約款の双務化、五年後の発効が取り決められた。この時期のこのような改正は、「日本の朝鮮侵略をイギリスが暗に認めた」と捉えうる。[33] 一八九五年四月に調印された講和条約では、日本に対する遼東半島・台湾・澎湖島割譲、賠償金二億両（清朝財政の三年分）等が規定されていたが、ドイツ・ロシア・フランスの三国干渉により上積みの賠償金と交換に遼東半島領有権を放棄することとなった。ロシアは、日本の遼東半島領有を南下政策の障害とみたのである。イギリスは中立を保つ。これにより、日本国内では「臥薪嘗胆」を合言葉として、日露戦争への伏線が太く張られてゆく。

中国に目を転じると、日清戦争を契機に列国の帝国主義的分割競争が激化し、鉄道敷設権の獲得と借款供与、主要都市・港湾の租借という形態をとりながら、ロシアは満州・蒙古、ドイツは山東、イギリスは揚子江流域、フランスは華南をそれぞれ勢力下に収めていった。一九〇〇年の北清事変の後さらに緊張感が高まるなかで、一九〇二年日英同盟が締結された。この同盟は清・韓両国（一八九七年朝鮮は大韓帝国と国号を定めた。以下において韓国と略記）の独立を承認する一方で、イギリスの清国に対する、日本の満州を含む清国と韓国に対する特殊権益を相互に承認し、「一国が交戦した場合には他の一国は中立を保って他国の参戦防止に努めること、またもし第三国が参戦した場合には締約国は参戦して同盟国を援助する」ことになっていた。[34] 世界に冠たる大英帝国との同盟ということで、前外相加藤高明に「向かう処敵なく、まさに猛虎に羽翼を附したるの観あり」と言わせるほどの興奮をもたらし、[35] 日本国家に日露戦争を決意させる重要な拠り所となったことは疑いもない。日露戦直後の第二回日英同盟（一九〇五年）では、インド国境地方の英国特殊権益保護措置容認、日本の韓国保護国化への不干渉、第三国から攻撃を受けた場合参戦義務のある攻守同盟にまで両国関係が強化されるが、英米関係の緊密化と日米間の満州・中国をめぐる利害対立が拡大にするにつれて弱まり、一九二三年には廃棄される。[36]

ところで、日清戦後経営の中心課題は対露戦のための軍備拡張であり、陸軍は、シベリア鉄道開通時のウラジオストク集結兵力二〇万に対する兵力として平時一五万、戦時六〇万人体制へ（日清戦前の三倍の動員体制）、海軍は甲鉄艦隊を主体として総トン数を六万から二五万トンへと増強する計画を立て、陸海合計で約三億円相当の支出が見込まれた(37)。さらに台湾経営＝植民地領有、鉄道・通信・金融機関の拡充、土木治水等を含む産業経済振興、教育事業なども重要事項であった。そのため国家財政は日清戦前の約三倍にふくれ上がった。これらの財源は軍事公債、増税、清国からの賠償金（邦貨三・六億円＝国家財政四年分超、ロンドンで英貨三八〇八万ポンドで受領）等に求められた。増税は営業税・登録税の新設（一八九六年）、酒税の増徴、葉煙草専売の実施、さらには地価修正・地租増徴（一八九八年、三・三％）、さらに砂糖消費税（一九〇一年）等により実施された。

一八九六年四月農商務相の諮問機関として農商工高等会議（〜一八九八年）が設けられた。従来、もっぱら官僚により経済政策が立案・遂行されてきたことを考慮すると、大資本家＝実業家の最上層部を政策立案過程に参画させた意義は大きい。大蔵・農商務官僚は、戦後経営として軍拡と産業経済振興を同時に推進することを目指しており、三井・三菱・住友の中核経営者や、安田善次郎、大倉喜八郎、藤田伝三郎等の有力実業家、および渋沢栄一等の商業会議所代表者を審議に参加させることにより、戦後経営における経済政策への積極的関与・協力を求めたといえよう。当初、海外貿易に関する事項のみを答申する場であったが、九七年の規則改正により農商工業に関する重要事項まで対象を広げている。同時期に農商務省で作成された内部資料「外国貿易拡張方法」では、この時期には「先ヅ外国貿易ヲ拡張スルヲ以テ最大ノ急務」と位置づけ、対外的には海外航路拡張・船舶や貨物に対する保険・金融・海外支店や組合の営業等に関する施策を、対内的には同業組合・興業銀行・貿易陳列所・商業学校・商業会議所・輸出品商況報告等に関する施策を必要事項としていた(38)。第一回農商工高等会議への諮問事項には、清国長江航路調査、貿易金融・保険、重要輸出品販路拡張等に関するものが含まれており、これと符合している。それ以外に職工取締り・保護（工場法）に関する諮問があった。第二・三回会議では金本位制の農商工に及ぼす影響や、外資輸入の要否・方法、工場法制定等が諮問されていた。

官僚と資本家の政策立案に向けてのこのような利害の調整を経て、答申内容は具体化されてゆく。国費による長江定期航路調査および航路開設、アジア、特に中国への商品見本陳列所開設、領事館増設、外資の受け入れ・運用のための日本興業銀行の設立、農工業の改良発達のための勧業銀行、農工銀行の設置、航海奨励法、造船奨励法、耕地整理法、産業組合法等の制定が進められる。これに対して、見解が大きく異なった工場法の制定については、その後も資本家、実業界からの批判が強くかなりの修正を経てかろうじて可決されている。

国内向けの重要施策とされていた同業組合政策もこの時期に飛躍的に強められる。具体的には重要輸出品同業組合法（一八九七年）および、それを「重要物産」まで適用範囲を拡大した重要物産同業組合法（一九〇〇年）の制定に示される。それまで、同業組合準則の問題点として、弊害矯正方法が当事者に任されており明示されてなかったこと、同業者の組合加入を義務づけながら、罰則もなく実効性のあるものにする手段が欠けていたこと、組合自体が違約者に対する営業停止権や違約者除名権を持てなかったこと等があった。さらに府県が営業停止権を持つことについても、政府は回答を先送りしていた(39)。それゆえ、加入強制や規約遵守については実効性を欠くものであった。

一八八五年、東京商工会は「同業組合ノ設立ヲ要スル義ニ付建議(40)」を提出し世界市場への対応という視点から、強制加入規定追加を求め、一八九二年にも改称した東京商業会議所が「準則ハ廃シ更ニ制裁ヲ附シタル規則ノ制定ヲ望ム」という同趣旨の準則修正案を議論している(41)。そのほか諸府県からも重要物産には別に強制力のある取締規則を定めうるよう要請が出された。

この結果、一八九一年に一定の変化が見られる。京都府からの「伺」に対し、農商務省は「各地方特有重要産物保護上其商工業ノ発達永続ヲ必要トスル場合ニハ該業ニ限リ去ル十七年本省第三十七号同業組合準則ニ依ラスシテ特ニ取締規則ヲ設ケ之ヲ規約シ得ル旨」を通達した(42)。その結果、一八九〇年代には同業組合準則とは別に、各府県で重要産物を対象とする取締規則が承認されるようになり、一八九六年度には約半数の府県で取締規則が設けられている(43)。

このような動向は、市場の拡大に対応しながら、日清戦争を契機に、同業組合準則に代わる新たな全国的同業組合法の制定に帰着する。

さて、このような動きを背景に、いよいよ帝国議会の場でも同業組合問題が取り扱われるようになる。同業組合準則布達後、政府が同業組合関係法案を提出したのは、第九帝国議会（一八九五年一二月～翌年三月）における「重要輸出品同業組合法案」が初めてであった。同法案に関する衆議院委員会において、政府委員安藤太郎商工局長は、従来この方面では準則と府県の取締規則があったけれども、「制裁と権能」がなかったので組合に加入しないで「粗製濫売」する者に対する取締りや製品等の検査が不徹底であった点を指摘している。そして、本案は組合に「権能ト制裁ヲ与ヘルト云コトガ趣旨」だとしている[44]。また、「商工立国論」を唱えていた政府委員金子堅太郎農商務次官は、日清戦後という背景を重視しつつ、「今日、戦後ノ経営トシテ第一ノ目的トスルノハ海外貿易――外国ニ向ッテ日本ノ貿易権ヲ張ラナケレバナラヌ」ということであり、「戦後ノ経営ノ一機関トシテ此同業組合ヲ立テナケレバナラ ないことを強調している。すなわち、「航海奨励、造船奨励、勧業銀行、農工銀行ノ設立、外国貿易品陳列館、外国貿易視察ト云フ迄ニ進ンデ、大概ノ機関ガ揃ツテ、今ヤ外国貿易ノ海ニ乗リ出サウトスル勢デアルノニ、内ニ顧ミテ製造人ノ有様ヲ見レバ基礎ガ弱イカラ、是非此案ヲ通シテ、外ニ対スル内ノ準備ヲ確実ナラシメタイ」と述べている。このように当時の農商務官僚が、日清「戦後経営」における輸出振興を重視し、その一環にこの重要輸出品同業組合を位置づけている。しかし、法案は会期切れで未成立となる。

翌年の第一〇帝国議会（一八九六年一二月～翌年三月）において、再び「重要輸出品同業組合法案」が提出される。この法案は、組合に対する政府の指導権を強化したほかは、前回のものとほとんど同じ内容であった。今回は貴・衆両院において若干の修正の後可決され、一八九七年法律第四七号として公布された。この法の要点は以下の通りであった。

対象：「重要輸出品ノ生産、製造又ハ販売ニ関スル営業ヲ為ス者」（第一条）、目的：「組合員協同一致シテ営業上ノ弊害ヲ矯正シ信用ヲ保持スル」（第二条）、結成方法：都市以上の一定地区内の「同業者五分ノ四以上ノ同意ヲ得テ創立総会ヲ開キ定款ヲ議定シ農商務大臣ノ認可ヲ受ク」（第三条）、事業：組合員の営業品検査等（第九条）、ただし「営利事業」は行えない（第五条）、農商務大臣の権限：組合および連合会を官吏に臨検させうる（第一三条）ほか、「公益上必要ト認ムルトキハ同業組合及同業組合連合会ヲ設ケ」させうる（第一四条）、また法律や命令に反したり、「公益ヲ害」した場合には、組合の解散、業務停止、役員の改選、決議の取り消しを命じうる（第一五条）、罰則規定：組合未加入者および、官吏の臨検ないし諮問への答申を拒否した組合および連合会に対しては、二円以上一〇〇円以下の「過料」（第一七条）、組合の検査証を不当に使用した者および偽造の検査証を使用した者に対しては、一五日以上六カ月以下の重禁固もしくは一〇円以上一〇〇円以下の罰金（第一九条）、その他：組合は法人として訴訟時には原告あるいは被告となりうる（第五条）ほか、輸出品取扱同業者でなくとも、本法を準用しうる（第一九条）。

　これらの諸規定について議会での審議内容から若干補足しておこう。まずこの法の適用対象を限定した点についてである。政府委員安藤商工局長は、各地在留領事報告が「輸出物ノ粗製ナルカ為メ我カ国ノ信用ヲ傷ツケ日本品ノ声価日ヲ追フテ失墜シツツアル」ことを指摘しており黙過できないこと、[45]「営業自由ノ説ハ恐ラク本法ヲ一般商業社会ニ適用スルヲ許サザルヘシ」[46]として国内商品一般には適用せず、年輸出額一〇万円以上の綿糸、蚕糸、絹・綿織物、燐寸、陶磁器、麦桿真田等の「重要輸出品」三七品目に限定するとしている。[47]また「三菱会社」や「シャーデンマヂソン商会」（Jardine Matheson & Co.）は「組合ニ入ルノ必要ナキ大会社」とされている。[48]このようにこの法の成立には、個別には粗製濫造を取り締りきれない輸出向け在来諸産業ないし零細経営に限定して組織化し、海外市場の拡大に対応してそれらをいっそう有効に輸出産業として動員しようとする政府の意図が働いていたのである。

　しかし、このような限定はやがて修正される。「重要物産同業組合法」（一九〇〇年法律第三五号）が可決され、重要輸出品同業組合法の適用範囲は「重要物産」の同業組合にまで拡大された。設立に必要な同意者数を同業者の五分の四から三分の二に減らし設立を容易にするなど、いくつかの点で相違はあるが、基本的には同じ組織原則であった。

以上、重要物産同業組合法公布にいたる過程を概括してきたが、本組合の特徴および位置づけは、まず第一に製品の品質等の検査が弊害矯正の手段とされ、組合の重要な機能として位置づけられてきたことである。第二に、農商務大臣は組合の設立、解散をも命じうる権限を有し、行政機関は同業組合に対する監督・指導により、これを通じて諸営業の掌握と取締り、商工政策の具体化を推進しえたのである。第三に、産業資本確立期を経過するなかで、重要輸出品、そして重要物産を対象としたより強固な規制力を持つ同業組合制度を創出することにより、在来産業の輸出産業化を強力に推進する政策として位置づけられるようになったのである。しかもまたこの政策は、軍拡とそれを支える経済体制づくりという、日清「戦後経営」の諸政策の一環に組み込まれていたのである。

2　貿易三環節論と東アジア市場

日清戦争は日本が植民地として台湾を領有する結果をもたらし、日本の帝国主義国への転換の契機となったが、三国干渉により遼東半島は返還せざるをえなかったことに象徴されるように、列強と同等ではなかった。日露戦争では、約二〇億円の戦費（日清戦争の一〇倍）と一〇九万人の将兵（日清戦の四・五倍）を投入し、朝鮮半島における特殊権益（保護国化）容認、清国からロシアに与えられていた旅順・大連（＝関東州）の租借権や東清鉄道南満州支線敷設権や付属地・炭鉱等に関する権利の譲渡、ロシア軍の満州からの撤退、サハリン南部割譲、沿海州沿岸の漁業権を獲得し、さらに日本軍が戦時中に敷設した安東―奉天間（安奉線）の鉄道経営権を確保して、「名実ともに植民地帝国」となった。(49) 韓国に対しては一九〇四年二月に「日韓議定書」に調印させて韓国内における日本軍の駐留を認めさせ、同年八月、翌〇五年一一月、〇六年七月と三度にわたる日韓協約で韓国の保護国化を進め、一九一〇年には完全な植民地化を断行していった。満州および関東州に対する軍事的・経済的進出は南満州鉄道株式会社（一九〇六年設立、以後満鉄と略記）を軸として推進された。同社は資本金二億円のうち半額を政府が現物出資した準国家機関であり、一九〇九年にはロシアの東清鉄道との結節点である長春停車場を開設し、一九一一年には安奉線の標準軌道化工事を完成させることにより、朝鮮縦貫鉄道（一九〇五年開業の京釜・京義鉄道）経由での一貫輸送体制を造り上げた(50)。政府は、アメリカ鉄道資本との共同経営協約を破棄する一方で、満鉄の資金不足をロンドンでの興業銀行を仲介とする社債発行により補いながら満州への支配力を強めた。これらによって朝鮮半島・満州・関東州を原料・食糧の重要な供給基地とする一方で、日本の綿業資本等にとって不可欠の市場としてゆくのである。

第2章で検討したように、日本における産業革命は一八八〇年代後半（綿紡績業・鉄道業・鉱山業を中心とした企業勃興期）から一九〇〇年代後半（生産手段、とりわけ機械と鉄鋼の生産国産化の見通しの確立と織物生産価額における力織機工場の優位および綿布輸出の輸入凌駕）にかけて進行し、資本主義的生産様式が確立された。しかし、生産手段生産における脆弱性は残され、それを補完しつつ再生産を継続する上で対外貿易は不可欠であった。石井寛治氏は、一九三〇年代の貿易構造を鋭く描き出した名和統一氏の貿易三環節の原型が(51)、この産業資本確立期にほぼ出来上がっていると指摘されている(52)。すなわち、日本の貿易の基本構造が対アメリカ合衆国（第一環節）、対大英帝国（第二環節）、対中国（第三環節）との貿易という三環節で形成されており、対米生糸輸出の黒字により大英帝国（植民地を含む）から鉄鋼・機械および繰綿輸入が可能となり、それらにより生産された綿糸布をアジア市場へ輸出するといった構造が、一九〇〇年代後半に出現していると見ているのである。このような構造を示したものが図6−1である。

戦前日本の貿易は、第一次大戦期と若干の時期を除き入超であり、生産手段生産の脆弱性を貿易により補いながら経済発展を展望するためには、外貨獲得のため在来産業の輸出産業化を推進することが重要課題であった。表6−1

図6－1　日本と主要諸外国との貿易差額（1902〜11年、10カ年通計）（単位：100万円）

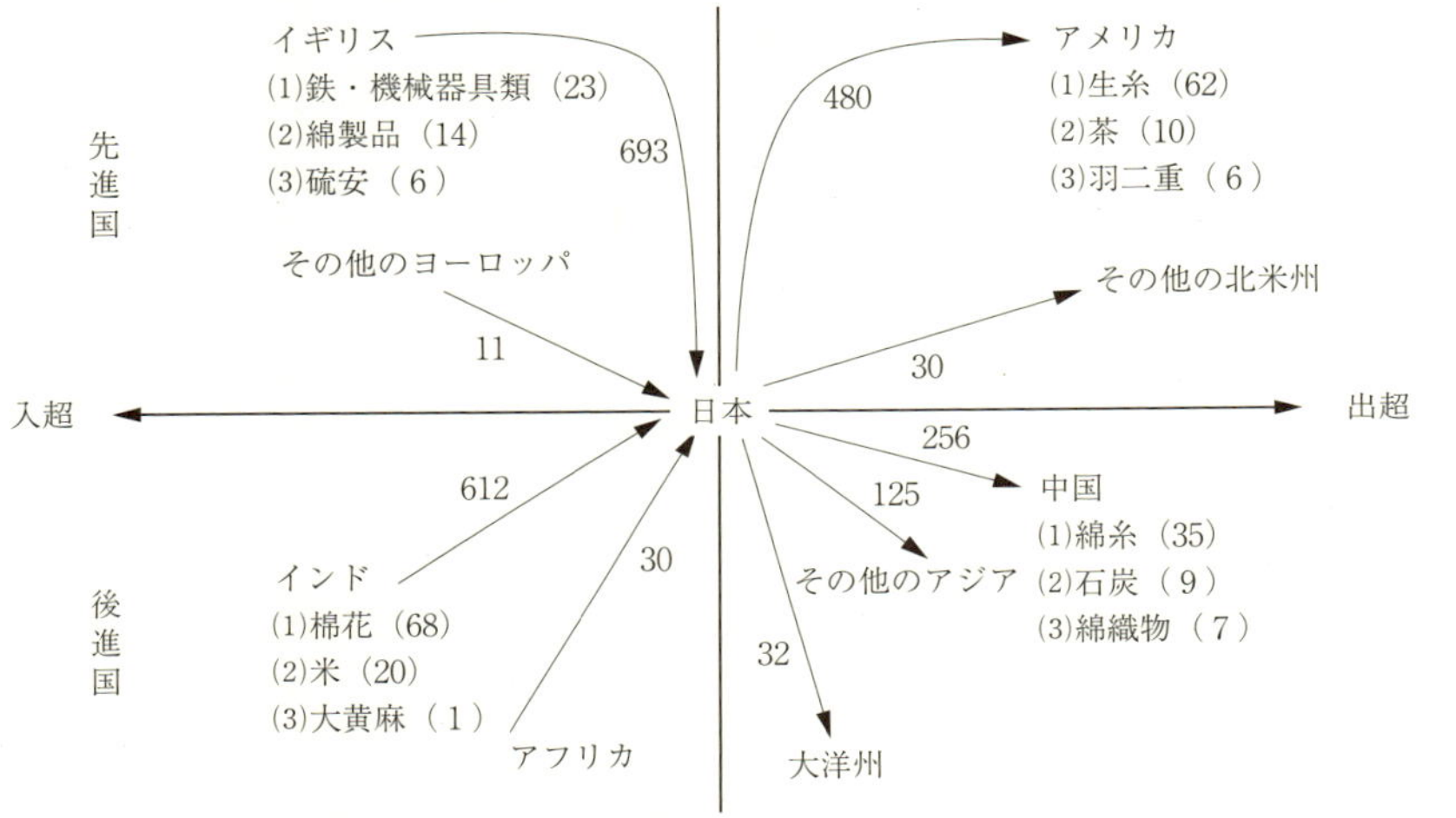

出典：『横浜市史』、『日本経済統計集』より作成。安藤良雄編『近代日本経済史要覧』第2版、東京大学出版会、1975年、97頁より転載。

注：(1)(2)(3)は主要貿易品とその順位を示す。（　）内は全体に占める比率（％）。ただし比率は10カ年通計可能なものに限った。

に見られる重要物産同業組合の普及領域が、蚕糸業、織物業を筆頭に、陶磁器、漆器、花筵、燐寸、石炭等の輸出と結びつきのある領域であったことを確認しておく必要がある。「日清戦後経営」期以降、同業者組織化政策は、在来産業あるいは消費資料の生産分野を中心に、輸出産業の担い手としてそれらの分野の小経営を動員してゆく経済体制づくりを課題とした。これらの産業領域は、いまだ小営業的またはマニュ的生産形態にその多くの経営が滞留している生産力水準にもかかわらず、基軸的産業領域の機械制大工業としての確立と、軍事力の増強を対外的に必至のものとされるに及んで、急速に輸出産業＝外貨獲得産業へ方向づけされた。そのために流通過程から生産を組織化し、国外市場向け商品としての生産・流通体制を推進することとなった。そして、生産者と商人を包括する同業組合は、市場情報と資金供給において優位にある商人層がリーダーシップを保持しながら運営されていたのである。

　この組合法の適用が進むにつれて、種々の問題も顕

表6－1　主要な重要物産同業組合の設置状況（1900～40年）

	1900	1906	1909	1912	1915	1918	1921	1924	1928	1931	1934	1937	1940
蚕糸業（含蚕種・桑苗）	14	12	164	207	248	256	307	354	453	451	222	175	127
織物	56	107	122	138	134	137	144	159	134	128	110	93	66
米穀	25	48	66	67	65	64	69	70	70	69	73	73	70
材木		18	25	30	35	37	38	47	49	50	53	54	51
醤油味噌及溜		14	19	28	33	37	39	42	41	39	36	35	27
肥料			17	29	30	25	30	30	27	21	20	20	19
木炭			11	24	32	46	81	134	174	178	195	162	176
紙及同製品		17	23	25	27	30	35	39	31	27	24	24	22
薬品				20	22	27	22	24	23	24	24	24	23
陶磁器		16	19	23	22	23	24	23	23	22	20	19	18
花莚・藺莚・畳表	13	19	14	20	20	21	23	25	23	23	23	21	20
金属製品及同加工品				16	19	21	32	29	28	30	29	29	25
漆及漆器	14	19	15	17	16	17	18	16	18	18	18	18	16
柑橘			10		14	16	16	21	32	37	43	41	39
麦稈・経木・真田	11	13	13	11	12	22	19	18	12	11	11	12	10
砂糖			10		13	13	16	15	16	16	15	15	14
酒類（含缶詰）					13	14	16	16	16	24	24	25	25
石炭・コークス				10	11	12	11	12	11	11	11	11	11
麺類			10		10	17	14	14	15	14	12	10	
荒物・藁工品				10			24	32	40	40	43	44	44
傘（含和・洋傘）									12	12	12	11	11
その他	97		207	241	221	296	324	353	349	322	304	295	292
合計	230	407	745	916	1,020	1,131	1,302	1,473	1,597	1,567	1,333	1,211	1,106
連合会数	3	15	25	37	46	53	60	66	78	84	61	51	45

出典：1912～1924年は『日本経済統計総観』の数値を使用、それ以外は各年『重要物産同業組合一覧』の数値を使用（1906年の業種別組合数は、主として商工業に属する組合数であり、かつ又連合会も含まれている）。
注：その他は原則として組合数10未満のもの（ただし、上掲業種以外で10以上のものを若干含んでいる。また上掲業種中10未満の年の数値も含まれている）。

現し、それへの対策が講じられている。一九〇九年農商務省の「内訓」(53)において、いくつかの重要な指示がされた。そのうち主なものとして、第一に職工および雇人に関して、彼らに「直接ニ組合ニ対スル義務ヲ負ハシムル」規定を設けてはならないこと、解雇された者の雇用に前雇主の承諾は不要であり、そのような承諾を義務づけることは不可であること、職工使用停止をなす時は具体的理由と期間を明示することが指示されていた。第二に組合による価格協定について、「外国貿易ニ於ケル売崩ノ弊ヲ防ク為メ」以外は協定を「設ケシメサルヲ要ス」とされた。第三に組合による口銭、手数料、賃金等の決定は、「極メテ特別ノ事情アル場合ノ外」は不可とされた。すなわち、組合が直接労働力を管理・統制することや、賃金、手数料、価格といった本来市場競争に委ねるべき事項を組合が統制することは原則的には否定している。この点は政府が同業組合に「株仲間」的規制を認めてなかったことを示している。

ところで、日清・日露戦争により日本は中国を中心とした東アジア地域を輸出市場として確保したが、主要地域別の輸出動向は表6-2のとおりである。中国への輸出価額は、日清戦前と比較して一八九〇年代末には二～三倍、日露戦後には五倍にまで急増し、輸出全体の三割台へ到達している。中国同様高い比率を占めているのがアメリカ市場であり、主力商品は生糸（日露戦後から一九四〇年まで生糸輸出総額の七～九割がアメリカ向けであり、対米輸出総額の六割以上、一九二〇年代は八割以上が生糸）であった。欧州三国への輸出は傾向的に低落しており、第一次大戦期を過ぎると一〇%を下回るようになる。中国市場への輸出は、一八九〇年恐慌時に綿糸輸出が試みられ、九〇年代後半よりそれが急増するとともに増加してゆく。一九一〇年代半ばまでは綿糸が主力商品であり日本の綿糸輸出総量の八～九割、一九二二年頃までは六割程度までが中国市場向けだった。上述の一八九〇年代における輸出急増の背景には、女工の低賃金と高いリング紡績機普及率＝高生産性に加え[54]、一八九三年インド棉花積取契約つきの日本郵船によるボンベイ航路開設（＝インド棉花運賃引き下げ[55]）、一八九四年綿糸輸出税撤廃、一八九六年棉花輸入税撤廃により、中国市場でインド綿糸に対し有利な価格競争を展開しえたことがある。

しかし綿糸輸出は一九一四年をピークとして減少しはじめる。その要因として、第一次大戦を契機として国内の綿布用需要が増大したこともあるが、この時期に日本国内の賃金水準が上昇し競争優位性が損なわれたこと、さらには中国の民族資本による紡績工場の急増や日本資本の進出形態である在華紡の急増による中国内供給量の増大、加えて一九一五年の対華二一か条要求に対する日貨排斥運動の高まりや関税引上げを挙げることができる。中国人による民族紡績工場の新増設は、一九一四～二二年に五四に上り、紡錘数は大戦前の四・四倍、二〇〇万錘を超えた[56]。在華紡は一九〇二年に三井物産により設立された上海紡績をはじめ、日本綿花、内外綿といった棉花商社の手がけたものが

表６－２　輸出相手地域別表（1873～1945年）　（単位：1,000円）

年度	総　額	中　国	%	欧州３国	%	米　国	%
1873	21,635	4,786	22	8,965	41	4,226	20
75	18,611	4,187	22	6,064	33	6,890	37
77	23,349	5,016	21	11,246	48	5,232	22
79	28,176	5,982	21	9,939	35	10,879	39
81	31,059	6,302	20	12,071	39	11,088	36
83	36,268	5,929	16	14,832	41	13,294	37
85	37,147	8,243	22	9,663	26	15,639	42
87	52,408	10,970	21	13,929	27	21,529	41
89	70,061	12,781	18	23,563	34	25,283	36
91	79,527	18,405	23	22,210	28	29,796	37
93	89,713	23,403	26	25,908	29	27,739	31
95	136,112	27,498	20	33,229	24	54,029	40
97	163,135	46,715	29	36,902	23	52,436	32
99	214,930	74,548	35	44,316	21	63,919	30
1901	252,350	84,713	34	44,010	17	72,309	29
03	289,502	94,719	33	56,009	19	82,724	29
05	321,534	118,897	37	44,626	14	94,009	29
07	432,413	130,406	30	76,232	18	131,101	30
09	413,113	110,962	27	76,568	19	131,547	32
11	447,434	135,739	30	79,081	18	142,726	32
13	632,460	218,119	34	106,232	17	184,473	29
15	708,307	190,728	27	110,787	16	204,142	29
17	1,603,005	471,282	29	300,467	19	478,537	30
19	2,098,873	656,335	31	178,362	8	828,098	39
21	1,252,838	424,100	34	70,156	6	496,284	40
23	1,447,751	395,381	27	69,457	5	605,619	42
25	2,305,590	643,715	28	130,415	6	1,006,253	44
27	1,992,317	491,984	25	129,587	7	833,804	42
29	2,148,619	532,193	25	121,125	6	914,084	43
31	1,146,981	258,047	22	77,690	7	425,330	37
33	1,861,046	434,811	23	138,997	7	492,238	26
35	2,499,073	624,835	25	188,692	8	535,515	21
37	3,175,418	840,408	26	258,754	8	639,461	20
39	3,576,353	1,777,662	50	183,010	5	641,509	18
41	2,650,865	1,675,724	63	38,498	1	278,388	11
43	1,627,350	1,301,872	80	15,202	1		0
45	388,399	372,479	96		0		0

出典：坂本雅子『財閥と帝国主義』ミネルヴァ書房、2003年、35頁より転載。
注：中国には関東州・満州国・香港を含む。ヨーロッパ３国はイギリス、フランス、ドイツ。

あったが、紡績資本の直接投資による在華紡は一九二〇年以降にみられるようになり、一九一九～二四年間で七〇万錘相当の紡績工場が設置された。日本紡績資本が中国進出を決めたのは、対華二一カ条要求（一九一五年）に対し日貨排斥運動が起こるが在華紡製品は除外されたことや、中国の対独参戦により一九一九年より関税引上げを認めざるをえなくなったこと、さらには一九二〇年反動恐慌により日本国内への設備増設が困難になったこと等による[57]。

綿糸輸出の減少の一方で、綿布輸出が急増し二〇年代末までその状態が継続している。綿布輸出は綿糸ほど中国市場に特化してないが、日露戦後より急増し一九一〇～二〇年代には綿布輸出の五、六割を中国市場が占めていた[58]。綿製品の中国向け輸出は、三井物産に負うところが大である。日露戦直後の満州への日本綿布輸出については、一九〇六年に結成された日本綿布輸出組合の役割が大きい。この組合は三井物産と大手紡織会社五社（大阪紡績、三重紡績、岡山紡績、金巾整織、天満織物）により組織されたもので、三井物産が一手販売機関として市場開拓に乗り出している。三井物産は日露戦期、軍の「御用商売」を担当しており、「三井物産社員は、各旅団に配属されて進撃する軍隊に後続し、物資の買集めや車馬、苦力の徴発、橋梁材料の買付け、通訳にいたるまであらゆる現地調弁の仕事を担った」とされている[59]。一九〇四～〇七年に大連、安東、奉天、吉林等満州の奥地を含む地域に一二支店を設置した。一九〇五年以前の満州では、粗布輸入量の九五％以上をアメリカ製品が占めており、残りを日本やイギリスの製品がわずかに進出しているのみであった。一九〇六年以降激しい値下げ競争を展開した結果、アメリカ製品は一九一〇年には以前の二割程度までに激減し、日本製品がそれを大きく凌駕している。それを可能したのは、「日露戦争中に散布された軍票を回収するという政府の意図」のもとに、三井物産が綿製品の売込みでそれを実現していったからであると指摘されている。そのために横浜正金銀行は三井物産に長期・低利の荷為替取組を認め、満鉄等も運賃に関し特別優遇措置を与えている[60]。その結果一九一一年には三井物産の綿布輸出の七割を満州支店が占める状態も生まれた。一方満州からは大豆および大豆粕・大豆油が輸出の基軸商品として増産されてゆくが、一九一〇～二〇年代三井物産の商品総取扱高中の四～八％を占め続けており、貴重な収益源であった[61]。また満鉄の貨物輸送の相当部分を大豆三品が占めており、創業から一九一〇年代にかけて満鉄の経営も、綿布と大豆の循環を担いつつ成長したといえよう。

朝鮮半島における日本綿布の進出も、同じく日露戦後に本格化しており、一九〇六年に金巾製織、大阪紡績、三重紡績の三社が三栄綿布輸出組合を結成し、三井物産が一手販売権をもって売り込んでいる。これは、大阪紡績・三重紡績の相談役であった渋沢栄一と三井物産の飯田義一が、朝鮮市場における紡績三社の綿布輸出競争による値崩れに対処するため、織機台数に比例した販売数量での販売協定を結ばせたものであるが、やがて三井物産が一手販売権を獲得して韓国各地に特約店を設け市場を確保したものであった(62)。同市場では日本による「保護国」化、「併合」が進むにつれ外国綿布がほとんど駆逐され、日本綿布が圧倒的比重を占めるようになる(63)。しかも一九〇七年以降綿糸輸入が減少しており、韓国の在来織物業が解体にむかったことを示している。

3　日露「戦後経営」の課題

日露戦争は戦費支出一八・三億円（日清戦争二億円）、動員兵力一〇九万人（同二四万人）、戦死者八・一万人（同一・三万人）、参加艦艇二九・四万トン（同七・四万トン）であり、日清戦争と対比すると格段の規模であった。そのための公債・借入金は一四・二億円（同一・二億円）に上り、内国債四・三億円に加えて外国債六・九億円相当を発行して賄っている(64)。不足する財源のために、一九〇四・〇五年第一次および第二次非常特別税一億三六〇〇万円が徴収された。地租は地価の五・五％まで引き上げられ、酒税・砂糖消費税・毛織物消費税等の間接税のほかに、営業税、相続税、所得税等の直接税が新設ないし増徴された。これにより国庫租税収入は、日清戦後一八九五～九七年の平均額八二〇〇万円に対し、日露戦後一九〇五～〇七年平均額は二・八四億円（三・五倍）、一〇～一二年平均額は三・三六億円（四倍）となっており、すさまじい増税が行われていた(65)。

日露戦後の一九〇七年には元老山県有朋の策をもとに「帝国国防方針」が策定され、仮想敵国をロシア・アメリカ・フランスの順として、陸軍二五個師団・海軍最新鋭戦艦八、装甲巡洋艦八＝「八・八艦隊」という軍拡路線が採られ、これを軸としながら鉄道国有化（一九〇六年）、製鉄所・電話事業拡張、植民地経営、治水事業、義務教育二年延長

（一九〇七年実施）、等を含む日露「戦後経営」が展開されることになる。

この時期の産業経済政策に関する重要事項については、生産調査会（一九一〇〜一二年）に対する諮問と答申・建議を通じて、官僚と政財界の間で合意形成がはかられながら農商務省を中心に展開される。この組織は農商務大臣を会長、副会長に産業のオルガナイザーであった渋沢栄一を置き、各省庁の次官・参事官・貴衆両院議員、代表的実業家等七〇余名で構成された官・政・財各界鼎立組織であり、官民協調による産業貿易振興のために「適切ナル生産ニ関スル施設経営ノ方法ヲ定ムルコト」が目的とされていた。諮問事項としては、最大の輸出産業であった蚕糸業の発達・改良に関する件や、外国貿易助長方法、不正競争取締り、工場法案、重要物産同業組合法改正等が提起された。国による原蚕種の改良・統一推進、貿易金融の促進、重要物産同業組合の検査員任免や組合役員の懲罰等への行政官庁の監督と統制強化等が答申されている。これらは、国際収支の改善・輸出増進のため重要物産の品質改善と輸出奨励が一大懸案となっており、後日の帝国議会で立法化される。また工場法案については農商工高等会議から継続して検討され、再び諮問案の修正ののち可決しているが、農商務省による『職工事情』（一九〇三年）に詳述された本格的実情調査、工場法案要領の商業会議所への回付を経て、深夜業禁止の一五年間猶予、施行時期の五年先送り等の譲歩を重ねて、一九一一年にやっと成立したのである。

また、財政負担の増大に対しそれを支えうる体制構築のために、内務省が中心となって地方改良運動が展開される。模範村・優良村の選奨、戊申詔書の発布（一九〇八年）、報徳思想による自治振興等を通じて、担税力のある地方自治体制の構築と民衆の国家的統合を目指したのである。

第3節　両大戦間期における輸出振興政策

1　「工場」の普及と第一次大戦期の輸出急増

表6-3は一九〇九年から一九二九年にかけての工場生産価額の推移を示したものである。それによると生産価額総計は、一九〇九年→一九一四年が一・七倍、一九一四年→一九一九年が五・〇倍、一九一九年→一九二四年が〇・九倍、一九二四年→一九二九年が一・二倍となっており、やはり第一次大戦期の生産上昇がいかに顕著だったかを示している。そのうち金属、機械器具の一九一四年→一九一九年の上昇は実に六・九倍であり、国際的船舶不足に起因した造船・鉄鋼の急成長により重工業がこの時期に大成長を遂げたことを理解しうる。しかし量的には紡織工業生産価額が相変わらず五〇%前後を占めており、第I部門の脆弱性は否定しがたい。さらに紡織工業のうち紡績、製糸、織物を対比した場合、織物業の発展が著しいことがわかる。織物業をさらに分類して絹・綿・絹綿交織物の生産価額の推移をみると、一九〇九年には綿織物が絹織物を凌駕し、一九一二年には絹織物と絹綿交織物合計をも超えて伸びている。織物業の全体的な生産上昇に加えて、綿織物業の発展がことに顕著であり、やがてこれが輸出の牽引力となる。

このような成長の背景には「工場」数および職工数の激増がある。各年『工場統計表』における工場総数は、一九一四～一九年の時期（三万一七一七→四万三九四九）と一九二四～二九年の時期（四万八三九四→五万九八八七）に一万以上の増大を示しており、二段階で増大している。染織工場数も同時期に増加してはいるが、増加率は相対的に低く、重化学工業関係の工場数の増加がこの時期（特に一九二〇年代後半）に著しかったと推断しうる。染織関係の

表6-3　産業別工場生産価額の推移　（単位：1,000円）

産　業	1909年	%	1914年	%	1919年	%	1924年	%	1929年	%
金属機械器具	73,993	9.3	177,770	13.0	1,229,456	18.0	826,054	12.9	1,371,667	18.5
化　学	84,468	10.6	170,532	12.4	722,511	10.6	724,176	11.3	1,026,835	13.8
ガス・電気	記載なし		25,252	1.8	66,649	1.0	106,620	1.7	記載なし	
紡　織	393,623	49.6	625,526	45.6	3,354,266	49.1	2,930,330	45.9	3,043,219	41.0
紡　績	130,659	16.5	213,515	15.6	865,326	12.7	787,450	12.3	872,068	11.8
製　糸	111,561	14.0	166,335	12.1	845,403	12.4	801,261	12.5	843,227	11.4
織　物	133,091	16.8	212,155	15.5	1,375,534	20.1	1,143,518	17.9	1,125,394	15.2
総　計	794,172	100.0	1,370,730	100.0	6,832,032	100.0	6,387,226	100.0	7,415,192	100.0

出典：産業別分類および各年の数値は塩澤他編『日本資本主義再生産構造統計』（岩波書店、1973年）に従った。ただし、Ⅰ、Ⅱ部門別に集計してあるものは合計数値とした。各年『工場統計表』の数値を使用。よって、職工数5人以上使用工場の数値（以下同じ）。
注：1909、29年ガス・電気の生産価額が不明のため、両年の統計はそれを除いた合計である。

工場では、一九一四〜一九年には織物工場数の増加（六七六九→一万一六五）が量的には顕著である。寡占化が進んでいた紡績業では、出発点より大規模少数工場による生産であったが、同時期には三倍近い工場数の増加（一三三→三七〇）がみられる。製糸業はそれほど工場数は伸びていない（三四〇〇→三五一一）が、比較的大規模な工場が増加したので生産価額の著増をもたらしている(66)。職工数については、一九一四〜一九年の時期には、一・六倍（九四・八万人→一五二・〇万人）になっており、生産の拡大と一致している。また染織職工数は、実数では増加しながら（五六・八万人→八三・九万人）比率では低下（五九・九％→五五・二％）しており、他産業での職工数の増加が著しかったことがわかる。なお規模別の工場数では職工数三〇人未満の小規模工場が一貫して八割台を占めている一方で、〇・三〜〇・五％足らずの一〇〇〇人以上工場の職工数が一六万人（一九一四年・全体の一七％）から四九万人（一九二四年・全体の二七・五％）へと激増しており、二極化が進行している。

このような動向に原動機普及状況を重ねてみると（表6-4）、電動機の普及により原動機使用工場数が大正初期（一九一四年）に約半数となり、二〇年代後半に七、八割に達している。大規模少数工場に担われた紡績業の場合、明治末期（一九〇九年）にすでに九割が原動機使用工場になっているのに対し、中小零細工場が多かった織物業では、第一次大戦期によう

表6-4　種類別原動機普及状況および原動機使用工場数の推移

年	A 全産業					B 紡績	C 製糸	D 織物
	水力	汽力	電力	a	a/A%	b/B%	c/C%	d/D%
1894	1,940	2,080		2,409	40.2	49.5		
1899	914	2,912	72	2,305	34.4	71.4	58.1	3.3
1904	1,400	4,008	289	4,000	43.3	83.2	84.0	10.5
1909	2,591	6,297	4,759	9,155	28.4	93.7	67.4	14
				6,723				
1914	2,792	7,011	17,210	14,578	46.0	96.2	76.6	37.5
				10,334				
1919	3,453	8,715	50,586	26,947	61.3	96.5	84.2	53.5
				17,653				
1924	2,973	8,781	93,145	37,141	76.7	99.3	92.1	81.2
1929	2,864	7,377	163,730	48,822	81.5	98.1	93.3	88.9

出典：1894～1904年および1909～19年の下段は『農商務統計表』の数値、1909～29年は『工場統計表』の数値である。したがって、対象が職工10人以上使用工場から5人以上使用工場へ変わっている。
注：A～Dは業種別全工場数、a～dは業種別原動機使用工場数。水力・汽力・電力欄の数値は原動機台数。汽力には蒸気タービンが、水力にはペルトン水車・日本型水車が含まれている。『農商務統計表』において異種原動機併用の場合、その工場数だけ当該原動機台数に加算。

やく過半数となり、二〇年代中期以降八割台を超えている。先の二極化は、織物業にみられるような小規模工場への電動機の普及により、一定の生産力水準を確保しえた結果といえよう。

　このような生産形態の変貌により、第一次大戦が始まると、図6-2にみられるように貿易は急激な勢いで増大し、輸出入価額合計は一九二〇年には一九一四年の三・六倍に達した。いうまでもなく、ヨーロッパ先進諸国からの輸出が激減したことと、アメリカ合衆国が顕著な経済的発展を続けたためである。比率で見た場合、品目別では織物、汽船の伸びが著しいほか[67]、量的には相変わらず生糸がトップであった（表6-5）。織物の推移を見ると、一九一〇年代後半以降の増加が顕著であり、とりわけ綿織物は、一九一五年から一九一八年にかけて六倍以上に急増しているのみならず、輸出額の対生産額比で三割を突破し、一九二五年には五割を超えている。対輸出価額比でも一九二〇年代後半には二割近い比率を占め、生糸に次ぐ輸出商品となっている。この点については、かつて海野福寿氏が解明されたように、産地織物業における広幅物生産＝輸出向け綿織物生産の急増がその背景にあり、

図６－２　貨物輸出入総価額の推移

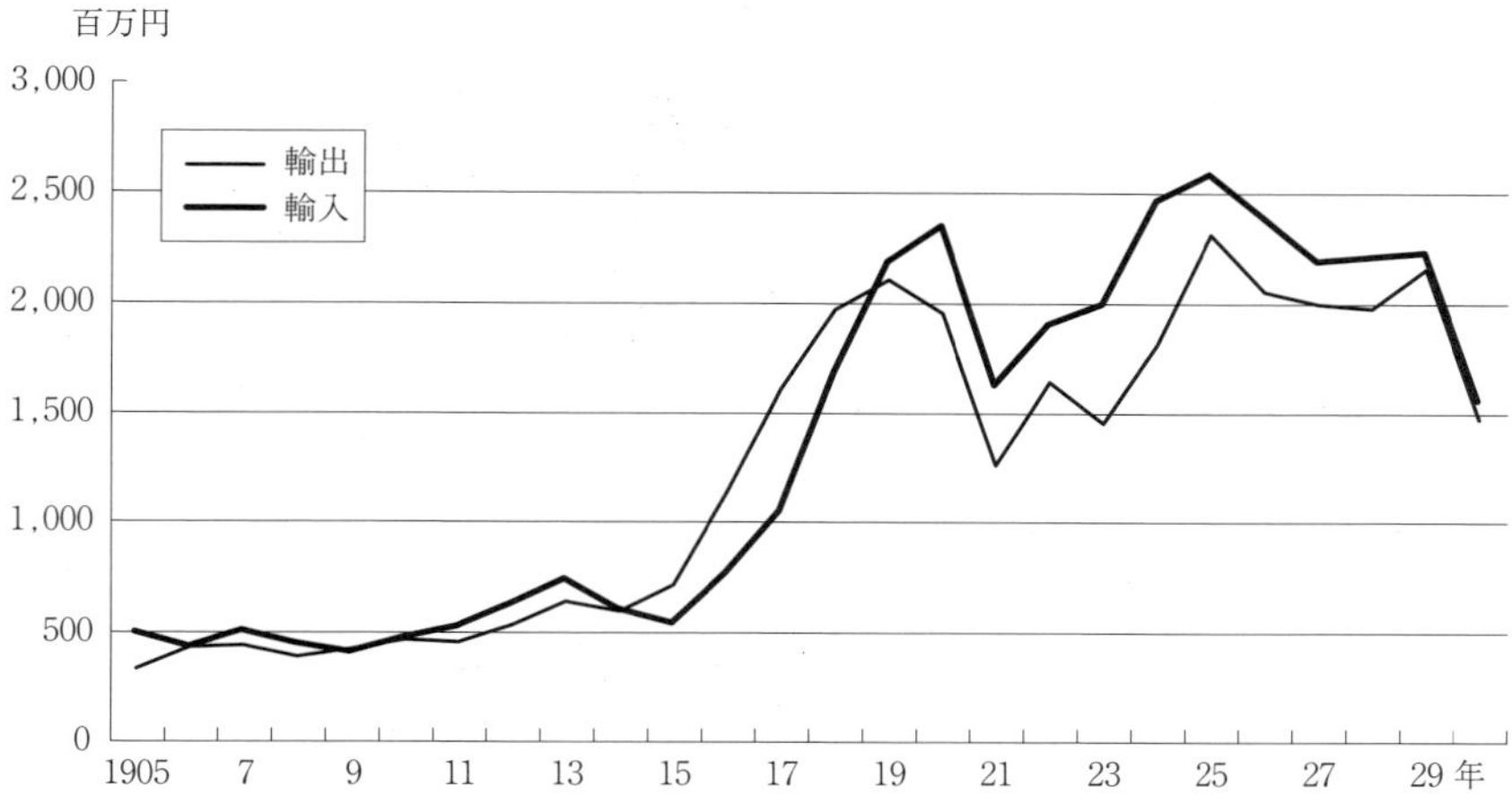

出典：『日本貿易精覧』の数値を使用。

表６－５　主要繊維製品の対生産価額および対輸出総価額比率の推移（単位：1,000円）

年	生糸			綿糸			織物			うち絹織物(含絹綿交織物)			うち綿織物		
	a	b	c	a	b	c	a	b	c	a	b	c	a	b	c
1900	44,657	49.8	21.8	20,589	30.9	10.1	31,362	17.6	15.3	18,604	17.3	9.1	5,724	9.3	2.8
03	74,429	69.4	25.7	31,419	37.7	10.9	42,065	30.4	14.5	29,166	36.6	10.1	6,875	13.4	2.4
06	110,443	80.7	26.1	35,304	27.8	8.3	63,365	28.5	15.0	35,679	31.3	8.4	15,619	18.1	3.7
09	123,760	86.1	30.0	31,657	24.8	7.7	57,184	22.0	13.8	28,924	23.2	7.0	16,673	15.2	4.3
12	149,853	80.9	28.4	53,681	25.0	10.2	71,216	21.1	13.5	30,101	20.4	5.7	25,766	16.9	4.9
15	151,774	71.8	21.4	66,211	30.9	9.3	113,926	30.0	16.1	43,219	29.0	6.1	38,511	21.1	5.4
18	369,036	70.1	18.8	158,300	19.5	8.1	408,650	34.4	20.8	117,533	26.2	6.0	237,913	38.1	12.1
21	416,893	70.0	33.3	80,568	16.6	6.4	316,452	21.5	25.3	89,936	14.6	7.2	204,673	30.8	16.3
24	683,287	81.6	37.8	109,610	14.7	6.1	480,825	31.4	26.6	125,840	24.3	7.0	326,587	43.8	18.1
27	741,228	92.8	37.2	38,794	4.6	1.9	555,819	38.2	27.9	139,615	29.7	7.0	383,837	52.9	19.3

出典：輸出価額は『日本貿易精覧』の数値（織物輸出価額は布帛及同製品の類計値）を、生産価額は『日本経済統計総観』および『農商務統計表』、『商工省統計表』（後２者は綿糸生産数量の算出）の数値を使用。
注：a は輸出価額、b は対生産価額比＝%、c は対貨物輸出総価額比＝%。

生産形態の変容と深く関わっている[68]。

日露戦後から第一次大戦期におけるこのような工場制機械工業の発達と生産力の上昇に裏付けられた経済発展は、独占的企業やその統合体を生み出した。イギリスからの武器移転等に支えられた陸海軍工廠および官営八幡製鉄所の成長に加えて、一九〇六年の鉄道国有化により国家資本はそれぞれの領域で独占的地位を築く[69]一方、民間企業中にも財閥と呼ばれる独占体の成立と紡績部門における独占資本が成立してくる。財閥とは、富豪の家族・同族の封鎖的な所有・支配下に成り立つ独占的地位を持った多角的・産業横断的事業統合体であり、同族を構成員とする持株会社を頂点として、その支配下で多角的経営を行っていた独占体である。明治政府による特権的保護や官業払い下げを基盤に経営的発展を遂げ、鉱工業・金融・商業・貿易など戦前日本資本主義における主要部門において絶大な支配力を持つにいたった。独特のコンツェルン形態は、日露戦後から第一次世界大戦期にかけて成立している。例えば三井の場合、一九〇九年に三井合名会社を持株会社として、同年に三井物産、三井銀行、一一年に三井鉱山を株式会社に改組しており、三菱の場合は、一八九三年に改組した三菱合資会社から一九一七年に三菱造船、三菱製鉄、三菱製紙、一八年に三菱商事、三菱鉱業、一九年に三菱銀行、二一年に三菱電機が株式会社として独立して、合資会社を持株会社とする重層構造を形成している。同様な組織編成は住友や浅野、安田、古河などにもみられる。また紡績部門では、巨大紡績企業が大日本紡績連合会に結集して不況期には操業短縮（カルテル活動）を通じて独占利潤を確保するにいたった。一九一八年には東洋紡、大日本紡績、鐘淵紡績の三大紡が、綿糸生産の五一％、兼営織布生産の六六％を占めるにいたった(70)。これらの企業は、製糸業や人絹工業領域、さらには在華紡も経営する大規模経営体に成長している。

2　経済政策審議機関の設置と輸出振興政策の展開

第一次大戦のさなか一九一六年に設置された経済調査会（〜一九一七年）は、「内閣総理大臣ノ監督ニ属シ欧州戦争ニ伴ヒ施設スヘキ経済上必要ナル事項ヲ調査審議」する機関であった(71)。政・官・財各界の有力者を構成員とし、会長を総理大臣、副会長を大蔵・農商務大臣として、関係大臣の諮詢に答申あるいは建議できるという経済政策決定に強い影響を及ぼしうる場であった。これ以降、臨時国民経済調査会（一九一八〜一九年）、臨時産業調査会（一九二〇年)、帝国経済会議(一九二四年)、商工審議会(一九二七〜三〇年)、経済審議会(一九二八〜三〇年)と、その時々の経済的重要案件をとり上げた同様の諮問・答申・建議をなしうる審議機関が設置されてゆく。これらは農商工高等会議や生産調査会とは異なり、官僚から一方的に示された諮問事項を審議するのではなく、幹事(官僚)や委員から提起された事項を審議・決議する形態をとっており、実業家の意向が反映されやすいスタイルとなっている。同時期には日本工業倶楽部や日本経済連盟会が設立されており(第4章参照)、そこに結集した財閥や独占的企業の資本家・経営者たちの多くが、これらの審議機関の委員となっていた。そこで官僚と独占資本間の意見調整が行われそれに基づいた経済政策が遂行されるようになったのである。

産業振興・貿易振興、金融や関税問題などがしばしばこれらの審議・決議となっていたが、輸出振興は一貫して検討された重要事項であり、重要物産同業組合を軸にこの問題を検討しよう。

第一次大戦期以降、重要物産同業組合の機能に重要な変更が加えられるのは、一九一六年の重要物産同業組合法改正と一九二五年の輸出組合法、重要輸出品工業組合法の制定によってである。それ以前の重要物産同業組合は、産地あるいは取引地域を単位として、強制加入・協同一致を建前とした商工一体型組織であり、弊害矯正を営業品検査と組合の証票貼付により実現して、商品の対外的信用と円滑な流通を確保する機関であった。これにより、手工業的技術水準を脱してない在来産業や小規模経営が自らの生産物の品質・規格および量的確保を実現し、輸出産業の一翼を担うことが期待されていた。

日露戦後、日本経済は一九〇七年恐慌に巻き込まれ、停滞を余儀なくされるが、朝鮮、満州市場等の確保を基礎に徐々に輸出を伸ばしはじめる。しかし前述のように、一九一〇年代初頭には、組合内部の統制力が欠如し、組合の検査体制に問題があるためにわが国の物産の評価を下げているとして、生産調査会において重要物産同業組合法改正が答申されていた[72]。同趣旨のことは、第一次世界大戦という「天佑」を契機に空前の経済発展を開始していた一九一六年の第二二回商業会議所連合会の政府むけ建議でも指摘されており、結局同年法律第一五号により、重要物産同業組合法は改正された。まず検査を行う同業組合に検査員配備を義務づけ、「検査員ノ選任及解任ハ農商務大臣ノ認可ヲ受クヘシ」、「……検査員ノ服務ニ関スル規程ヲ定メ農商務大臣ノ認可ヲ受クヘシ」、「農商務大臣ハ……必要ト認ムルトキハ其ノ役員又ハ検査員ノ選任又ハ解任ヲ為スコトヲ得」（第一〇条二～四項）という項を加えた。織物、雑貨など五四品目の「重要輸出品」(73)を扱う同業組合の場合は特に農商務大臣の権限が強められた。さらに、罰則内容が重くなり、検査員の不正行為には懲役刑が適用される（第二〇条）など、全体的に同業組合の統制機能が強化された。

この時期における同業組合の検査機能の強化は、各輸出品の取締規則制定と密接な関連を有している。一九〇五年花筵検査規則（勅令第一六一号）制定以降、輸出羽二重（一九〇五年農商務省令第五号）、輸出真田（一九一五年同省令第九号）、輸出石鹸（一九一五年同省令第一〇号）等の取締規則が制定されたが、実際の検査は国営ないし県営検査所が行う傾向にあった。ところが、前述の重要物産同業組合法改正を転機として、再び同業組合による検査も重視されるようになった。経済調査会での検査強化答申に添いつつ一九一七年には輸出向け燐寸、硝子、琺瑯鉄器、莫大小の取締規則が、翌年にはセルロイド製品、鉛筆および鉛筆芯、翌々年には綿織物等の取締規則が制定された。その際当該規則の第一条には「同業組合若ハ同業組合連合会又ハ道府県ノ検査ニ合格シタルモノニ非サレハ、営利ノ目的ヲ以テ之ヲ輸出シ又ハ朝鮮若ハ台湾へ移出スルコトヲ得ス」(74)に類する条文が掲げられたのである。ともあれ、従来の同業組合による製品検査が組合ごとの基準による自主検査であり、不合格品の流通を必ずしも禁じるものではなかったが、今回の場合、一九一五年以降農商務省が種類別に定めた輸出取締規則と検査基準に従って、農商務大臣が認可した検査員による検査が行われることになり、検査体制が格段に強化されたといえよう(75)。

第一次大戦期の海外市場の拡大は産地織物業にも飛躍の機会となった。この時期に手織機から力織機へ、小幅から広幅への転換が急速に進むが、多くの産地で輸出向け広幅織物生産が急激に進展する。ところが粗悪品が後を絶たず海外からの非難もあり、政府は一九一九年二月に輸出向け生産を行っている同業組合関係者を集め輸出品検査を行わせることとした。その結果三六の同業組合による検査機関として日本輸出綿織物同業組合連合会（綿同連）が結成され、同年に制定された輸出綿織物取締規則と検査標準、検査規定に基づき一一月より全国いっせいに検査を開始している(76)。

3　同業者組織化政策の転換

第一次大戦が終わり、ヨーロッパ諸国に復興の兆しが見えてきた頃、一九二〇年恐慌の到来となる。それゆえ、一方では日露戦後に続く「第二のカルテル多発時代(77)」と指摘されるほど、重化学工業分野を中心にカルテルの成立を見る。他方一九二〇年代初頭における同業組合政策は、それ以前と大差ない。例えば、一九二一年農商務次官通牒では、「近時同業組合中私カニ販売価格ヲ協定シテ不自然ニ物価ノ低落ヲ阻止シ、不当ノ利益ヲ貪リツツアリトノ批評モ有之候哉ニ聞及候ニ就テハ……厳重ニ之カ取締ヲ励行相成様御配慮相成度……」とされている(78)。それゆえ、政策的には同業組合一般に対して価格協定をなさしめる方向にはなかったことを確認しうる。

ところが、この不況に加えて関東大震災（一九二三年）が発生し、経済危機はいっそう強まる。国際収支は一挙に五億円を上回る入超となった。一九二四年開催の帝国経済会議では「不正競争防止ノ為メ制裁アル組合法ノ制定」が提案されていた。これらを背景として、輸出組合法案と重要輸出品工業組合法案が帝国議会に提出された。農商務大臣高橋是清はその提案理由を、「輸出貿易ノ振興ヲ図ルコトガ最モ急務」だが「中小輸出業者ハ多数群立シテ」、「互ニ無益ナル競争」により「信用ト声価トヲ失墜シテ」いる、これらが「輸出貿易ノ伸展ヲ妨グル最モ顕著ナル欠陥」だから、輸出組合を結成して、「輸出業者ノ間ニ秩序ト統制トヲ与ヘマシテ、共存共栄ノ精神ヲ陶冶スル」と述べている。また、重要輸出品工業組合法案については、「段々ト工業ハ近時大工業ノ生産組織ニ移リ変リツツアル」が、他方には「群小ノ小企業ガ雑然トシテ分立」し「徒ニ不必要ナル眼前ノ競争ヲ事トシ」粗製濫造のため「沈衰」も甚だしい。そこで、輸出貿易の刷新、振興のためには生産にまで遡って輸出工業改善を図らねばならない。組合制度を樹立し「製品ノ検査ヲ厳重ニ行ハシメ、各種ノ共同ノ施設ヲ施サシテ、組合員ノ事業経営ニ組織ト統制トヲ与ヘ」、「輸出工業ノ基礎ヲ確立」したいとしている。なお、両法案は、前者が輸出業者を、後者が輸出品製造業者を対象としたもので、「姉妹法」として提出された(79)。

かくして一九二五年三月に輸出組合法（法律第二七号）、重要輸出品工業組合法（法律第二八号）が公布される。二法の要点は次のごとくであった。まず第一に、輸出組合法は、輸出業者＝商業者を重要輸出品の種類ごとまたは市場ごとに結集させ、輸出振興のため「共同ノ施設ヲ為ス」（第一条）ことを目的としていた。一方重要輸出品工業組合法は、輸出品製造業者が「其ノ工業ノ改良発達ヲ図ル為共同ノ施設ヲ為ス」（第一条）ことを目的としていた。この点は、従来同業組合が商工一体となって「営業上ノ弊害」を矯正すること（結局は製品検査に収斂される）を目的としていたのに対し、商・工が分離された上で、営利事業としての共同事業にまで目的が拡大されており、顕著な相違点といえる。第二に、同業組合が強制加入を原則としていたのに対し、この二法は任意加盟制とされている。ただしアウトサイダー規制項目があり、組合の「取締又ハ制限」が全同業者に及ぼされうるとしている（重要輸出品工業組合法第八条、輸出組合法第九条が該当）。第三に、同業組合が組合経費を組合員の平等割り、営業税割り等に依存し、議決権も同業組合員一般に平等であったが、二法では経費を組合員からの分賦金、出資金（第六・七条）に依存し、議決権も、限定つきではあるが、出資額に応じて複数の議決権を有しうるとされていた（第二一条）。第四に、輸出組合法では、商品の取扱量や価格まで含めた「取締」や「制限」をなしうるとされた（第三条）。そして輸出との関連で、海外市場の調査、新販路開拓のための「施設」を事業に加えている。重要輸出品工業組合法でもほぼ同様に、「必要ナル取締又ハ事業経営ニ対スル制限」、「組合員ノ営業ニ関スル指導研究、調査其ノ他組合ノ目的ヲ達スルニ必要ナル施設」、組合員からの委託による供給・加工・販売事業をなしうるとされている（以上引用は第三条より）。すなわち、一方で生産の取締り・制限、他方では市場調査・製品研究設備の運用と、必要物資の購入、製品販売事業をも行いうると規定されているのである。要するに、従来の同業組合との対比では、同業組合が製品検査を基本的機能とする「消極的」事業体であったのに対し、共同事業のみならず組合員の事業に対する取締り・制限等の「積極的」(80)事業を含んでいたのである。なお、同業組合には見られなかった金融事業については、輸出組合への、低利・長期の為替取組みの提供、重要輸出品工業組合への勧銀、農工銀、興銀からの「無担保貸付ノ途」の検討が約されていた(81)。

以上の検討より重要輸出品工業組合法の特徴を整理すると、まず生産に関しては生産量制限が可能とされ、まさしく統制機関としての実態を備えたといえる。また、営利事業としての共同事業を明確に位置づけたことは、中小工業の存続を確保する政策の具体化といえる。検査機能という点では同業組合と同様であるが、重要輸出品工業組合法公布後、商工省令第八号により主要輸出品の検査機関は工業組合へ交替しており、同業組合の検査機関としての役割は後退している。また、生産統制同様に価格統制も認められ、中小工業産品に対するカルテル的機関結成をも推進することになったのである。また、市場対応策についても、品評会、雑誌広告、市場調査等を積極的に推進するという点では同業組合と同様である。金融面では、一九二五年段階では具体的規定にはいたってないが、一九三一年の工業組合法への改正において、「営業ニ必要ナル資金ノ貸付」、「貯金ノ受入」（第三条）が明文化されており、中小企業金融政策に位置づけられる一階梯といえよう。行政権の介入に関しては、生産等制や価格統制が組合の機能とされて一段と強まったといえる。

ところで、重要輸出品工業組合法は、組合員が「其ノ営業ニ関スル重要物産同業組合法ニ依ル同業組合ニ加入セス又ハ之ヨリ脱退スルコトヲ得」（第九条）と規定しており、法制上工業組合は、加入強制→「協同一致」体制→利益の増進という同業組合方式の埒外に置かれ、かくて同業組合による製造業領域の組織化政策は、中小工業の実体が顕在化しているこの段階では、もはや「陳腐」(82)なものでしかなかった。第一次大戦後再び入超に転じた貿易構造に対処する輸出産業育成・輸出振興政策としては、商人主導で流通過程から組織化し粗製濫造を防ぐのではなく、生産力基盤の転換を基礎に中小工業としての成長を開始した生産者の主導で、みずからの「組織ト統制」、「共同ノ施設」を実現することに力点が移動してきたといえよう。すなわち中小の生産者単独の組織化＝工業組合設立を推進し、製品検査のみならず共同経済事業や金融事業を可能とすることにより、生産過程に足場をおいた輸出振興を重視するようになったのである。

おわりに

本章では戦前日本の貿易構造の特徴を検討したのち、産業資本確立以降アメリカ向け生糸輸出とともに日本の産業構造と輸出を特徴づけるアジア市場向けの綿製品輸出を取り上げ、在来産業における流通の組織化と輸出振興を関連づけて検討してきた。

アジア市場、とりわけ巨大な中国市場はイギリスを先頭とする欧米列強諸国にとって熾烈な争奪対象であり、日清戦争を契機にその争奪戦に加わってゆく日本にとっても、政治的・軍事的バランスの考慮抜きでは市場確保は不可能であり、二〇世紀初頭の日英同盟締結は日本の朝鮮半島および中国市場進出・確保のための重要な拠り所となった。アジア市場への日本の綿製品の輸出状況をみると、まず日本の大規模紡績資本は日清・日露「戦後経営」を通じて中国東北部、朝鮮半島を中心とした東アジア地域で、英米からの輸出商品や民族資本による既存の在来商品と競争しながら市場確保を試みている。第一次大戦以降さらに在華紡の展開と相まって中国市場へ日本綿布が浸透してゆくが、民族資本の成長や日貨排斥運動等により二〇年代以降伸び悩みをみせる。いっぽうイギリス綿製品は、一九二〇年代後半、日本・中国・インドの民族資本との競争により、アジア市場からの後退を余儀なくされている。織布を兼営する日本の紡績資本は、二〇年代のアメリカ棉花の価格低落や労務管理の厳格化によるコスト削減、自動織機導入による生産力向上を基礎に、綿布価格を引き下げて競争力を高めた。同時に、低賃金を土台とした日本国内の産地綿織物業も輸出を急伸させ、輸出市場を二分していった。その結果、二〇年代から三〇年代にかけて日本綿布は中国、アジア市場へと販路を拡大し輸出量を急増させていった。ことにインド市場に対しては、中国市場での後退とは裏腹に、イギリス製品を凌駕して輸出を急増させ、一九三三年には日本の綿布輸出量はイギリスを抜いて世界第一位となった[83]。原料棉花も、製品高級化に伴いインド棉花の輸入が停滞しアメリカ棉への依存が強まった（二七年米棉の印棉輸入凌駕）。これらのことは、第一次大戦前にみられたイギリス中心の「多角決済機構」（イギリス→合衆国→アジア→イギリスという貿易決済の支払連鎖）再建を阻害した[84]。しかし、三〇年代には帝国特恵関税制度（第5章参照）等によりインド市場への輸出も抑制されるようになり、三六年にはついに日本の対外綿布輸出が減少に転じ、円ブロック以外への販路確保は困難となってゆく。

いっぽう明治前期には殖産興業政策の一環に在来産業育成が位置づけられ、間接的勧業の手段として同業組合設置が奨励された。日清・日露「戦後経営」においては在来産業を輸出産業として資本主義的再生産構造に組み込む上で、重要物産同業組合に重要な役割が与えられた。第一次大戦期には、粗製濫造を防止し輸出振興を図るために重要物産同業組合による検査体制が強化された。しかし、一九二〇年代には工場制機械工業の発展による中小工業の成長を背景に、在来産業の振興も従来の重要物産同業組合奨励方式から転換を余儀なくされる。織物業の場合、一九二〇年代にはすべての工場で電動機が使用されていたとみなしうるほどに普及し、その結果、紡績兼営織布を営む大資本への資本の集積・集中の対極に、経営的自立性を高めた原動機（＝電動機）使用の小規模・零細工場が定着してくる。それと同時に、手織機台数が急減し、問屋商人に主導権を与える農家副業的家内工業や賃織業の衰退が進行した。したがって、独占的大工業と中小工業が併存する典型的な産業の二重構造が形づくられたのである。このような生産力基盤の転換を背景に、在来産業の組織化政策・輸出振興政策は商工一体型の同業組合方式から商・工を分離した組織化、すなわち輸出組合と重要輸出品工業組合による組織化へと転換される。これらの組合はまた、従来産業組合に認められていた共同経済事業の経営が可能であり、従来の同業組合による組織化の不備（営利事業の禁止）を解決し、実体化してきた中小工業、中小企業に対応した組織化政策でもあった。

最後に、準戦時、戦時下の中小商工業を対象とした同業者組織化政策の主な推移を展望しておく。重要輸出品工業組合は共同経済事業が可能であるとともに検査機能、生産統制機能（設備・量・分野において）、販売統制機能（価格・取引先指定・販路協定・共同販売の強制）を備え、組合員外同業者に対する統制（アウトサイダー規制）も可能であった。当初、中小工業を担い手としながら輸出価額が大きい「重要輸出品」に限定されており、組合数はさほど増えなかった。いっぽう輸出組合も織物、陶磁器といった工業組合と同様の「重要輸出品」領域に時計や化粧品、洋傘、百合根等を加えた領域で設立可能であったが、それほど組織化されなかった(85)。一九三一年の法改正により重要輸出品工業組合は「重要工産品」へと対象を拡大し、名称も工業組合に改称した。事業として資金貸付、貯金業務等の金融事業が加わり徐々に組合数は増加した。日中戦争の本格化により戦時体制へと突入した一九三七年には、設立領域は工産品一般に拡大され、中小工業全領域が対象となった。しかも統制のみを行う無出資組合の設立も可能とされ、いよいよ「自治的配給組織」の役割を負わされるようになった。翌一九三八年には物資動員計画が作成され、さらに国家総動員法が公布されて、物資配給機関に指定され大規模製造企業も組合に加えられた。そのため一九三九年工業組合法改正により、従来の中小工業者は小組合に編成され、相互扶助的協同組合的側面は失われていった。

輸出組合は、輸出入の自治的統制の推進を目指して一九三七年公布された貿易組合法に準拠した組合として再定義された。本法は戦時体制下で新たに輸入組合を結成させ、輸出・入両面において重要物資の確保と国際収支のバランスを図ろうとしたものであった。しかし日中戦争の本格化によりさらなる統制強化が必要となり、同年には輸出入品等臨時措置法、臨時資金調整法、軍需工業動員法適用法の戦時統制三法が制定される。三九年には最大の貿易相手国であった米国から通商航海条約破棄通告を受け、翌一九四〇年には日独伊三国同盟締結を契機に対日輸入制限が、一九四一年には対日資産凍結が行われるようになり、輸出入は一九四〇年をピークとして急減し、一九四二年以降の輸入はほとんど満州・関東州・中国に限定されてゆく。(86)このように戦時下では、各組合は本来の目的であった産業振興・輸出振興から経済統制の下請機関とされた。

(1)　岡田与好『経済的自由主義』東京大学出版会、一九八七年、一三頁、白戸伸一「独占禁止法の基本理念と系列問題に関する検討」浦和短期大学『浦和論叢』一五号、一九九五年、参照。
(2)　岡田、前掲書、七一、七七頁。
(3)　大石嘉一郎「自由民権運動の「基本的人権」論とその基盤」『基本的人権2　歴史I』東京大学出版会、一九六八年、石井寛治『日本経済史　第2版』東京大学出版会、一九九一年、一二一頁参照。
(4)　宮本又次『日本ギルドの解放――明治維新と株仲間――』有斐閣、一九五七年、正田健一郎「明治前期の地方産業をめぐる政府と民間」高橋幸八郎編『日本近代化の研究　上』東京大学出版会、一九七二年、および前掲の諸研究等参照。
(5)　明治財政史編纂会編『明治財政史　第一二巻』一九二七年、三二七～三二八頁。ただし、傍点部分は誤植と思われるので「不」を「可」とした。
(6)　「株仲間」の本来の機能＝性格規定は、宮本、前掲書、同『株仲間の研究』有斐閣、一九三八年、四三一頁、永田正臣「明治政府の勧商政策と商法会議所」『経営論集』第四号、一九六三年、由井常彦「わが国における近代他的同業組合の形成――中小企業組合史の序章として――」『経営論集』第九輯、一九五八年、等参照。
(7)　『明治大正大阪市史』日本評論社、一九三四年、六巻、二九一～二九二頁。

(8) 宮本、前掲『日本ギルドの解放』三七～三八頁。
(9) 前掲『明治財政史　第一二巻』三二七頁。
(10) 安藤良雄編『日本経済政策史論　上』東京大学出版会、一九七三年、九頁参照。
(11) 中村尚美『大隈財政の研究』校倉書房、一九六八年、二〇頁。
(12) 間宮国夫「商法司の組織と機能」『社会経済史学』二九－二号、参照。
(13) 前掲『明治財政史　第一二巻』二八五、二八六頁、大石嘉一郎・宮本憲一編『日本資本主義発達史の基礎知識』有斐閣、一九七五年、三九頁参照。
(14) 永田、前掲論文参照。
(15) 菅野和太郎『日本会社企業発生史の研究』経済評論社、一九六六年、一七六頁、大石前掲論文一一八頁参照。
(16) 石井、前掲書、一三六頁参照。
(17) 高村直助『会社の誕生』吉川弘文館、一九九六年、四一頁。
(18) 『大久保利通文書　第六』日本史籍協会、一九二八年、四六一～四八二頁。
(19) 富澤一弘『生糸直輸出奨励法の研究』日本経済評論社、二〇〇二年、一一一頁。
(20) 石井寛治『近代日本金融史序説』東京大学出版会、一九九九年、二四一頁。
(21) 海野福寿『明治の貿易』塙書房、一九六七年。以下断りのないかぎり荷預所事件に関する引用は本書による。
(22) 同前、二六七～二七二頁。
(23) 同前、二七四頁。
(24) 石井寛治『日本蚕糸業史分析』東京大学出版会、一九七二年、一六三頁。
(25) 海野、前掲書、七七頁、大久保利謙編『近代史史料』吉川弘文館、一九六五年、一二五頁、石井寛治『近代日本金融史序説』二三七頁参照。
(26) 石井寛治『日本流通史』有斐閣、二〇〇三年、一〇四～一〇八、一二一～一二四頁参照。
(27) 『明治前期産業発達史資料』第8集(4)「蚕糸集談会記事」明治文献資料刊行会五三、一九六五年、六二～七一頁。
(28) 同前、六七～七一頁。

(29) 農林省農務局編『明治前期勧農事蹟輯録』一九三九年、四五五～四六〇頁。
(30) 同前、四五五～四六〇頁。
(31)「同業組合準則心得書農商務省ヨリ内訓」埼玉県行政文書「明一五二九‐二五」。
(32) 大久保、前掲編書、二六七頁。
(33) 海野福寿『日本の歴史⑱　日清・日露戦争』集英社、一九九二年、七一頁、一八九四年七月一九日付陸奥外相宛青木周蔵公使書簡（大久保編『日本近代史史料』二六二頁）参照。
(34) 山室信一『日露戦争の世紀』岩波書店、二〇〇五年、九八頁。
(35) 海野福寿『韓国併合史の研究』岩波書店、二〇〇〇年、九六頁。
(36) 木畑洋一・イアン・ニッシュ・細谷千博・田中孝彦編『日英交流史1』東京大学出版会、二〇〇〇年、二三〇～二四三頁。
(37) 大石・宮本、前掲編書、一三二、一三三頁参照。
(38) 原田三喜雄『近代日本と経済発展政策』東洋経済新報社、二〇〇〇年、二五、二六頁。
(39)『法令全書』第一八ノ二「指令」八一、八二頁。
(40)『渋沢栄一伝記資料』第一八巻、一九五八年、四四二、四四三頁。
(41)『渋沢栄一伝記資料』第二〇巻、一九五八年、三〇九頁。
(42)『明治前期産業発達史資料』別冊⒅二、一九六六年、四七、四八頁。
(43)『法令全書』第二五巻ノ二「伺指令」三四～四一頁。
(44)『九帝国議会衆議院委員会会議録』中の「第九回帝国議会衆議院重要輸出品同業組合法案委員会速記録」一八九六年、参照。
(45)『第一〇回帝国議会衆議院委員会会議録』一八九七年、一〇五九頁、『帝国議会貴族院議事速記録　一二　第一〇回会議』一八九七年、二二三頁。
(46) 前掲『第一〇回帝国議会衆議院委員会会議録』一〇六八頁。
(47)「重要輸出品同業組合法施行細則適用ノ儀ニ付農商務次官内牒」埼玉県行政文書「明三五八六‐一五」参照。
(48)『一〇帝国議会貴族院委員会会議録』七二七～七二九頁、前掲『第一〇回帝国議会衆議院委員会会議録』一〇六四頁。

(49) 大石・宮本、前掲編書、二一六頁。
(50) 海野『日本の歴史⑱ 日清・日露戦争』一四一、一九五頁。
(51) 戦後の出版になるが、名和統一『日本紡績業の史的分析』潮流社、一九四九年、参照。
(52) 石井、前掲書、一八七頁参照。
(53) 埼玉県行政文書「明三六一七－三三」参照。
(54) 高村直助『近代日本綿業と中国』東京大学出版会、一九八二年、五四頁参照。
(55) 高村『近代日本綿業と中国』四七頁参照。
(56) 同前、一〇六頁。
(57) 同前、一一六頁。
(58) 坂本雅子『財閥と帝国主義』ミネルヴァ書房、二〇〇三年、三四～四〇頁参照。
(59) 同前、四五、四六頁。
(60) 同前、四四～四七頁。
(61) 同前、四九頁。
(62) 栂井義雄『三井物産会社の経営史的研究』東洋経済新報社、一九七四年、三七頁、田付茉莉子「工業化と商社・海運・金融」宮本又郎・阿部武司『日本経営史(2) 経営革新と工業化』岩波書店、一九九五年、所収、一五〇頁参照。
(63) 高村直助「資本蓄積(1) 軽工業」大石嘉一郎編『日本帝国主義史1 第一次大戦期』東京大学出版会、一九九四年、所収、一六九頁参照。
(64) 井口和起「日清・日露戦争論」歴史学研究会・日本史研究会編『講座日本歴史8 近代2』東京大学出版会、一九八五年、所収、八六、八七頁参照。
(65) 海野『日本の歴史⑱ 日清・日露戦争』二〇六、二〇七頁参照。
(66) 石井『日本蚕糸業史分析』八五頁参照。
(67) 高村直助「独占資本主義の確立と中小企業」『岩波講座日本歴史18 近代5』四五頁の表1「貿易構成の動向」参照。
(68) 古島敏雄・安藤良雄編『流通史Ⅱ』山川出版社、一九七五年、二六九～二七一頁参照。

(69) 奈倉文二・横井勝彦編著『日英兵器産業史』日本経済評論社、二〇〇五年、第1・3・8章参照。
(70) 石井『日本経済史　第2版』二八九頁参照。
(71) 原田、前掲書、一八九～一九一頁。
(72) 同前、一二七頁。
(73) 農商務省令第八号（一九一六年五月二九日付、『重要物産同業組合法令』参照）。
(74) 通産省編『商工政策史』第六巻貿易（下）一九七一年、一五～一九頁参照。
(75) 通産省編『商工政策史』第一六巻、一九七二年、二一頁参照。
(76) 日本繊維協議会編『日本繊維産業史　各論篇』繊維年鑑刊行会、一九五八年、七一一頁。
(77) 三和良一「日本のカルテル」宮本又次・中川敬一郎監修『日本の企業と国家日本経営史講座4』日本経済新聞社、一九七六年、所収、一七四頁参照。
(78) 一九二一年商第六六六四号（埼玉県行政文書「第二六七－一四」）。
(79) 『五〇帝国議会衆議院議事速記録』一六八～一六九頁。
(80) 小野武夫・飯田勘一『最新同業組合法精義』清水書店、一九一八年、四、五頁参照。
(81) 『五〇帝国議会貴族院委員会議録』四九～五五、六五～七五頁。
(82) 有澤廣巳『日本工業統制論』有斐閣、一九三七年、六七～八〇頁参照。
(83) 大石嘉一郎編『日本帝国主義史　2世界大恐慌期』東京大学出版会、一九八七年、一八三頁。
(84) 同前、五二頁。
(85) 商工行政史刊行会編『商工行政史　中』一九五五年、二四〇頁。
(86) 日本貿易史研究会編『日本貿易の史的展開』三嶺書房、一九九七年、八〇～八三頁、参照。

第7章　世界の工場イギリスの中小企業

はじめに

世界で初めて自生的に産業革命が展開されたイギリスは、一九世紀には機械制大工業という圧倒的な生産力をもった工場で綿製品等の商品を大量に生産し、それらの商品を世界中に輸出していった。商品輸出は海運・金融決済・情報等の世界的ネットワークの構築を促し、それを安定的に維持するために軍事力の世界展開をともなったため、イギリスは七つの海を支配し、日の沈まぬ帝国を築きあげていった。それゆえ、イギリスは「最初の工業国家」[1]と呼ばれ、「世界の工場」[2]として、一九世紀の世界市場における産業覇権を握ることとなったのである。しかし、イギリスにおける商業・金融部門の優位を一貫して主張するジェントルマン資本主義論の登場とともに、こうした産業中心的な考えが背後にしりぞいていったことは、これまでの各章の叙述で明らかになってきたであろう。

またイギリス経済史研究において、産業資本主義の理想像を追求しようとする姿勢は、日本の研究風土からも生まれてきた。すなわち、日本においては近代市民社会の成立過程が西欧諸国とは異質であるとの認識から、比較経済史研究がさまざまな形で展開されたが、その際、進んだ西欧と遅れた日本という分析視角を際立たせる叙述がなされたことも事実であった。産業革命によって工場制度に基づく機械制大工業が成立したイギリスにおいては、やがて労働組合が設立され、労使の交渉のもとに近代的な生産関係が進展していったのに対し、日本においては、政府主導のもとに機械制大工業が上から創出され、その周縁部に夥しい数の中小・零細企業が低賃金基盤をもとに、前近代的な生産関係を残しつつ執拗に残存していった。こうした上から創出された近代的な部分と、そこから取り残された前近代的な部分との跛行的発展により成立した日本資本主義は、やがて戦後の発展においても、大企業と中小企業間の著しい生産力格差・賃金格差をもたらし、いわゆる「二重構造」という日本の産業構造を特徴づける格差構造を定着化させたというように、日英両国の資本主義の違いが前面におしだされたのである。

しかし、中小企業の広範な残存という現象は、日本だけに限られたものではない。いかなる体制のいかなる国においても、企業の九九％近くが中小企業で占められているという現実を、われわれはどう理解すればいいのだろうか。ドッブも指摘しているように、近代化の典型とみられてきたイギリスにおいても、一九世紀末にいたるまで家内制工業のような初期資本主義の特徴が根深く広範に存在し続け、さらに独占の形成がかなりの程度進展した両大戦間期にいたっても、小規模な企業の執拗な残存が確認されるのである(3)。歴史には普遍性と特殊性とが同時存在している。本章では、資本主義が市場経済と自由競争のもとで最も典型的に発展したと思われるイギリスにおいても、本来その競争の過程で淘汰されるべき中小企業が二〇世紀にいたっても多数存在していた事実から、イギリスにおける中小企業の残存・変質の過程を追うことにより、資本主義の発展と中小企業の存在意義の普遍性と特殊イギリス的なあり方を明らかにしていくことにする(4)。その際、あわせてイギリス企業のもつ歴史的特性や産業構造上の問題等にも焦点をあてていこうと思う。

第1節　チープ・レーバーの払拭と苦汗産業の克服

1　都市の発展と苦汗産業

イギリスにおける産業革命は綿工業の紡績部門の技術革新から始まり、それが織布部門の技術革新を促し、さらに蒸気機関の発展と結びつくことによって工場制度に基づく機械制大工業を生み出していった。同様に鉄鋼業でも、製銑・精錬工程の技術革新とともに工場制度が普及していった。圧倒的な生産力を武器に、機械制大工業は家内工業やマニュファクチュアなどの小営業や小工業を駆逐していくものと思われた。しかし、競争の過程で淘汰されていくような小工業は、消滅することなく残存し、没落と再生の過程を繰り返していったのである。(5) 前述したように、それらの小工業は一九世紀末から二〇世紀初頭にかけてなお多数残存しており、それらの存立を可能にしたものこそ、成長する都市内部ないしはその周縁部に居住する多くのチープ・レーバーの存在であった。

当時、小工業が集中的に立地していた地域ならびに主要工業部門には、ロンドンの衣服・仕立業、ノッティンガムのメリヤス工業、西部ミッドランドの金属加工業、シェフィールドの刃物工業等があるが、こうした産地産業といった集積をともなわずとも、成長する都市住民のさまざまな需要に応じる雑多な工業が、都市内部ないしはその周縁部に多数存在していた。なかでもイギリス最大の都市であるロンドンには、さまざまな消費財工業が集積し、(6) 経済史家のクラパムが一九三〇年代の末に「ロンドンは今日にいたるまで、スモール・ビジネスの故郷である」(7) と述べたように、多くの小工業が都市住民の雑多な需要に応ずるために生業的な活動を維持し続けたのであった。すなわち、これらの諸産業はその需要が多岐にわたる最終消費財の生産に属する産業であったため、多品種少量生産を特徴とした。そして生産単位が小規模に分散していたために、それらの生産者と消費者の間を媒介する問屋商人の活動が不可欠であったのである。したがってこうした産業では、問屋→買継商→製造親方→職人・徒弟というような多層的問屋制家内工業組織が一九世紀末にいたるまで長期にわたって温存されたのであった。そしてこうした生産組織を支えた条件が、産業革命以降たえず都市部に流入し、その内部のスラムや周縁部に居住する豊富なチープ・レーバーの存在であった(8)。

こうしたチープ・レーバーを外業部として利用した諸産業をイギリスでは苦汗産業(sweated trades)と呼ぶが、それはまさに汗をしぼりとられる産業との意味がこめられている。都市内部のスラムや周縁部に住む人々は、そのほとんどが未熟練労働者であり、問屋や買継商から注文を受けた製造親方からさらに仕事を請負い、狭い小部屋の中や家庭での内職として、こうした産業にたずさわっていたのであった。このような仕事は、家庭内や少人数が集められた屋根裏部屋などで行われていたため、工場法の適用は受けず、労働者の組織化もできなかった。また、製造親方や買継商にとってみても、作業場を拡大し、設備投資をして効率化をはかることは、逆に工場法の適用を受けてしまうおそれがあるため、こうしたチープ・レーバーを利用した外業部支配が長期にわたって蔓延することになってしまったのである。

2　労働立法を通じてのチープ・レーバーの払拭

苦汗産業の蔓延に対して、一九世紀末から二〇世紀初頭にかけて社会改革をおしすすめる新自由主義が台頭しつつあるなかで、政府もその存在を放置しておくことができなくなった。一八八八年から一八九〇年にかけて、苦汗産業に関して全国的な調査が行われ、その結果が五次にわたる報告書として議会に提出されたのである(9)。そこでは、全国のさまざまな地域や産業において、いかにこの苦汗産業にたずさわる人々が多かったか、またその労働条件の劣悪さや労働者の貧困さが赤裸々に報告されたのであった。それは近代化の典型と考えられていたイギリスにおいても、組織化されずに前近代的な生産関係に組み入れられている労働者が多数存在することを如実に示すものであり、近代化

図7-1　服のホック留め（ホックを台紙に取りつける作業）

出典：Richard Mudie-Smith (ed.), *Sweated Industries, A Handbook of the "Daily News" Exhibition,* London, 1906.

の過程でその恩恵を受けない人々が、日本と同様の状況にあったことを示すものであった。

当時のイギリスにおいて、この苦汗労働に対する法的規制をいちはやく提唱したのはウエッブ夫妻であるが[10]、その他社会改革をおしすすめようとするブースやラウントリー等の人々は、都市貧民の生活状況を社会に示し、ヴィクトリア後期の繁栄の中でその恩恵を受けない労働者の存在を社会に訴えた。それはまさに、世界で最も富める国イギリスが享受する繁栄のさなかでの「貧困の発見」であった。ところが、当時社会改革を主導する人々以上に苦汗労働を社会に知らしめたのは、実は一九〇六年にロンドンで『デイリー・ニューズ』紙によって開催された苦汗産業博覧会であった。ロンドンは当時の最も人口が密集した地域であり、そこにおける大量の消費財需要に応ずる形でさまざまな産業が発達し、そこで多くの雇用が生まれたが、そのなかにはいわゆる苦汗産業に従事せざるを得ない人々が多数存在したのである[11]。

苦汗産業博は一九〇六年の五月二日から六月一三日まで開催され、総計三万人近くの入場者を数え、苦汗労働の実態やその解消を訴えた一四〇頁にも及ぶ博覧会のハンドブックは、実に二万部が発行された。(12) 博覧会場では、苦汗産業に従事する労働者たちが実際にその作業を実演し、彼らが貧しいのは怠惰や浪費の結果ではなく、仕事の対価としての賃金があまりにも低いために、一生懸命に長時間労働しようとも、貧困から脱出できない窮状を視覚から中産階級の人々に訴えたのであった。会場を訪れた人々は、それらの作業に関心を寄せ、自らの身の回りで消費している多くの商品が、こうした劣悪労働条件下にある人々の犠牲のうえに供されていることを深く恥じたのであった。(13)

こうした世論は議会にも影響を及ぼし、一九〇七年には家内労働に関する調査委員会が組織され、その結果として一九〇九年には苦汗産業として悪名が高かった四つの業種、鎖製造業、レース補修・仕上げ業、紙箱製造業、既製服仕立て業を対象として、最低賃金を規制する立法が行われたのであった。(14) こうして、イギリスにおいてはチープ・レーバーそのものの消滅を意図した政策が強力に施行されたことにより、苦汗産業の存立基盤を取り除いていったのであるが、チープ・レーバーに依存する製品自体、熟練職人が製造する高級品ではなく、材料や製法、仕上げも粗雑な普及品がほとんどであった。それらの商品は、イギリスよりもさらに低賃金のドイツ等の後発資本主義国からの輸入品と競合するものであり、それがいっそう低賃金を要請する原因ともなっていたのである。

3　産業構造の高度化と苦汗産業の消滅

イギリスにおける苦汗産業の消滅は、一方ではこれまで述べてきたようにチープ・レーバーを払拭する工場法や最低賃金法の制定とその強力な施行によってすすめられてきたが、他方では、こうした産業自体の変化によっても補完されたことを忘れてはならない。それは、一九世紀末のイギリスにおける生産財産業の著しい発展と、それとともに生じた自転車、自動車、工作機械等を中心とする新しい産業の登場による産業構造の高度化である。一八七〇年頃から始まる大不況が最も深刻な影響を与えた産業は、イギリスの重要輸出産業である繊維産業を中心とする消費財産業であった。しかし、こうした旧重要産業の停滞に対して、イギリス各地では、国内需要を基盤とする新しい産業が勃興しつつあった。

こうした産業構造の高度化の影響を最も強く受けた産業に、ミッドランドの金属加工業やシェフィールドの機械工具産業がある。ミッドランドの金属加工業は、もともと鍵やバックルなどのさまざまな金属消費財の最終加工を行っていたが、これらの産業はドイツをはじめとする新興工業国との競争にうちまかされ、一九世紀末頃までにはすでに衰退してしまっていた。しかし、それと同じ時期に新しい生産財産業としての性格をもつ機械工業を中心とする新金属産業群があらわれ、この地域の繁栄を支えていくこととなる。イギリスにおける機械産業の中心地として発展したミッドランドにおいては、製品の規格を統一することによって機械設計の幅を広げ、さらに動力としてのガスエンジンや電動機の出現が、蒸気機関の賃貸制を消滅させ、古い家内工業制や工場内の下請制にかわって、中小規模ながらも近代的工場制度がこの地方の産業の典型的な生産組織としてあらわれるようになったのである(15)。

シェフィールドにおいても、粗雑な刃物工業はドイツの低級品との価格競争に破れ、衰退を余儀なくされていたが、一部の刃物製造業者は高級品に特化することによってその存立を維持し、また一部は勃興する機械産業に特殊鋼できた切削工具を提供する機械工具産業へと転出していった。一九世紀末頃から、シェフィールドはヴィッカーズ社をはじめとするイギリス軍需工業の一大集積地となっており、そこで開発されたさまざまな特殊鋼の技術がその製法の一般化とともに中小工場に普及し、産業構造の高度化にあわせた新産業の展開がみられたのであった(16)。このような新興産業の勃興により、新たな雇用が生まれ、チープ・レーバーを吸収していく地盤が形成されていった。もちろん、チープ・レーバーがすぐに新興産業で雇用されたわけではないが、最低賃金法の施行とあわせながら、徐々に雇用の転換を図っていったといえるであろう。

以上のように、イギリスにおいては、日本と同じようにみられた低賃金基盤を存続条件とする小・零細企業の蔓延は、それらの存在そのものを払拭するような法規制の強化とその厳格な施行、さらには産業構造の高度化と高級品生産への特化という二つの局面の同時的進行のもとで、しだいに解消されていくこととなった。こうした状況が、日本において特徴的にみられる規模別賃金格差をわずかなものにし、そのような賃金格差を利用した下請→再下請→家内労働という上から下への労働「しわよせ」や過当競争を部分的なものにしたのである。世界で最も富める国イギリスであったからこそ、このようなことが可能であったのであり、特殊イギリス的な条件のもとで小工業問題が解決されていったといえるであろう。しかし、こういった歴史過程がかえってイギリスにおける中小企業問題に関する経済構造的視角の欠如、あるいは希薄化をもたらし、中小企業のかかえる問題を中小企業自体の問題として理解する「適度規模論」的把握が主流となる研究土壌を生みだしたともいえるであろう(17)。

第2節　個人資本主義の特質

1　チャンドラーによる資本主義の類型化

機械制大工業が確立し、資本主義が発達した各国においても、小・零細企業は競争の過程で消滅することなく、再生・再編を繰り返しつつ残存していった。その残存の形態や条件は各国の歴史過程によって異なるが、前述したように現在においてもなお、いかなる体制のいかなる国にせよ、そこに存在する九九％近くの企業は中小企業に分類される企業である。前節ではイギリスにおける小工業の残存条件とその変質を、イギリス資本主義発達の歴史過程のなかから明らかにしてきた。ところで、小工業にかぎらず、一般に存在している企業は、イギリスではどのような特徴をもっているのであろうか。企業間の自由競争が規制のない状況で行われた経済においては、当然、競争の過程で弱小企業は淘汰され、寡占、ないしは独占企業が市場を支配する体制があらわれると予想される。しかし、ここにおいてもイギリスは、その歴史過程に規定された産業構造をもつにいたったのである。

一九世紀末から二〇世紀初頭にかけて、いわゆる第二次産業革命といわれるような電気・石油・自動車・化学等の新興産業が台頭し、経済構造が独占の形成期にあたる時期の米・英・独三カ国における経営力発展の国際比較を行ったチャンドラーは、それらの国々に特徴的にみられる主要企業の経営組織の違いから、アメリカを競争的経営者資本主義、ドイツを協調的経営者資本主義と規定したのに対し、イギリスを個人資本主義と規定した。すなわち、アメリカでもドイツでもこの第二次産業革命といわれる時期に急成長をとげた企業は、所有と経営が分離した経営者企業の形態をとり、俸給経営者の階層的経営組織のもとに生産・流通への大規模投資をするとともに、複数事業部制の構築を行っていた。アメリカでは、こうした状況が競争的な市場構造のなかで実現されたのに対し、ドイツでは企業間の協調体制のもとで、このような状況が生みだされたのである(18)。

これに対してイギリスにおいては、二〇世紀初頭にいたるまで企業所有者がそのまま経営も行う同族企業の形態を維持する企業が多く、この個人資本主義への固執が企業の成長を妨げ、その後のイギリス経済の長期的衰退を招いたと、チャンドラーは主張したのであった。イギリスでも一九世紀末以降、経済力の集中がみられるようになるが、イギリスにおける産業集中は合併による大企業の出現をもたらさず、小規模で個人的に運営される同属企業の集合体が、契約に基づく協調をつうじて価格の固定化や市場の分割を行い、市場支配力を維持する機構を生みだした。さらに国内市場が密集していてその成長速度が遅かったこと、海外市場においては、特定地域に利害関係をもつ個別的な商社をつうじて、生産者と市場が直接的に結ばれていたことが、競争を排除し、生産と流通への大規模な投資を行うための圧力を軽減し、同時に高等教育機関で訓練を積んだ経営管理者の必要性を減少させたため、同族経営の継続を選択することを可能とさせたのであった(19)。

以上のようにチャンドラーは、一九世紀末頃から明確になるイギリス産業の衰退傾向に関して、アメリカやドイツの追い上げによる国際競争の激化という外部要因のほかに、経営者の戦略の失敗という内部要因もあることを指摘したのである。はたして、イギリスの経営者が同族企業という組織形態に固執し続け、企業規模の拡大をおしすすめなかったことは、戦略的に失敗だったのであろうか。イギリスの経済衰退は、経営者の責任なのであろうか。

2 同族企業と企業の小規模性

イギリスにおいては一七二〇年の南海泡沫事件以来、株式会社の設立は政府の許可を必要としたことから、多くの企業はこうした規制を受けない個人企業や数名の出資者によって構成されるパートナーシップ形態の企業で運営されてきた。産業革命から一九世紀の産業資本主義の時代をつうじて、イギリスにおける支配的な企業形態は、こうした同族企業で占められてきたといっていいであろう[20]。それゆえ、ほとんどの企業名には、その創業者の名前が付けられているのであるが、これはヨーロッパの老舗企業に特徴的な現象であろう。というよりも、工業化の初期段階ではこのような小企業の群生が一般的にみられるのであり、国民経済の底辺部における企業活動を欠いた経済では、いくら先進的な技術に基づいた大規模企業を強力的に創出したとしても、この近代的な部分が底辺部の経済から遊離してしまい、バランスのとれた経済発展にはむすびつかない[21]。日本の工業化の過程とその後の後進的なアジア諸国の工業化の過程を比較するならば、幕末・明治維新期における日本の小工業の発展に対する評価は、よりいっそう見なおされる必要があるであろう。イギリスにおいては、このようにして発展してきた同族企業が、一九世紀になって有限責任制がみとめられ、会社法が整備されて株式会社が自由に設立できるようになり、株式会社に改組したのちにも、株式を公開することなく、同族支配を続けたのであった。

ところが第二次産業革命によって出現した新興産業、すなわち石油、自動車、電機、化学等の産業においては、市場支配を確立させるために、階層的な経営管理組織のもとで生産・流通部門に短期間に大規模な投資を行うことが必要とされた。アメリカでは株式を公開することによって大衆が所有する外部資金を調達し、生産・流通に大規模な投資を行い、大量の俸給経営者を雇用して経営管理組織を構築し、そこで策定された戦略に基づいて市場支配の拡大に努めた。これに対して、イギリスでは同族支配に固執し、株式公開を回避したために、企業規模はアメリカと比べて小規模なままにとどまった[22]。企業規模の拡大は、利潤の再投資という内部資金に頼る方法によったのである。また、もう一つの外部資金の提供者である銀行も、ドイツにおけるように産業金融に積極的な役割を果たすことはなく、海外への投資の窓口や商業手形の割引等の短期金融に特化していたことも、こうした企業規模の拡大を抑制する結果をもたらしたともいえる。

このように、イギリスにおいては、チャンドラーが指摘するように、小規模な同族企業が長期にわたって残存していくこととなるのである。いわば、イギリス企業の多くは、オーナー・マネージャーによって経営されるという中小企業的性格を色濃くもった企業であり、大企業といえどもその中規模性に特徴があるといえるのである。そこには自分の会社、家業といったように、苦労して会社を生みだし、それを育て、子孫へと受け継いでいく、会社を自分の子供にもたとえられるような心情がみられる。それは他のヨーロッパ諸国や日本とも共通する考え方のように思われる。

3　経営環境と企業組織

こうした同族企業の長期的残存を、チャンドラーは経済発展の阻害要因とみなしたのであるが、それと同様な考え方として、三代目の没落理論[23]やブッデンブローク・シンドローム[24]といったものがある。いずれの主張も、企業発展の抑制・阻害要因を、経営者自体の経営戦略や企業家精神の喪失にもとめる経営者責任論に帰するところでは一致している。すなわち、イギリスの長期的経済衰退の責任は、経営戦略の選択をあやまった企業経営者そのものにあるとしたのである。

では、イギリス企業がアメリカやドイツと同じような経営戦略を選択したとすれば、イギリス企業のパフォーマンスはどれほど改善されたのであろうか。そもそも、イギリスの企業経営者が、チャンドラーが述べるような戦略を選択できる環境が存在したのであろうかという疑問がわいてくるのである。イギリス企業の生成・発展の歴史過程を考慮するならば、同族企業の選択は当然の帰結であるし、世界市場の開拓やその流通網の構築からは、生産者と市場が商社を通じて直結しているという状況も合理的な選択である。そうしたなかで、商業手形の決済がロンドンに集中することによるイギリスの商業・金融部門の突出した役割は、イギリス資本主義の発展にとって必要不可欠のものであった。さらに土地や公債が安定確実な投資対象として成熟段階に達していた状況は、イギリス産業資本家層のランチエ化については、それほど説得力のないものであることも明らかになっているものの、イギリスの反産業精神や企業家精神の喪失といった見解に、ある程度の現実味を与えたことも事実であった。

こうした状況は、高率の輸入関税によって国内市場が保護され、しかもその広大な国内市場においては、なんら関税のない自由市場が展開していたアメリカ企業や、国民が一体となって労使協調のもと、国際市場における競争力優位を確保しようとするドイツ企業とは、明らかに異なる条件のもとにあったといってよいであろう。しかも、無限ともいえる未開発の土地が存在し、封建制度を経験していないアメリカにおいては、農業は当然のことながら自作農の形態をとることから土地が投資対象とはならず、また公債市場も未発達であったために、資産家の余剰資金は株式市場に流入せざるをえなかった。さらに、フォード・システムやテーラー・システムを受け入れた移民社会は、相互の信頼性を欠き、メーカー直販やチャンドラーの主張する垂直統合企業の出現を助長したのであった(25)。熟練労働者が産業別・職能別に組合を組織する労働市場のあり方が大量生産システムを拒否したこと、さらには長子相続制が一般的であった相続制度の習慣が家業という意識をもたらし(26)、同族支配の継続を優先させた等々、さまざまな経営環境を考慮にいれるならば、イギリスの経営者が選択した戦略の可否について、その後の経過から評価を下すことには慎重にならざるを得ないのである。

第3節　両大戦間期の産業編成

1　旧重要産業の停滞とバルフォア委員会報告書

イギリスの経営者が、一九世紀末から二〇世紀初頭の経営環境のもとで、その環境に適応した経営戦略の選択を行ったとしても、同族企業のままの規模では、国際市場における競争力という点では劣位に立たざるを得なかった。二〇世紀初頭においてもなお、イギリスは世界有数の産業国家としての面目を保っていたのではあるが、後発資本主義諸国、とりわけドイツ、アメリカの躍進には目を見張るものがあった。第一次大戦では戦勝国となったものの、ヨーロッパへの物資の供給基地となったアメリカ経済の驚異的発展や、敗戦国ドイツの復興をまのあたりにするにつけ、国際市場における競争力の喪失が自国の産業・経済の停滞をもたらしつつあるという認識は、イギリス産業界にも政府内部にも存在した。

こうした状況のもとで、一九二四年、シェフィールドの鉄鋼業者サー・アーサー・バルフォアを委員長とする調査委員会、いわゆるバルフォア委員会が組織され、一九二五年から一九二九年にかけて七点の報告書が議会に提出されたのであった。(27) バルフォア委員会に付託された調査内容は、イギリス重要産業の海外市場、生産、金融、労使関係といった経営活動の全部面におよび、第一次大戦後のイギリス経済の状況に関する包括的な調査が行われたのであった。しかし、多数の証言や統計資料を網羅した綿密な調査の結果として明らかとなった事実は、時代遅れの設備をもちい、小規模で効率性の悪い生産方法にたよる国際競争力を欠いたイギリス企業の姿であった。イギリス企業の多くは、すでに償却の終わった設備を使用し続けることで固定費を圧縮し、後ろ向きの競争力にしがみつくことによって、ようやく市場の一角を占めていたのにすぎないのである。これは「永遠の繁栄」を謳歌していた一九二〇年代のアメリカや、厳しい戦後の制約のもとで力強い復興をとげつつあったドイツの状況とは、明らかに異なる状況であった。さらに一九二五年の旧平価での金本位制への復帰はポンド高をもたらし、輸出産業にさらなる打撃を与えたのであった。

バルフォア委員会報告書では、こうした事態を打開するために、最新鋭の設備への更新や企業規模の拡大を示唆しているが、それを可能にするための資金の調達に関しては明確な処方箋が提示されていない。設備の更新には資金が必要であるが、銀行は融資金の返済が困難になるような競争力のない企業には資金を提供することはできず、資金がないために旧態依然とした設備にたよって国際競争力を喪失するという負のスパイラルにイギリス企業は入りこんでしまったかのようである(28)。イギリスの産業と銀行との希薄な関係については、その後、マクミラン・ギャップ(29)としても問題とされるが、イギリスの産業企業そのものにそれほどの資金需要があったのかどうかも含めて、イギリスの産業と金融との関係は再検討が必要な問題である。

2　新重要産業の成長と同族企業

バルフォア委員会が主として調査対象とした産業は、石炭、鉄鋼、造船、機械、繊維といったイギリスの旧重要産業に属し、いずれも輸出産業としての性格をもつものであった。それはまさに一九世紀のイギリスが「最初の工業国家」であり「世界の工場」であったことを雄弁に物語る事実である。こうした旧重要産業が衰退の兆候をみせ、大量の失業者を抱えているからこそ、イギリス政府にとってはこれらの産業の復興が政策上の重要課題とされたのである。イギリス経済の停滞ないしは衰退という叙述がなされる場合、そこで取り上げられている業種は、ほとんどこれらの旧重要産業であったといっていいであろう。

しかし、イギリスにおいても、チャンドラーが第二次産業革命でアメリカ企業が急成長を果たしたと指摘する新興産業分野において、発展の兆しがみられていた。すなわち、旧重要産業の衰退に対して、自転車、自動車、レーヨン、化学、電力、電気機器、航空機といった新興産業の勃興が二〇世紀初頭から一九二〇年代にかけてみられたのである。(30)こうした産業は、前にも指摘したように、化学や航空機を除いてイギリスの産業構造高度化の過程で生じてきた中小の同族企業を中心として展開されたものであり、シェフィールドの機械工具産業やミッドランドの機械産業は、こうした新興産業の典型といえるのである。

では、これらの新興産業は、なぜそれほどの注目を集めなかったのであろうか。アメリカではこれらの産業が二〇世紀初頭に急成長し、国民経済を牽引していく重要産業となったのであるが、イギリスでは当初、あまり注目を集める分野ではなかった。実は、これらの産業の主たる市場は、国内市場にあった。(31)逆に、輸出産業として重要でなかったことが、政府の政策対象からはずされたともいえるが、これらの産業は、二〇世紀における戦略的位置を占めていく産業となるのである。国内市場を主体として展開され、イギリスがその産業の発達に関して技術上の先行的優位性を持っていないとするならば、それらの産業の発展は、主としてそれぞれの国の国内市場の広さによって規定されることとなり、こうした条件のもとではアメリカが圧倒的な優位性をもつことは明らかなことであった。イギリス企業は、その与えられた市場の大きさにしたがって、企業規模・製品ラインを決定していったのである。例えば自動車産業においては、アメリカではフォードがT型車の大量生産を行ったり、GMがフルラインナップの車種構成で全国のあらゆる消費者を対象とした販売戦略をとったりして企業規模を巨大化させていったが、イギリスにおいてはオースチン、ルーツ、スタンダード、ローヴァーといった同族企業が、それぞれの細分化された顧客を対象に多品種で少量の自動車を生産・販売していたのであった。アメリカ企業が行った規模の拡大も、その経営環境のもとでは当然の選択であったのと同様に、イギリス企業が選択した同族経営の継続も、イギリス企業がおかれた経営環境を考慮するならば、やはり当然の選択といえるのである。このように、イギリスの新興産業のおかれた条件を考慮するならば、イギリス企業のパフォーマンスは、批判の対象とされるような失敗をおかしたとは思われないのである。

ところが、イギリスは新興産業の順調な発展がみられたものの、その後それらが国民経済を牽引していく中核的な産業と位置づけられることはなく、旧重要産業への対策に追われていくこととなる。すなわち、かつての重要産業が成功し、その成功が大きければ大きいほど、一国の経済資源はそうした重要産業に重点的に配分され、それらが過重になったとしても、それらの資源を他の産業に振り向けるには高いコストがかかってしまうことになる。それだけ、新興産業の発展には、制約が課されることとなるのである。いわばイギリスは、旧重要産業にオーバーコミットメントの状況にあったのである[32]。このような状況を解消するために、イギリスは二〇世紀前半はおろか第二次大戦後、一九七〇年代にいたるまで、苦悶の日々を送っていくこととなるのであった。イギリスにとって旧重要産業とは、それほどの重みを持った存在だったのである。

3　再軍備期の産業編成と下請制の展開

一九二〇年代以降、国内市場をもととして徐々に発展しつつあった新興産業は、一九三〇年代後半に戦略的重要性を持つこととなる。ドイツの再軍備化とヴェルサイユ体制をふみにじる行為に危機感をおぼえたイギリスは、一九三〇年代後半からその対抗措置としての再軍備をすすめていく。その際、重点的に整備がすすめられたのが航空機産業であった。第一次大戦で武器としての有効性を証明した航空機は、第二次大戦では主力戦略兵器としての重要性をもつのであるが、この航空機生産の一翼をになったのが、新興産業の一つ、自動車産業であった。

空軍整備のために航空機の大量配備をせまられたイギリス政府は、この計画を早急に実行に移すために既存の航空機産業だけではなく、その他の重要産業をもその生産体制に組み込んでいく。その際、政府が工場を建設して、その運営を民間企業にまかせるシャドー・ファクトリー計画を推進していくのであるが、航空機のエンジンに関しては自動車産業にその生産が委託されたのである。[33] オースチン、ルーツ、スタンダード、ローヴァーといった有力自動車企業が、このシャドー・ファクトリー計画に組み込まれ、航空機生産のノウハウをもっているブリストル・エアロプレーン社を親会社として、航空機エンジンの製造をになったのである。親会社が部品を発注し、それらを組み立てて製品を完成させるシステムは、日本における下請制と同様の生産システムであり、下請制は日本だけに特徴的にあらわれた現象ではないのである。

しかも、エンジン生産をまかされた自動車企業は、その部品の多くをさらにより小規模な企業に発注しているのである。再軍備期という特殊な時期に、政府主導のもとで計画された生産体制ではあるが、多層的な下請企業を利用した分割生産システムは、戦前期のイギリスにおいても実行されていたのである。このシステムは戦後の日本におけるトヨタのかんばん方式やＪＩＴ（just in time）システムにおけるような、精巧な生産管理のもとで行われたわけではないが、基本的な考え方としてはそれに近いものといえるであろう。そして、この生産システムに組み込まれた企業の多くは、バーミンガム、コヴェントリに勃興してきた新興の機械産業やシェフィールドの機械工具産業に属する中小企業群であったのである。

しかし、この分割生産システムは、政府の強力な指導のもとに行われたのではあるが、上層部の思惑に反して、現場の作業は試行錯誤の連続であった。航空機の各部分を分割して生産し、それぞれを組立工場に集めて製品を完成させるシステムのため、一工程の遅れが航空機生産全体の遅れとなってしまうのである。すなわち、エンジン部分の部品を生産している下請工場の納品の遅れや不良品の発生は、エンジンの最終組み立てを行うシャドー・ファクトリーの生産の遅れとなり、エンジンの供給の遅れは、機体部分へのエンジンの装着を遅らせ、航空機生産そのものの遅れとなってしまうのである。このことは同様に航空機の各部分生産者、すなわち機体製造、レーダーや通信機等の電気機器製造、航空機に装着される武器製造やタイヤ製造にいたるまですべての関連工場にもいえることであり、すべての組み立て部品が飛行場近くの最終組み立て工場に納期どおりに納入される必要があった(34)。それぞれの関連工場は相互に綿密に連絡をとり、親工場は下請工場を技術指導して加工精度や生産効率を高めるなど、すべての工場が有機的関連を保って、同時進行的に生産を行うことが要請されたのである。

この分割生産システムは、さまざまな問題を抱えながらも実行に移され、イギリスはアメリカからの援助も受けつつ航空機の増産に成功した。自動車産業は政府の計画のもとで航空機産業から技術を供与され、生産設備の拡張も実現されたのである。しかし、このような有利な条件が与えられたのにもかかわらず、第二次大戦後、イギリス自動車産業はアメリカ自動車産業のような隆盛をみることもなく、また日本自動車産業のような下請制を活用した生産システムを発達させることもなかった。イギリス自動車産業は再び、細分化された市場で特定の顧客を対象に、効率性の点で問題のある多品種少量生産を続けたのであった。

第4節　戦後の経済停滞とボルトン委員会報告書

1　戦後の経済力集中と企業の国有化

第二次大戦後の資本主義諸国は順調な経済回復をみせ、イギリスも当初は同様の回復に歩調をあわせていたと思われたが、その速度は他のヨーロッパ諸国よりも遅いものであった。フランスはおろか、敗戦国のドイツやイタリアにまで経済発展の速度で遅れをとったイギリスに焦りの色がみえはじめ、「英国病」という言葉がささやかれ始めたの

図7－2　最大100社が製造業純生産額に占める割合（中長期スケール）

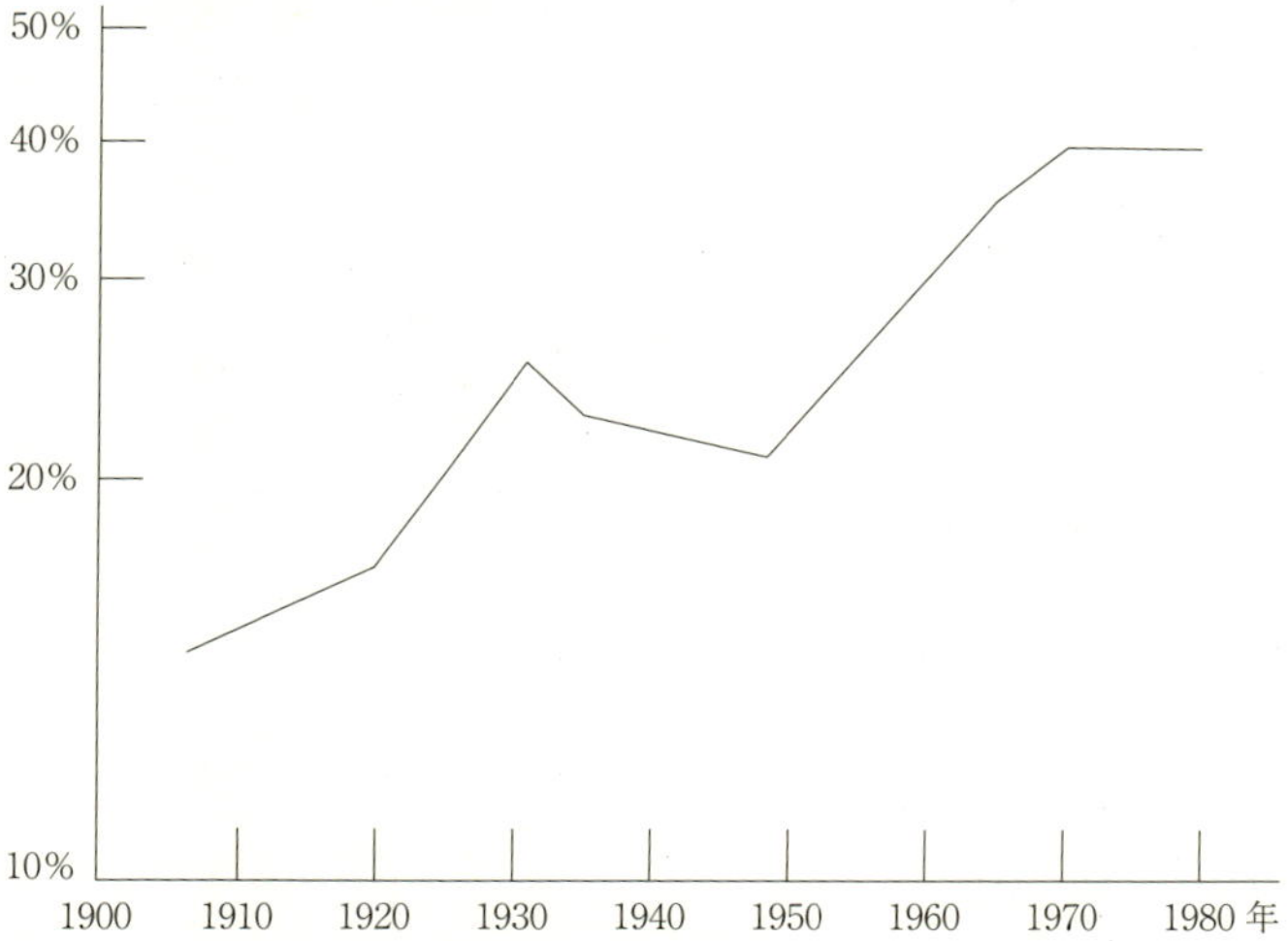

出典：J. F. ウィルソン『英国ビジネスの進化』文眞堂、2000年、242頁。

もこの時期であった。こうした状況下でイギリス企業が選択した戦略は、たびたび繰り返されてきた合併による規模拡大であった。

イギリスにおける経済力の集中は、戦後の一九五〇年代より急速に進展してくることとなる。一九二〇年代に続き、より大規模に企業の合併がすすめられたのである。図7－2は最大一〇〇社が製造業純生産額に占める割合を示したものであるが、一九二〇年代に集中度が高まったのち、一九五〇年代から再び急速な経済力の集中がみられる。ここにおいて、同族企業の名残であった個人の名前のついた企業の多くは、合併により消滅していくこととなる。合併は話し合いによる友好的なものもあれば、テイク・オーバー・ビットによる敵対的なものもあり、イギリスにおいてもようやく経営者企業が発展するかに思われた。政府も積極的に合併による企業規模拡大を支援した。政府が最も表面にたって合併を支援したのは、国防上の戦略からも重要であった航空機産業であり、戦後二〇社あった航空機製造企業は、一九六〇年、ウェストランド（ヘリコプター）、ホーカー＝シドレイ、ブリティッシュ・エアクラフトの三つの企業グループに集約されたのであった。[35]

それ以上に政府が企業活動に関与するようになったのは、一九四五年の総選挙で労働党が勝利し、イングランド銀行、運輸（鉄道・道路・港湾・航空）、鉄鋼、エネルギー供給（石炭・電力・ガス）、電信の主要産業の大規模な国有化案を実行に移し始めたときであった。[36] これらの諸産業は、国民の生活に最も密着した部門であったが、同時にイギリスにおいて多くの雇用を維持している重要産業でもあった。合併による規模拡大にもかかわらず、赤字経営を続ける重要産業が、その企業と労働者を救済するために国有化されたのである。

国有化の波は、自動車産業にまで及んだ。前節でも述べたように、自動車産業は戦前・戦中をつうじて航空機生産のためのシャドー・ファクトリーとして活用され、生産設備の拡張を実現させていた。コヴェントリの爆撃による損壊を除くと、自動車産業の生産能力はほぼ無傷のまま戦争を終えた。国内需要は旺盛であったが、国際収支の危機対応としての政府の輸出拡大策のために国内の自動車販売は制限され、多くのイギリス車が輸出に向けられたのであった。アメリカ企業が自国の国内市場に専念していたため、世界の自動車輸出市場におけるイギリスのシェアは一九三七年の一五％から、一九五〇年には五二％へと増加したのであった。[37] 戦後の回復は順調なように思われた。

しかし、ドイツ、フランス、イタリア等のヨーロッパ諸国の自動車産業がそれぞれの国の保護関税のもとで成長を遂げ、アメリカ自動車産業も自国内市場を満たすようになってくるとともに、イギリス自動車産業の将来にも暗雲がたちこめてきた。こうした危機への対応は、やはり合併による規模拡大であった。イギリス自動車産業はいまだ好況であった一九五二年にオースチンとモリスが合併したのに続き、不況色が強まった一九六〇年代には政府の支援のもとで合併が強力におしすすめられ、ついに一九六八年にブリティッシュ・レイランド・モーター・コーポレーションというイギリス系自動車企業の一大合同が実現したのであった。しかし、合併による規模拡大にもかかわらず、企業の業績は不振を続け、一九七五年にはついに国有化されてしまうのである。[38]

こうして、第二次大戦後のイギリス産業は、急速な経済力の集中を実現させつつも、その規模拡大が合理化とは結びつかず、企業経営は終戦直後の一時的な繁栄の時期を除いて、低迷状態を続けることとなる。これははたして、経営者の責任だけで片づけられる問題であろうか。戦後ヨーロッパの経済復興のなかでヨーロッパ石炭鉄鋼共同体（ECSC）が設立された際に、アトリー政権はそこへの参加を拒否し、後にヨーロッパ経済共同体（EEC）の設立にもイギリスは参加しなかった。ヨーロッパが統一した市場圏を創出しようとしていた時期に、イギリスはこの競争市場への参入に躊躇し、帝国内市場での覇権を維持することを優先させたのである。イギリスがようやくEECへの加盟を申請した一九六三年にはフランスのド・ゴール将軍によって拒絶され、一九七三年にようやく加盟が実現するのであるが、その間にイギリスがヨーロッパ市場で失ったものは大きく、ヨーロッパ企業の多くは戦後復興を成し遂げ、イギリス企業よりもはるかに合理化された企業へと変身していたのである。(39)

2　ボルトン委員会報告書と中小企業政策

第二次大戦後に労働党政権が主要産業の国有化に着手して以降、イギリス政府は労働党政権にしろ、保守党政権にしろ、産業界への介入を強めていくが、その産業政策は、国有化した企業を再度民営化したり、民営化した企業をまた国有化したりという迷走を続けていた。これは、政府が労働組合との関係のなかで、競争力をなくした企業やそこで働く人々の生活を安定させるための、やむをえない政策対応であったかもしれない。しかし、イギリス政府が産業革命以来の旧重要産業や国民経済にかかわる大企業への対応に苦慮している間に、イギリス経済の足元は大きくゆらぎ始めていたといってもいいであろう。すなわち、戦後の寡占体制のいっそうの進行にともなって、経済活動を底辺で支える中小企業の経済的困難性が増加し、新規創業の芽が摘み取られているのではないかという認識が生まれてきたのである。

一九六九年、商務院総裁クロスランドはイギリスの小企業に関する調査委員会を発足させ、従業員二〇〇人以下の小企業について、その国民経済における役割、それが利用しうる諸便宜、ならびにそれが直面する諸問題の検討と勧告を要請し、特に小企業の収益性と金融環境、さらには小企業の特別な機能、例えば革新者や専門的な供給業者としての機能にも考慮して調査が行われることがつけ加えられた。委員会は関係諸機関からの意見書や小企業へのアンケート調査等を収集し、専門家による討議を経て一九七一年に報告書を提出した。この報告書は、委員長の名をとって、ボルトン委員会報告書と呼ばれている。イギリス政府は初めて中小企業に対する政策的対応の不備を認め、停滞するイギリス経済の活性化のためには、この中小企業部分の活動の範囲をひろげ、新規の創業によって新規の雇用を生み出さざるを得ないことに気づいたのであった。二〇世紀の七〇年間を旧重要産業の救済のための対策に腐心し続けた政府が、ようやく中小企業の重要性に関心を抱いたのである。

報告書は小企業の市場占有率の低さ、所有者による個人的経営、意思決定の独立性という特徴をあげ、そうした小企業が大企業の集中化と独占力の行使のもとで衰退していること、しかも衰退の傾向が他の先進諸国と比べていっそうすすんでいることを明らかにした。しかし、せっかく政府が中小企業に対する関心をもったにもかかわらず、報告書はその結論部分で次のような見解を示し、中小企業部門への特別な援助を否定してしまった。すなわち、小企業部門の状況を把握するのに必要な多くの一連の統計を欠いているために、おそらくは必然的に主観的な判断とならざるを得ないと前置きした上で、結局のところ、小企業部門は適正に鞭があてられれば、創業の「苗床機能」を果たすに十分な活力を現在でももっているし、将来にもそうあり続けるであろうから、この部門への特別の支援は必要なしとわれわれは信じる、というのである(40)。イギリスは、経済活力回復の役割を中小企業部門に見出しつつも、その対策にはあと一〇年の月日をついやすこととなってしまったのである。

イギリスにおける経済力回復のための対策は、ボルトン委員会報告書からおよそ一〇年をへたサッチャー政権のもとで、失業対策の一環としての創業支援と外資の導入によって果たされていくこととなる。失業者に開業資金を与えて創業を促進しようとする政策は、多くの新規創業を生み出したが、それはすぐに大量の倒産企業をもたらしてしまった。しかしやがてそのような政策の延長として、ベンチャービジネスの育成が図られていくこととなる。そして外資導入の目玉となったのは、日産の工場進出であった。戦後、日本の国民車構想のもとで、トヨタが自主開発を選択したのに対し、日産はイギリスの自動車会社オースチンのライセンス生産を選択した[41]。日産には自主開発のための技術力もなければ、戦後の財閥解体の対象とされたことからも、多くの資産を失い、資金も枯渇していたのである。しかし、その後の下請制を利用した日本自動車産業の発展には、目を見張るものがあった。イギリス自動車産業が一九六〇年代、七〇年代に停滞をみせている間に日本の自動車産業は世界市場を席巻し、ついにはイギリスへの工場進出となったのである。そして、日産が工場進出した場所は、一九世紀の末に日本が多くの軍艦の建造を依頼したアームストロング社のあるニューカッスルの近隣の地、サンダーランドであった[42]。まさに対照的な歴史をたどってきた日英両国であるが、一〇〇年の時をへて、日英経済の関わりはさらに緊密な時代に入ったのである。

(1) ピーター・マサイアス著／小松芳喬監訳『最初の工業国家——イギリス経済史　一七〇〇—一九一四年——』日本評論社、一九七二年。
(2) J・D・チェンバース著／宮崎犀一・米川伸一訳『世界の工場——イギリス経済史　一八二〇—一八八〇——』岩波書店、一九六六年。
(3) モーリス・ドッブ著／京大近代史研究会訳『資本主義発展の研究Ⅱ』岩波書店、一九五五年、六六～七一、一八八～一八九頁。
(4) 中小企業問題の国際的・歴史的視角の設定に関しては、伊藤岱吉「中小工業の本質」藤田敬三・伊藤岱吉編『中小工業の本質』有斐閣、一九五四年、所収、尾城太郎丸「中小企業問題認識の国際的・歴史的・構造的視角」『三田学会雑誌』第五六巻第五号、一九六三年、を参照。

（5）D. Bythell, *The Sweated Trades: Outwork in Nineteenth-century Britain*, New York, 1978.

（6）M. J. Daunton, "Industry in London: Revisions and Reflections", *The London Journal*, Vol. 21, No. 1, 1996.

（7）J. H. Clapham, *An Economic History of Modern Britain: The Early Railway Age 1820–1850*, Cambridge, 1939, p. 68.

（8）外池正治「西部ミッドランズにおける産業構造の展開過程について」『一橋論叢』第三八巻第四号、一九五七年、同「英国産業化過程と小工業」『経済学研究』第三号、一九五九年、同「中小企業問題の国際的研究——イギリス産業高度化過程における小工業・家内工業の研究」山中篤太郎編著『経済成長と中小企業』春秋社、一九六三年、所収、同「イギリス商工業の展開と労使関係の変化」『ビジネスレビュー』Vol. 11, No. 2, 一九六三年。

（9）Reports from the Select Committee of the House of Lords, *Sweating System*, 1888–1890.

（10）シドニー&ベアトリス・ウェッブ著／高野岩三郎訳『産業民主制論』同人社書店、一九二七年、九四三頁。

（11）J. A. Schmiechen, *Sweated Industries and Sweated Labor: The London Clothing Trades 1860–1914*, Chicago, 1984.

（12）R. Mudie-Smith, *Sweated Industries: Being a Handbook of the "Daily News" Exhibition*, London, 1906.

（13）大前眞「一九〇六年ロンドン苦汗産業博覧会——貧困を見る目をめぐって——」横山俊夫編『視覚の一九世紀——人間・技術・文明——』思文閣出版、一九九二年、所収。

（14）同前、三八九頁。

（15）詳しくは、外池、前掲各稿を参照。

（16）G. Tweedale, *Steel City: Entrepreneurship, Strategy, and Technology in Sheffield 1743–1993*, pp. 78–98, 102–109.

（17）中小企業研究所『欧米諸国の中小企業に関する研究（イギリス編）』第一章「イギリス中小企業問題の歴史的背景」、中小企業事業団・中小企業大学校、一九八三年、滝沢菊太郎「スモール・ビジネスに関する一研究（その二）——A・マーシャルからE・A・G・ロビンソンに至るスモール・ビジネス論の展開——適度規模論理論の生成（上）（下）」『経済科学』第六巻第二、四号、一九五八～五九年。

（18）アルフレッド・D・チャンドラー著／安部悦生他訳『スケール　アンド　スコープ』有斐閣、一九九三年。

（19）同前、二四一～二四五頁。

(20) M. B. Rose, "The Family Firm in British Business, 1780–1914", in M. W. Kirby and M. B. Rose (ed.), *Business Enterprise in Modern Britain*, London, 1994.

(21) P. L. Payne, "Family Business in Britain: An Historical and Analytical Survey", in A. Okochi and S. Yasuoka (ed.), *Family Business in the Era of Industrial Growth*, Tokyo, 1984, p. 188; G. Jones and M. B. Rose, "Family Capitalism", *Business History*, Vol. 35, No. 4, 1993, p. 1; R. Church, "The Family Firm in Industrial Perspectives on Hypotheses and History", *Business History*, Vol. 35, No. 4, 1993, p. 19; Rose, op. cit., p. 61.

(22) たとえば、R. Church, *Kenricks in Hardware*, Newton Abbot, 1969, p. 217; Payne, op. cit., p. 179を参照。

(23) デービット・S・ランデス著／石坂昭雄・富岡庄一訳『西ヨーロッパ工業史』みすず書房、一九八〇年、三六五～三六六頁。

(24) M. B. Rose, "Beyond Buddenbrooks: The Family Firm and Management of Succession in Nineteenth Century Britain", in J. Brown and M. B. Rose (ed.), *Entrepreneurship, Networks and Modern Business*, Manchester, 1993.

(25) L. G. Zucker, "Production of Trust: Institutional Sources of Economic Structure, 1840–1920", *Research in Organizational Behavior*, Vol. 8, 1986.

(26) Rose, "Family Firm", p. 73.

(27) Report of the Committee on Industry and Trade, ① *Survey of Overseas Market*, 1925; ② *Survey of Industrial Relations*, 1926; ③ *Survey of Industries. Part I: Factors in Industrial and Commercial Efficiency*, 1927; ④ *Survey of Industries. Part II: Further Factors in Industrial and Commercial Efficiency*, 1928; ⑤ *Survey of Industries. Part III: Survey of Textile Industries*, 1928; ⑥ *Survey of Industries. Part IV: Survey of Metal Industries*, 1928; ⑦ *Final Report of the Committee on Industry and Trade*, 1929.

(28) *Final Report of the Committee on Industry and Trade*, pp. 298–302.

(29) 加藤三郎・西村閑也訳『マクミラン委員会報告書』日本経済評論社、一九八五年。

(30) 原田聖二『両大戦間イギリス経済史の研究』関西大学出版部、一九九五年、六～七、六一～八八頁。

(31) D. H. Aldcroft, "Economic Progress in Britain in the 1920s", in D. H. Aldcroft and H. W. Richardson, *The British Econo-*

my 1870–1939, London, 1969, pp. 236–237.

(32) H. W. Richardson, "Over Commitment in Britain before 1930, in Aldcroft and Richardson", *op. cit.*, pp. 190–218.

(33) W. Hornby, *Factories and Plant*, London, 1958, pp. 218–219; D. Thoms, *War, Industry, and Society: the Midlands, 1939–45*, London and New York, 1989, pp. 1–2; D. Thoms and T. Donnelly, *The Coventry Motor Industry*, Aldershot and Burlington, 2000, pp. 98–102.

(34) Hornby, *op. cit.*, p. 231; Thoms, *op. cit.*, pp. 51–60.

(35) ジョン・F・ウィルソン著／萩本眞一郎訳『英国ビジネスの進化――その実証的研究、一七二〇―一九九四――』文眞堂、二〇〇〇年、二八二～二九六頁。

(36) レナード・J・ティヴィー著／遠山嘉博訳『イギリス産業の国有化』ミネルヴァ書房、一九八〇年、五一～八七頁。

(37) ジェフリー・オーウェン著／和田一夫監訳『帝国からヨーロッパへ――戦後イギリス産業の没落と再生』名古屋大学出版会、二〇〇四年、一八四頁。

(38) 中本和秀「自動車産業の盛衰」湯沢威編『イギリス経済史――盛衰のプロセス』有斐閣、一九九六年、所収、一七七～一七八頁。

(39) オーウェン、前掲訳書、四三～四四、三八六～三八七頁。

(40) 『英国の中小企業（ボルトン委員会報告書）』商工組合中央金庫調査部、一九七四年、五六六頁。

(41) ＮＨＫ取材班『ＮＨＫスペシャル　戦後五〇年その時日本は　第一巻　国産乗用車・ゼロからの発進　六〇年安保と岸信介・秘められた改憲構想』日本放送協会、一九九五年、九八～一一〇頁。

(42) マリー・コンティヘルム著／岩瀬孝雄訳『イギリスと日本』サイマル出版会、一九八九年、一六九～一七七頁。

第8章　中小企業と日本資本主義の発達

はじめに

日本における産業革命は、イギリスより一世紀以上も遅れて始まった。それは先進資本主義諸国が、帝国主義的支配をアジア諸国をはじめとする全世界の未開発地域に広めつつある時代であった。幕末開港によって世界市場にリンクされた日本は、関税自主権をもたない不平等条約のもと、アジア諸国と同様な植民地支配を受け入れざるを得ないような危機に直面していたのである。(1) この危機に直面した日本政府は、国家主導のもとで強力に資本主義化をおしすすめ、先進資本主義諸国への対抗措置をとっていったのである。

明治維新政府は、先進諸国から近代的産業を移植するという形で日本の資本主義化をすすめたのであるが、このように上からの強制によって推進された日本資本主義の発達は、一方で先進資本主義諸国と同様の近代的生産関係に基づく大企業を発展させるとともに、他方では前近代的生産関係を温存する、問屋制度のもとに支配された家内工業や零細企業を消滅させることなく執拗に残存させ、近代的部分の発展を補完する構造のもとに利用していったのである。このような近代的部分と前近代的部分との同時存在と相互依存性、上層大企業と政府との密着した関係等が後進国型経済発展の特徴とみなされ、日本資本主義は近代化の典型とされたイギリスとは、著しい相違をみせると理解された。こうした状況は第二次大戦後も日本資本主義を規定し、大企業と中小企業間の著しい生産力格差や賃金格差をもたらす「二重構造」が日本には存在し、日本の近代化はこの遅れた中小企業部分の近代化なしには達成できないと考えられたのである。

しかし前章で述べたように、チープ・レーバーを利用した家内工業や零細工業の問屋制的支配は、日本だけにとどまらずイギリスにおいてもみられた。イギリスにおいては、社会立法や産業構造の高度化をつうじてそのようなチープ・レーバーの存在そのものを払拭し、大企業と中小企業間の賃金格差を縮小させていったのであるが、日本ではそれを温存し、利用することによって資本主義化をおしすすめていったのである。また戦後においては、イギリスが経済力の集中が進行するなかで新規創業が停滞し、経済活力をもたらす中小企業部分の発展に英国病克服の処方箋を見出したのに対し、日本では遅れたもの、克服されねばならないものとされた中小企業が、実は輸出競争力の源泉であり、これら多数の中小企業の存在が、奇跡と呼ばれた戦後高度経済成長の真の担い手であるとの評価の逆転までなされることとなる。この章では、経済発展に対して抑止的な存在としてではなく、その発展を促進させる存在としての中小企業という観点から、中小企業と日本資本主義の発達を述べていこうと思う。

第1節　産業革命と在来産業

1　外貨獲得産業としての在来産業

アヘン戦争・アロー戦争の敗北によって欧米諸列強との屈辱的な条約を締結し、市場を全面的に開放した中国は、香港島や九竜半島の一部をイギリスに割譲するなど、帝国主義的外圧のもとで半植民地化の危機を迎えていた。こうした動向に、日本も無縁ではなかった。幕末開港によって強制的に世界市場とリンクされた日本は、関税自主権を持たない不平等条約のもと、早期に資本主義体制を整え、欧米諸列強に対抗していかなければ、中国と同じような半植民地化される危機に直面したのである。

倒幕ののち、国内を平定した明治維新政府が早急に資本主義化をおしすすめるためにとった手段は、先進資本主義諸国から近代的な機械を輸入し、それを運転するための技能を伝授する技師、いわゆるお雇外国人技師を招聘して、近代的な機械制大工業を上から創出する方法であった。それは工場制度に基づく機械制大工業の下地がまったくないところに、国家主導のもとで強力的に近代工業を移植し、定着させていくものであった。また、帝国主義化する先進資本主義諸国への対抗から、近代的な装備を整えた軍隊を設立・強化するため、兵器生産には最大の恩恵をほどこし、世界最先端の技術を導入していったのであった。世界最大の軍艦製造業者であったアームストロング社に、大量の軍艦を発注したのもちょうどこの頃であり(2)、その後技術力を高めた日本の造船業は、やがて自前の軍艦を建造していくこととなるのである。これがいわゆる明治維新政府がとった、富国強兵・殖産興業政策であった。

しかし海外から機械や武器を輸入し、しかも生産に必要な原材料も輸入するとなると、その支払手段としての外貨が必要であった。外貨を獲得する手段としては、ロンドンをはじめとする外債市場で起債することも可能ではあったが、当時の日本ではその信用力にも限度があった。輸入に必要な外貨を獲得するには、どうしても国内において輸出産業を育てる必要があり、この時期の日本における最大の外貨獲得産業とされたのが、生糸産業であった。生糸生産は富岡製糸工場に代表される工場制度のもとで行われたが、そこで雇用される女性を中心とした労働力や、蚕の生産に関わる農家等では、劣悪な労働条件に基づく低賃金基盤が利用され、一家の生存をもおびやかすような低賃金によって輸出が支えられていることから、飢餓輸出とも呼ばれるようになったのである。

また、外貨獲得産業として重要視されたのは、生糸産業ばかりではなかった。徳川時代からの日本在来の伝統工業のなかで、輸出品として海外市場で販売できるものは、輸出奨励のもとにさまざまな育成政策が展開されたのである。ただし輸出品には粗製濫造をいましめ、その品質を堅持して、海外市場での評判を落とすことなく輸出を拡大することが望まれたことから、第6章で述べられた重要物産同業組合や重要輸出品同業組合等の組織化政策が展開されたのであった。これらの産業には、日本各地に存在する地場の織物業や、茶・陶磁器・漆器・各種金属製品等、雑多な産業が含まれ、そのほとんどが工場とも呼べないような家内工業や零細工業のもとで生産されていたものである。そしてそれらの家内工業や零細工業に仕事を斡旋し、原材料の供給・製品の流通等、生産の組織者として、また、産地と国内市場ないしは海外市場との結節点として活動したのが、多くの問屋資本であった。

このような産業が、やがて地場産業として発展し、地域経済を支えていく中小企業群を形成していくことになる。すなわち、日本においては、一方で産業革命の過程において海外から移植された官営の機械制大工業が、その運営が軌道にのった時点で、のちに財閥を形成する民間政商に払い下げられ、近代的な工場制度が確立しつつも、他方ではその機械制大工業の原料や設備を輸入するための外貨獲得産業が、一部の製糸工場を除いて、きわめて小規模な零細工業や家内工業の形をとり、問屋支配の構造を温存しつつ拡大再生産されていた。

イギリスにおいては、民間部門で工場制度に基づく機械制大工業が発展し、その進展の過程で、消滅していくと思われた小工業が二〇世紀の初頭まで残存していったが、日本においては、資本主義確立の過程そのものが、小工業の広範な存在を前提とするものであり、それら小工業の拡大再生産が、機械制大工業の存立をより確かなものとしていったのである。したがって、イギリスでは労働立法や産業構造の高度化・高級品生産への特化等をつうじて、チープ・レーバーを存立条件とする苦汗産業が払拭されていったのに対し、日本ではそのような低賃金基盤の存在こそが、日本資本主義発展の条件となったのである。こうした条件が戦後にも引き継がれ、大企業と中小企業間の著しい生産力格差や賃金格差を特徴とする「二重構造」という産業構造を現出させることとなるのである。

2　在来産業の存立基盤

イギリスにおいては産業革命に先がけて農業の近代化、すなわち第二次エンクロージャーが展開され、地主たちは小農民を土地から追い払い、大規模な穀物生産を行っていた。農民たちはすぐに都市において工場労働者となったわけではないが、彼らは農村にとどまって農業労働者となったり、その周縁部でなんとか職をみつけたりして生活をつなぎ、やがて工場が密集する工業都市へと吸引されていった。こうしてマルクスがいう、二重の意味での自由な労働者が成立してきたのである。

これに対して日本では、大地主が土地を所有してはいるが、彼らはそれらの耕作地を統合して大規模農業を営むのではなく、多くの小作人に土地を貸し出し、高額の小作料を徴収する寄生地主制が成立した。高額の小作料は小作人の生計を圧迫し、農業以外での収入、すなわち家内労働による副収入をもってようやく生計が維持される状況を生み出し、そこに問屋の支配が及ぶ零細経営が蔓延することとなった。また、都市においても機械制大工業の工場に働く人々の割合はごくわずかであり、旧来からの商家や製造親方のもとでの丁稚奉公や徒弟・職人修業といった前近代的な生産関係に基づく低賃金基盤が、長い間の習慣として存続していた。さらに都市の家庭内においても、主婦や老親の細々とした内職仕事が広範に行われ、こうした仕事を斡旋するのも問屋の仕事であった。

このように、外貨獲得産業としての伝統的な地場産業、いわゆる在来産業は、その存立基盤を農村や都市における大量の低賃金労働者によっていたということができるであろう。それは同時に、日本の経済発展が、輸出産業の動向によって左右される状況をも生み出すこととなった。すなわち、国内市場の大部分が、寄生地主制のもとでの高率小作料を課された隷農的な小作人や、都市における前近代的な生産関係を残した低賃金労働者で占められていたことから、国内市場は狭隘であり、近代的な移植産業において生産された製品は、当然のことながら輸出に向けられたのである。そして、その移植産業の維持のためにも、在来産業製品の輸出による外貨獲得が必要だったのである。これこそまさに、飢餓輸出という表現の内容を示す実態であった。さらに輸出市場や原材料市場を確保するため、近代的な装備を身につけた日本の軍事力は、早期に先進資本主義諸国にならい、アジア諸国への進出を始めることとなるのである。ここに、早熟・早老ともいえる日本資本主義の特質があらわれている。

輸出産業が国内の経済成長と深く関係しているという状況は、日英で共通のものであるが、そのよって立つ背景は、それぞれの国の歴史過程によってまったく違うものとなる。イギリスでは機械制大工業がもつ圧倒的な生産力のもとに、安価で良質な商品を全世界に輸出し、資本主義を発展させていったのに対し、日本では遅れた工業化という条件のもとで、借り物の技術と安価な労働力を武器に、世界市場の一角をかろうじて獲得していったのである。このように多くの労働者を低賃金労働によって搾取し、国内市場を犠牲とした日本の経済発展は、資本主義化・近代化の典型とされたイギリスの経済発展とは異なった、特殊日本的、あるいは後進国型の経済発展であったと理解されたのである。

このような基本構造をもった日本資本主義の発達は、一方で先進資本主義諸国と同様の近代的生産関係に基づく大企業を発展させるとともに、他方では、前近代的生産関係を温存する、問屋制度に支配された家内工業や零細企業を消滅させることなく残存させ、近代的部分の発展を補完する構造のもとに利用していったのである。日本の中小企業問題は、まさにこの延長線上にあると考えられ、この遅れた部分の克服が日本の近代化の過程で問題となるのであった。しかし他方では、アジア諸国の中で、なぜ日本だけが早期の工業化に成功したのかという問いに対して、こうした多数の在来産業の力強い発展とその後の中小企業への転化が、日本の経済発展の基盤を支えていたという事実も見出せるのである。狭隘な国内市場とは一面的に呼べないような、雑多な商工業の発展とその消費市場の広がりが、日本には存在したのである。

第2節　国民経済のなかの在来産業

1　在来産業の雇用吸収力

日本において産業革命が進展した時期、すなわち明治の中期から昭和の初頭にかけて、農業以外の第二次・第三次産業が急速に発展していく。その内容は、一部の移植産業を除いて、近代的な工場制度に基づく製造業や配給制度の効率化をおしすすめる流通業の発展というよりも、在来産業の急速な拡大という側面をもっていた。通常、在来産業というと日本の伝統的な地場の産業と捉えられてきたが、それをより小・零細規模で日本の国民経済の大きな部分をになう産業の総体として捉えようとする中村隆英は、在来産業の定義とそれが明治中期以降、急激に増加した原因を次のように述べた。すなわち、在来産業とは、原則として、広義には農林水産業を含み、狭義には農林水産業を除いた、近世以来の伝統的な商品の生産・流通ないしサービスの提供にたずさわる産業、例えば織物、醸造、木製品・金属製品製造、建築、小売商業、小運送等の業種であって、主として家族労働、ときには数人（五人未満）の雇用労働に依存する小経営によって成り立っている産業をいい、さらに明治以後、海外から導入された多くの業種、例えば洋服の仕立や靴の製造、ブリキ細工、器械製糸などの新在来産業も、伝統的な在来産業と同様の経営形態をとっていたことから、ここでいう在来産業に含まれる[3]、という定義を示したのである。

これらの在来産業が明治中期に急激な発展をみせた理由について、中村は表8-1に示されるように、人口の半ば以上を吸収していた農林業の人口吸収力が、農家戸数五五〇万戸、農業有業人口一五〇〇万人で限界に達していて、

表8－1 戦前期日本における在来産業有業者の推移　（単位：1,000人、％）

期間	有業者総数	農林水産業	非農林水産業	近代産業			在来産業		商業・サービス業			
				合計	製造業（従業員5人以上の工場）	その他	合計	製造業（従業員5人未満の工場）	計	物品販売業	その他	その他の在来産業
	(1)	(2)	(3)	(4)	(5)	(6)	(7)	(8)	(9)	(10)	(11)	(12)
1885～1890	22,554	14,878	7,675	577	186	391	7,098	143	2,024	1,518	506	4,932
（％）	(100.0)	(66.0)	(34.0)	(2.6)	(0.8)	(1.7)	(31.5)	(0.6)	(9.0)	(6.7)	(2.2)	(21.9)
1890～1895	23,287	14,779	8,507	745	376	369	7,762	184	2,129	1,596	532	5,450
（％）	(100.0)	(63.5)	(36.5)	(3.2)	(1.6)	(1.6)	(33.3)	(0.8)	(9.1)	(6.9)	(2.3)	(23.4)
1895～1900	23,938	14,807	9,132	1,043	511	532	8,088	200	2,234	1,675	558	5,655
（％）	(100.0)	(61.9)	(38.1)	(4.4)	(2.1)	(2.2)	(33.8)	(0.8)	(9.3)	(7.0)	(2.3)	(23.6)
1900～1905	24,553	14,788	9,765	1,411	650	762	8,354	224	2,339	1,754	585	5,791
（％）	(100.0)	(60.2)	(39.8)	(5.7)	(2.6)	(3.1)	(34.0)	(0.9)	(9.5)	(7.1)	(2.4)	(23.6)
1905～1910	25,074	14,740	10,334	1,909	962	947	8,425	313	2,457	1,843	614	5,656
（％）	(100.0)	(58.8)	(41.2)	(7.6)	(3.8)	(3.8)	(33.6)	(1.2)	(9.8)	(7.3)	(2.4)	(22.6)
1910～1915	25,675	14,721	10,954	2,317	1,207	1,109	8,637	388	2,725	2,044	681	5,524
（％）	(100.0)	(57.3)	(42.7)	(9.0)	(4.7)	(4.3)	(33.6)	(1.5)	(10.6)	(8.0)	(2.7)	(21.5)
1915～1920	26,591	14,718	11,873	3,378	1,953	1,425	8,495	638	3,172	2,379	793	4,685
（％）	(100.0)	(55.3)	(44.7)	(12.7)	(7.3)	(5.4)	(31.9)	(2.4)	(11.9)	(8.9)	(3.0)	(17.6)
1920～1925	27,687	14,738	12,949	4,304	2,531	1,773	8,645	844	3,881	2,809	1,072	3,921
（％）	(100.0)	(53.2)	(46.8)	(15.5)	(9.1)	(6.4)	(31.2)	(3.0)	(14.0)	(10.1)	(3.9)	(14.2)
1925～1930	28,947	14,768	14,179	4,622	2,648	1,974	9,557	1,031	4,624	3,134	1,490	3,902
（％）	(100.0)	(51.0)	(49.0)	(16.0)	(9.1)	(6.8)	(33.0)	(3.6)	(16.0)	(10.8)	(5.1)	(13.5)
1930～1935	30,531	14,714	15,817	5,050	2,932	2,119	10,767	1,265	5,292	3,494	1,798	4,210
（％）	(100.0)	(48.2)	(51.8)	(16.5)	(9.6)	(6.9)	(35.3)	(4.1)	(17.3)	(11.4)	(5.9)	(13.8)

出典：中村隆英編『日本の経済発展と在来産業』山川出版社、1997年、15頁。
注：数値は当該期間の平均値である。
(1)＝(2)＋(3)、(3)＝(4)＋(7)、(4)＝(5)＋(6)、(7)＝(8)＋(9)＋(12)、(9)＝(10)＋(11)。

それ以上の人口を養うことができなかったことにあると述べている。明治期以降の人口増のなかで、農家から派生する余剰人口は、雇用機会を農業以外に求めなければならなかったが、当時発展しつつあった近代産業は、二〇〇～三〇〇万人前後の雇用吸収力しかなく、農家から流出した人口の大部分は、この在来産業に職を求めるしかなかったのである[4]。

こうした在来産業の捉えかたは、従来の移植産業と在来産業とを区別する方法とは異なるが、たとえ移植産業であっても、その小規模性や零細性にともなう庶民生活との一体性や地域経済における重要度を考慮するならば、一部の人々のみが享受しえた近代的工場制度に基づく雇用と、その他多くの人々がその生活を将来にわたってつないでいくための総体としての在来産業における雇用という、当時の日本経済が直面した異なる工業化の道を理解するうえで有効な捉えかたともいえるであろう。すなわち、産業革命に先行する形での小営業の原基的な成長・発展（いわゆるプロト工業化）が、やがて産業革命の過程で機械制大工業の成立をもたらし、その大工業の後背部で執拗に小工業が残存していくという工業化の過程とは別に、近代的な工場制度の発展と並行する形で、それに駆逐されつつ残存していくというのではなく、小経営が小経営のまま独自に発展していくという、在来産業部分の小経営的な発展によるもう一つの工業化が進行していたのである[5]。

2　在来産業の生産・流通組織

在来産業の展開は、従来農村副業として営まれていた零細な商工業が専業化することによって始まったと思われるが、その過程を推進したのは、幕末以降の人口増加と明治維新以降の都市の発展であった。農村人口が増加し始め、その余剰人口が都市に流出して生活しうる可能性が開けた条件について、中村は①需要の増加とともに農村の内部に非農業の有業者が定住し、農村の一角に役場や商店が立ち並ぶ集落が形成されたこと、②近郊の農村の中心となる町場が発達し、農産物の集散と農民の生産資財や生活用品の販売にあたったこと、③数万の人口をもつ地方都市から県庁所在地、さらに東京や大阪といった六大都市にいたる都市化が、明治中期から展開したことを掲げ、以上の三つの条件がこの順序で備わってきたことによって、農村の次男次女に代表される過剰労働力が、都市に流入してきたことを述べている。(6) ロンドンが雑多な工業の故郷であったのと同様に、日本においても、都市の発達は雑多な商工業の発展を内包していたのである。

近代産業部分の雇用創出力が停滞するなかで、そこに就業できなかった多くの人口がこうした都市部に滞留し、行商や露天商、内職等に家族総出でたずさわり、一家の生計を維持していったのである。生きていくためにはどんなに所得が低くても、一応就業の形をとるため、こうした低賃金部分では失業の顕在化が少ない。昭和三二年版の『経済白書』で「二重構造」が問題とされた際に、このような状況を完全雇用ではないが全部雇用の状態であるという表現がなされたが、(7) それと同じような状況は、すでに日本資本主義の成立期に特徴的にあらわれていたのである。人口増加が、幕末天保期から始まっていたとするならば、在来産業の発展は内在的に開始され、幕末開港によってその速度を増し、明治中期に顕在化したといってよいであろう。

このような発展を示した在来産業のなかで、最大の雇用を生み出したのは商業・サービス業分野であった。前掲表8-1に示されるように、商業・サービス業有業者は、一八八五~九〇年の二〇二万人から一九三〇~三五年の五二九万人に増加し、全有業者に占める割合は九・〇%から一七・三%に、在来産業有業者に占める割合は二八・六%から四八・七%へと急成長したが、なかでも物品販売業は、男性はもちろん女性にも継続的に多くの就労機会を提供し続けたのであり、これがその後の日本における流通過程の多段階性と商業の零細性を規定していったといえるであろう。(8)

また在来産業の製造業部門も多くの雇用を生み出したが、こうした製造業においては、その生産は多くの場合、流通分野を取り仕切る問屋の支配下にあった。問屋は前にも述べたように、生産の組織者であり、原材料を調達してこれを小営業者に供給して賃加工させ、出来上がった製品を流通機構にのせて国内・海外市場に販売するとともに、小営業者に資金を貸し付けたり、市場の情報を提供し、改良技術の指導を行ったりするなど、様々な機能を果たしていたのであった。(9) このような状況が、やはりその後の日本における中小工業の下請制の展開に反映されていくのであった。

このような在来産業も、第一次大戦以降、しだいに変容をみせるようになる。生活スタイルの洋風化がすすみ、消費財市場の内容が変化してくるとともに、小規模ながらも工場で生産された消費財が流通にのせられてくる。家内工業として細々と伝統的な消費財を生産していた家庭のなかでも、しだいに一般の労働者になるものや、変化する需要にあわせて、小規模な工場主へと上昇していくものもあった。やがて戦時経済のもとで物資の統制が強化され、伝統的な消費財を生産していた在来産業は、第三次産業を除いて急速に縮小していくのであった。(10)

第3節　在来産業から中小工業へ

1　中小工業と下請制

第一次大戦以降、伝統的な在来産業のなかからも、また移植産業が在来的発展をとげた新在来産業のなかからも、まがりなりにも工場制度をとった小工業が多数あらわれてくる。一九二〇年代はようやく日本における産業革命が完了し、生産部面の主要局面で機械制大工業が確立した時期であるが、日本においては、それは同時に独占の成立期でもあった。経済の上層部では、急速に資本の集中化がすすみつつも、経済の底辺部では、圧倒的な数の小資本が孤立分散している、まさに資本の集中と分散が同時的に進行していたのである。一方では機械制大工業が支配的地位を占めながら、他方では中小経営がなお圧倒的に広範な地盤を形成し、第二次産業に従事するかなりの労働者がこの部門で雇用されていた理由としては、日本における電力の普及が比較的早く、先進諸国と時代的にあまり違わなかったこと、また初期から工業の分業体制が細分化され、小規模な専門経営が多かったこと、そして豊富な低賃金労働者が存在したことがあげられる[11]。動力としての蒸気機関の時代が短く、電動機の普及が他の資本主義諸国とほぼ同じ時代に生じた日本においては、それだけ小資本の中小工場を群生せしめたともいえる[12]。イギリスにおいては、社会立法と産業構造の高度化の過程で消滅していったチープ・レーバーも、日本においては、独占段階において、その低賃金基盤を存立条件とする中小工業を多数かかえこまなければ資本主義が成り立っていかない状況が存在したのである。

こうした中小工業の多くも、やはり原材料の調達や製品の販売という点から、経営上問屋資本に頼らざるをえなかった。この問屋資本と密接な関係にある下請制の性格に関しては、戦前から相対立する見解があらわれ、多くの人々の関心を集めた。下請制は日本資本主義を語る場合、産業構造の上で最も特筆すべき特徴であり、中小企業問題と離れがたく結びついているのである。当時の下請制をめぐる議論の中心をなしていたのは、一方では藤田敬三の理論であった。藤田は、問屋のような商業資本が家内工業や中小工業を支配するにせよ、あるいは機械制大工業が中小工業を下請として支配するにせよ、その本質は流通過程をつうじての利潤の抽出であると理解した。すなわち下請とは、工場・問屋・商社・ブローカーのような存在が、他の一般に劣位にある工場に部品の製作・加工・修理等の仕事を発注する際に、上位資本である支配的資本が下位資本である中小工業を商業的に支配する形態、すなわち商業資本的工業支配の形態なのである[13]。

藤田によれば、第一次大戦以降、日本の産業構造がしだいに重工業主体の発展をみせはじめる時期に、電動機という技術的基礎を与えられて、日本の中小工業は急速に発展の道をたどった。しかし、一九二七（昭和二）年の金融恐慌によって日本資本主義が大きな打撃を受けて以降、日本の産業構造における大企業と中小企業との並列的な発展は、急激に独占企業と中小企業間における支配従属の関係に転化し、産業構造の二重性が固定化されるにいたったのである[14]。このような状況下で下請制が広範に展開され、独占資本の生産する原料・製品の高価格維持をつうじての独占利潤の獲得、下請制をつうじての中小企業労働者と中小資本家層の収奪（いわゆる原料高の製品安）、そしてこの収奪機構を維持するための統制強化、これらすべてが後進工業国日本の資本主義体制を支える必然の産物となったのである。したがって、独占体の中小工業支配の日本的な特殊形態としての下請制のなかに、そしてこの資本の特殊な労働搾取の形態のなかに、日本経済における中小工業の特異な役割が見出されることとなるのである。[15]

これに対して、論争のもう一方の当事者である小宮山琢二は、中小工業の存立形態を独立形態と従属形態に分けたのち、さらに後者の従属形態を二つにわけ、支配者が問屋あるいは商業資本である場合を問屋制工業（旧問屋制工業あるいは家内工業、新問屋制工業）、支配者が大工業あるいは工業資本である場合を下請工業と分類した。[16] すなわち、発注者が商業資本である場合と工業資本である場合を明確に区別したのである。これらの存立形態のうち、当時企画院にいた小宮山が最も関心をもったのが、下請工業である。小宮山は下請工業が従属形態にあることを認めつつも、それが生産上の根拠に基づくものであり、問屋資本や商業資本の流通過程をつうじての前期的収奪による生産者の支配とは、支配の根拠が異なることを強調した。すなわち、下請工業のもとでは、親工場と下請工場とが生産工程上の関係をもって多かれ少なかれ有機的に結合し、したがって、その生産分化が社会的分業ないしは一生産部門内の特殊分業である限り、その生産物は価値どおりに交換されうるとしたのである。[17] 小宮山は、下請制が中小企業にとって上昇・発展への契機となると考えたのであった。

日本各地の工業地域をつぶさに観察した小宮山は、当時の後進工業国日本における機械金属工業の状況を次のように認識した。すなわち、国の最大の関心と出費によって、経済性を無視してまでも世界水準を凌駕するまでに維持発展せしめられた国営軍事工業と、世界水準よりはるかに低位にある民間重工業との技術水準と生産性に関するはなはだしい隔絶性、さらにはこの劣弱な民間重工業大企業と中小工業との間の救い難きにまで深刻な隔絶性という、日本中小工業がおかれた「二重の隔絶性」という現実であった。[18] 戦時経済体制の動きが始まりだし、地方統制工業等の政策が順次おしすすめられてくるなか、「二重の隔絶性」のもとにおかれた中小工業が、浮動的下請から大工業のもとに専属下請化していく現実は、問屋制のもとにある中小工業とは違って、唯一、技術力・生産力を高めていく可能性をもつ姿であった。すなわち、下請工場の生産を一部分工程へと特化させ、大工場の生産過程と有機的関連を持たせることは、一面では大工場による中小工場の支配の強化をもたらしつつも、他面では大工場から中小工場への技術移転を可能とさせ、現実的には生産力の拡充が期待されることとなるのである(19)。

藤田も小宮山も同じ日本の現実を観察し、同じように下請制の従属性を認めながらも、その将来における役割や評価に関してはまったく異なる見解を示していたといっていいであろう。これは両者のおかれた立場や、下請制の中核部門をどう捉えるかといった違いから生じてきたものであろうが、現実には戦時経済体制が強化されていくにつれ、政府のすすめる統制経済のもとで、小宮山の考えが現実に展開されていくこととなる。

2　戦時下における下請制の展開

一九三〇年代以降の戦時経済体制の進展、とりわけ一九三七年の盧溝橋事件以降に明確になる戦時経済体制の本格化のなかで、日本の中小工業の多くは下請制をつうじて軍需生産へと組み込まれていく。それは前章で明らかにしたように、イギリスの再軍備期に、航空機生産のためにシャドー・ファクトリーとして自動車産業が軍需生産に組み込まれ、その部品供給業者としてミッドランド地域の機械金属工業が下請工業として活用された時期と符合している。両国とも戦争遂行のため、国家総動員体制で軍需品の生産が展開されたのであった。

戦時経済体制のもとでは、多くの中小企業が整理・統廃合の対象とされた。一九三七年以降、物資動員計画によって軍需部門への効率的な資源配分が行われ、資金・労働力が逼迫するなかで、消費制限、販売制限などによって零細な非軍需部門の企業が減資解散に追い込まれたことにより、企業の中規模化が戦時下で進行したのである(20)。非軍需部門ないしは平和産業部門は、積極的に軍需部門への転業ないしは廃業が促され、それによる失業者は軍需産業への就業を促進させる企業整備政策が実施されたのであった。当初、企業整備の目的は、第一に、原材料や労働力が不足している企業に対しては、一定規模以上の企業に経営資源を重点的に配分して生産を確保し、企業経営を安定化させること、第二に、零細で非能率的な企業は、企業合同により一定規模以上に拡大し、生産の合理化・拡大を目指すこと、第三に、非能率な中小企業や不要不急産業の中小企業は、軍需産業や生産力拡充産業への転業を促すこと、第四に、経営活動の実態のない企業や就業が不安定な企業における半失業状態にある余剰労働力を、軍需関連分野に労務動員することであった(21)。

伝統的な織物や贅沢品、あるいは多くの日用品といった在来産業の多くは不要不急のものとされ、物資の統制のもとで業種転換や廃業を迫られたわけであるが、こうした政策が順調に実施されたわけではなかった。中央で企画された統制も、各地域の末端の事情を考慮したものではなく、企業整備の実施過程は各地域での恣意的な判断に委ねられたのである。例えば伝統的な高級織物である京都の西陣織では、分散していた組合を西陣織物協同組合のみに集約して物資を統制し、企業規模の拡大、不要不急部門の業種転換、余剰機械の供出等を推進しようとしたが、中央の指導が徹底されたのは比較的大きな企業のみで、逆に多くの零細織物業者が戦時中も残存したのであった(22)。

また、一九二〇年代以降の重工業部門の発展とともに、日本の機械金属工業においても多くの中小企業が参入してきたが、それらの多くは小宮山が指摘したように、技術水準がきわめて低いものであった。これらの中小工場は、ほとんどが大企業から発注をうけて部品を生産したり、製品加工の一部分を担当したりしていたが、この発注元である親工場と下請工場との関係は、固定的で緊密なものではなく、多くの下請工場はさまざまな発注元からの仕事をこなす浮動的な下請関係のもとにあった。

戦時経済体制のもとで、これらの浮動的な下請を統制をつうじて効率的に活用していこうとする政策が、一九四〇年以降展開されてくることとなる。すなわち、親工場と下請工場との関係が、固定的で緊密なものになることによって、下請工場は親工場の生産工程の一部分加工に特化し、親工場からの技術的ならびに設備上の指導・援助を受けつつ、その生産能力の向上を図るという方策であった。それはまさに、小宮山が下請工業と規定した形での中小工業の発展の形態であった。その際、下請工場を協力工場と規定したことは、下請関係を単なる親工場と中小工場の受発注関係(取引関係)から相互義務関係による信頼的関係(協力関係)に転換させ、両者の協力によって中小工場の生産力と技術力の発展を図ろうという意図があった。(23)

下請工場を協力工場と呼びかえ、その関係を固定化させるために導入された制度が、指定制度であった。指定制度とは、発注企業からの仕事を専属的に受注する下請工場を指定する制度である。発注側の企業は指定工場に対して技術の供与、治具の貸与、金融的な援助、資財労働力の貸与、発注の保証を行ったが、発注工場、下請工場双方とも、指定を受けてしまうことは、発注・受注関係を硬直化させ、経営リスクが大きくなることから、指定制度は順調には進展しなかった。(24) すなわち、発注工場にしてみれば、指定工場を専属下請とすることで生産能力の拡張ができるが、それにはさまざまな指導・援助を行わなければならず、一度指定してしまうと指定工場への発注義務が生じてしまう。また、下請工場にしても、指導・援助、そしてなによりも発注が約束どおり果たされるのかという不安があり、工場にとってより有益な仕事の受注機会をみすみす逃してしまうという危惧もあった。実際には、指定制度はそれほどの専属下請を生み出すこともなく、下請工場は複数の親工場から仕事を受注する状況が続いていた。

敗色が濃厚となってきた段階で、企業整備はいっそうの統制強化が図られ、一九四三年には工業部門を三種に分けて、重点的に拡大する部門と整備対象となる部門を明確にした。すなわち、第一種工業部門は繊維・製粉・油脂等、整備によって設備の転用、金属の回収、労務の供出ができ、戦力増強に寄与するところ大の部門、第二種工業部門は兵器・機械・素材産業等、拡充を必要とする部門で、親工場と下請工場・協力工場の関係を強化し、企業系列という組織化と集中化を梃子にして軍需品の生産を増強する部門、そして第三種工業部門は日用品・雑貨等、戦力増強に寄与するところ少なく、そのまま放置された部門である。(25) こうして第二種工業部門の機械金属工業において、下請中小企業を広範に利用した軍需品生産の拡充計画が、政府主導のもとで実施されたのであった。

この段階で、軍需産業に関わる第二種工業部門の整備計画において、発注工場から一次、二次、三次といった末端下請までを含めた生産機構全体を企業系列として整備しようとする計画が策定されることとなる。このような全機構的な生産統制を実施してまで生産を強化しようとした最重要部門が、航空機産業であった。(26) イギリスにおいて戦時期に航空機生産を増強するため、シャドー・ファクトリー計画によって自動車産業を航空機生産に取り込み、さらにその自動車産業に部品を供給していた機械金属工業をも、下請生産をつうじて航空機増産計画に組み込んだことは前章で述べたが、それと同じことが日本でも展開されていたのである。しかし、その実施過程には日本に六年の遅れがあった。

一九四三年一一月には軍需省が設置され、航空機増産のために軍需会社法に基づく企業系列整備がよりいっそう強力にすすめられた。ここにおいて発注工場側も指定工場とすることで、発注の一元化、管理監督の一元化が行われ、この指定発注工場のもとに、専属の一次指定協力工場、共同協力工場が配置され、この下に二次指定協力工場や未指定協力工場を置き、これらを束ねる組織として、協力会が設置されたのである。また、発注工場も協力工場も直接軍需品を生産している工場ばかりでなく、その部品供給に関わる産業であれば系列整備の対象とされたし、専属化が望ましいとされながらも、共同協力工場が認められたため、対象工場は拡大されたが、その分、物資や労働力の統制は混乱することになった。(27)

例えば、大正末期の関東大震災以降、都市中心部の工場が移転してきて、工業の一大中心地となっていた現在の大田区では、多くの工場がこの系列整備に組み込まれた。一九四四年一月の第一回軍需会社の指定により、全国で航空機関係会社一五〇社が指定されたが、大森・蒲田両区内に工場をもつ会社では、三菱重工業㈱、日立航空機㈱、東京航空機㈱、富士飛行機㈱、日本光学工業㈱、東京芝浦電気㈱をはじめ一八社が指定された。さらに、二次指定、三次指定を含めると、東京にある六九五の軍需工場・事業場のうち、大森・蒲田両区にある工場事業場は一七二で、東京全体の二四・七%を占めていた。さらに、指定された工場から下請生産を受注していた零細企業まで含めると、軍需品の生産に関わっていた工場はその数倍にまで及んでいたかもしれない。まさに、大田区全域が兵器廠の観を呈していたのである(28)。

また、日本においても自動車産業とその部品供給産業が航空機生産に組み込まれたが、イギリスのように軍需品、とりわけ航空機の製造に参画することによって規模拡大や技術力の向上が図られることはなく、航空機生産に振り向けられた生産能力の分だけ自動車生産が縮小するといったように、生産力の増強はかなり限られたものであった(29)。結局、系列化をおしすすめた企業整備は、ごく限られた効果しか発揮しえず、イギリスで試みられた分割生産システムも、当時の日本では実現すべくもなかったのである。日英における技術力、資源や労働力の動員力には、大きな差があった。不要不急の産業部門の機械類や国民が所有する金属を強制回収までしなければ、武器生産がままならないという縮小再生産の状況では、もはや戦いを継続することはできず、企業整備の方策そのものが、すでに敗戦のシナリオと化していた。大田区をはじめとする多くの軍需産業基地は、米軍の爆撃によってことごとく破壊され、資源も工場もないという悲惨な状況で、日本は敗戦の日を迎えることとなるのである。

第4節　生産システムとしての下請制の評価

1　戦後復興と中小企業庁の設立

焦土と化した国土の中から、日本の戦後復興は始まった。前節で述べたように、戦中期の日本経済は、不要不急の産業は縮小されて生産設備を金属回収のために破壊され、すべての産業が統制経済のもとで戦争遂行のための軍需生産に向けられていた。国民の生活を支える、多種多様な消費財を生産していた多くの中小企業は、転業や廃業に追い込まれ、物資の配給も政府の統制のもとにあった。国民は擦り切れた衣服を着、粗末なものを食べ、隙間風の舞い込む家に住みつつ軍需工場に動員され、国家のための勤労奉仕に追われていた。このような国民の犠牲のもとに続けられていた兵器生産も、やがては米軍の爆撃によって軍需工場がことごとく破壊され、それとともに多くの国民が、着るものも、食べるものも、住む家もない状態で焼け出されたのであった。

このように極限的に消費が抑えられていた状態で敗戦を迎えた人々が、戦争終結の喜びのなかで、貧しいながらも旺盛な消費意欲をみせたことは想像に難くない。しかし、人々のこの旺盛な消費意欲に対して、政府が配給として国民に分け与えることができた消費物資は、あまりにも少なかった。物資が不足するなかで成立するのが、「ヤミ市」経済である。「ヤミ市」経済は、強者の論理が貫かれる無秩序な市場経済であるが、多くの国民は生きていくため、不足する物資の供給先をこの「ヤミ市」に求めたのであった。そして焦土と化した国土の中で、いちはやく国民に消費物資を供給したのが、戦時中に自由にものをつくることを制限されていた多くの中小企業や零細企業であった。そこには、いかなる状況のもとにあっても芽を出し、根を張る雑草のごとき生命力が感じられる。

政策というものが、その内容のいかんを問わず、本質的に統制的な色彩をもっているとするならば、終戦直後の焼け跡で自由に事業を始めたばかりの中小・零細企業にとって、これほど無縁のものはなかったであろう(30)。これらの企業は、残されていた軍需品生産のための原材料を消費財生産に振り向け、国民の多様な消費物資の需要にいち早くこたえたのであった。しかし、中小企業が自由闊達に活躍できた戦後の「ヤミ市」経済はあまりにも短く、政府の経済復興計画が進展してくるにつれ、中小企業には資金も物資も回らない状況となってきた。すなわち、一九四六年一二月に傾斜生産方式が閣議決定され、翌一九四七年一月に復興金融金庫が設立されるなど、政府が重要産業の復興に力を入れ始めると同時に、中小企業の活動は大きく制限されるようになってきたのである。

傾斜生産方式は、資源を石炭・鉄鋼・セメント・肥料等重要物資の生産部門に優先的に配分するように立案された政策であり、これによって消費財を生産していた中小企業は原材料の調達に苦慮することとなり、庶民の生活と密着した形での中小企業の発展は大きく制約されることとなった。また、この重点部門の復興を金融面から支援するために復興金融金庫が設立されたことにより、資金も重要物資生産部門に集中的に融資され、中小企業は資金難に陥るとともに、復金債の大量発行にともなう復金インフレによって、原材料の高騰に悩まされることとなった。皮肉なことに、その後傾斜生産方式が徐々に効果をあらわし、日本の戦後経済復興が軌道にのるとともに、中小企業の一時的繁栄はその輝きを失い、復興から取り残されていくのである。

終戦直後に日本財閥に関する米国務省・陸軍省調査団の団長として来日したC・エドワーズは「……日本の産業は日本政府によって支持され強化された少数の大財閥の支配下にあった。産業支配権の集中は労資間の半封建的関係の存続を促し、労賃を下げ、労働組合の発展を妨げてきた。また独立の企業家の創業を妨害し日本における中産階級の勃興を妨げた。かかる中産階級がないため、日本には今日まで個人が独立する経済的な基盤が存在せず、従って軍閥に対抗する勢力の発展もなく、ために他国では軍事的意図に対する反対勢力として働く民主主義的、人道的な国民感情の発展も見られなかったのである」(31)と述べ、独占への対抗勢力としての中小企業の役割を重視したのであるが、その中小企業の存続そのものがあやぶまれる状況となってきたのである。

こうした状況のなかで、政府内部にも中小企業を振興する政策の必要性が認識されるようになってきた。すなわち当時の商工省において、中小企業こそが日本産業の本来の姿であり、中小企業にこそ日本経済の強みも特徴も見出されること、現に、貿易増進の主役をになうのも中小企業であれば、国民の生活物資の確保も中小企業の力によらなければならないこと、そして、中小企業の健全なる発達にこそ経済再建の真の基盤があるとの見解が示され、中小企業政策を積極的に推進していくための立案作業が始められたのであった[32]。そして、政府とＧＨＱとの協議をへて、一九四八年八月、健全な独立の中小企業が国民経済の健全な発達を促し、経済力の集中を防止することから、中小企業を営もうとする者に公平な事業活動の機会を確保し、中小企業を育成・発展させ、その経営を向上させるための諸条件を確立するため、中小企業庁が設立されたのであった[33]。

しかし、新たな中小企業政策を推進していく母体はできたものの、その後の日本経済は、経済安定九原則とそれを強力的に実行するためのドッジ・ラインの設定により、大量の中小企業の倒産をもたらすこととなってしまった。この窮状を救ったものが、隣国朝鮮における戦争の勃発とそれにともなう特需の発生であり、この朝鮮特需をきっかけとして、戦後の日本経済は奇跡とよばれる経済成長、いわゆる高度経済成長を実現させていくこととなるのである。

2　高度経済成長と下請・系列化の進展

「日本の奇跡[34]」とよばれた戦後の高度経済成長は、一九五五年下期からの神武景気（～一九五七年二月）に始まり、岩戸景気（一九五八年秋～六一年秋）、いざなぎ景気（一九六五年～七〇年）という三つの大型景気を含む一五年にも及ぶ長期の経済成長であった。この高度経済成長の入り口の一九五六年に、「もはや『戦後』ではない」という言葉で新しい時代の到来を宣言した昭和三一年版の『経済白書』は、この新しい時代を「技術革新（イノベーション）」と「近代化（トランスフォーメーション）」という新しい用語によって特徴づけ、日本資本主義が背負った後進性・諸矛盾が経済の発展によってのみ吸収されること、そのための技術革新の導入に政府が積極的に取り組むことを表明した[35]。財界もこぞって訪米視察団を結成し、外国技術の導入に躍起になるとともに、政府も日米安保体制の強化をつうじて、政治面から日米経済協力を後おししたのであった[36]。

しかし、現在でこそ世界有数の企業に成長したトヨタや日産、日立や東芝といった企業も、当時のアメリカを中心とする大企業と比べるならば、その規模ははるかに小さく、アメリカ式の大量生産システムをそのまま導入することは不可能なことであった。そこで日本企業が展開した生産システムが、下請制を利用した分割生産システムだったのである。下請制を利用した生産は、戦前から広く行われていたが、その企業間関係は浮動的なもので、発注側の親企業は多くの下請企業に注文を出し、受注側の下請企業も多くの親企業から注文を受けていた。この浮動的な関係を固定化させ、親企業からの技術指導のもとに下請企業の生産能力を向上させて兵器生産の増強を図ろうとする、企業系列整備計画が戦中期に画策されたことは、前節で述べた。この方策は現実的にはあまり成功したものではなかったが、この政府の統制をつうじた下請の系列化が、今度は民間企業のもとでまったく新しい形で展開されていくこととなるのである。

外国の最新鋭技術を積極的に取り入れて、先進諸国へのキャッチ・アップを目指す大企業は、旺盛な設備投資を行い、それが高度経済成長を下支えする国内需要となったのであるが、その設備投資にも限界があり、部品の生産や加工の一部を多くの下請企業に頼らざるを得なかった。その際、生産力上の桎梏として痛感されたのが、下請企業における技術水準の低さであった。戦前、日本の下請制の展開において小宮山がまのあたりにした「二重の隔絶性」が、戦後の下請制の利用に際して再度認識されたのであった。ここに中小企業上層部を系列企業として積極的に育成し、技術移転や資金協力をつうじて経営力の強化を図ろうとする動きが、多くの大企業によって採用されるようになったのである。すなわち、比較的大きく、技術力もある程度確保できる下請企業を一次下請企業として選別して育成し、そのもとに一次下請の責任ある指導に基づく二次下請を配置し、その下部にさらに三次下請を組織するといったような系列支配を展開していったのである。

昭和三二年版の『経済白書』は、賃金が労使の交渉によって決定される大企業の近代的部分と、低賃金ながらも一家が総出で働いて生計を維持する中小企業の前近代的部分の並存を問題とし、この大企業と中小企業との生産力ならびに賃金の格差構造を「二重構造」と名づけた。[37] しかし、高度経済成長は都市部における工業の急速な発展とそこにおける膨大な雇用の発生をもたらし、日本経済は労働力過剰経済から労働力不足経済へと転換していく。大企業が行う系列企業の育成・拡大政策によって、順調に発展した多くの中小企業は、不足する労働力確保のため、従来以上の高賃金を提示せざるを得なかった。大企業・中小企業間の賃金格差は現在にいたるまで解消されず、系列の強化が親企業による下請企業へのしわ寄せや利潤の収奪をともなったことも事実であるが、高度経済成長の過程で、大企業も中小企業も親子ともども成長・発展の道をたどったことにより、いわゆる「二重構造」は、しだいに解消されていくこととなったのである。

3　日本的生産システムの評価

下請・系列の強化によって、すべての中小企業が順調な発展の道をたどったわけではない。系列内部の優良中小企業が成長を果たしていく一方で、没落する多くの中小企業が存在したことも事実である。系列化の進展は、上層育成と同時に下層淘汰をともなったのである。このような状況のもとで、一九六三年、中小企業基本法・中小企業近代化促進法・中小企業近代化資金助成法という、いわゆる中小企業三法が成立し、日本における体系的な中小企業政策がおしすすめられることとなった。

中小企業基本法の前文では、中小企業が国民経済において果たす重要な役割を考慮し、国民経済の成長・発展にともなう中小企業の経済的・社会的制約による不利を是正すること、中小企業者の自主的な努力を支援し、企業間における生産性等の格差が是正されるよう、中小企業の生産性ならびに取引条件を改善すること、それによって中小企業の成長・発展と中小企業従業者の経済的・社会的地位の向上に努めることが、立法の目的として述べられている。当時の施策側の認識では、中小企業は「過小過多」、いわゆる規模が小さすぎて数が多すぎる点に問題があり、こうした状況を、近代化政策をつうじて個別企業の規模拡大を図り、組織化政策をつうじて多くの企業を組合のもとに結束させることにより交渉力をもたせ、これらの政策の総合によって、格差の是正と不利の補正を実現しようとしたのである。

イギリスが国有化政策をつうじて旧重要産業とそこに働く人々の利害に腐心していた時代に、日本は夥しい数の中小企業に対する政策を次々と展開していたのである。イギリスでは、二〇世紀初頭の労働立法や産業構造の高度化によって、チープ・レーバーを利用した中小・零細企業を消滅させていったことから、中小企業に対する政策的対応が遅れたことは前章で述べたが、日本ではそれらの中小企業の存在が、戦前から資本主義発展の条件とされたのであり、それらの中小企業に対する政策は、時代により業種によりさまざまな展開をみせたのである(38)。終戦直後の中小企業庁の設立に始まり、中小企業三法の成立によって体系化された政策のほかにもさまざまな施策が行われたことを考えるならば、日本ほど中小企業に対する関心が高く、中小企業研究が発達し、十分なものであるかどうかは別として、中小企業対策が考慮されている国はないのである。

中小企業に関する日英両国の対応の違いは、一九七〇年代の二度にわたるオイルショック以降、明確な形で産業競争力の違いとなってあらわれた。イギリスが産業国有化の進展のもとで、経済停滞から抜け出せない状況に陥っている間に、自動車を代表とする日本の組み立て型産業では、多層的な下請企業を編成した日本的生産システムを完成させていた。図８-１は、日本の自動車産業における下請分業構造を示したものであるが、完成車メーカーが直接取引を行う一時下請は、わずかに一六八社であるが、その一次下請が責任をもって仕事を発注する二次下請は約四七〇〇

図8-1　自動車（乗用車）工業における分業構造（部品別下請事業所数）

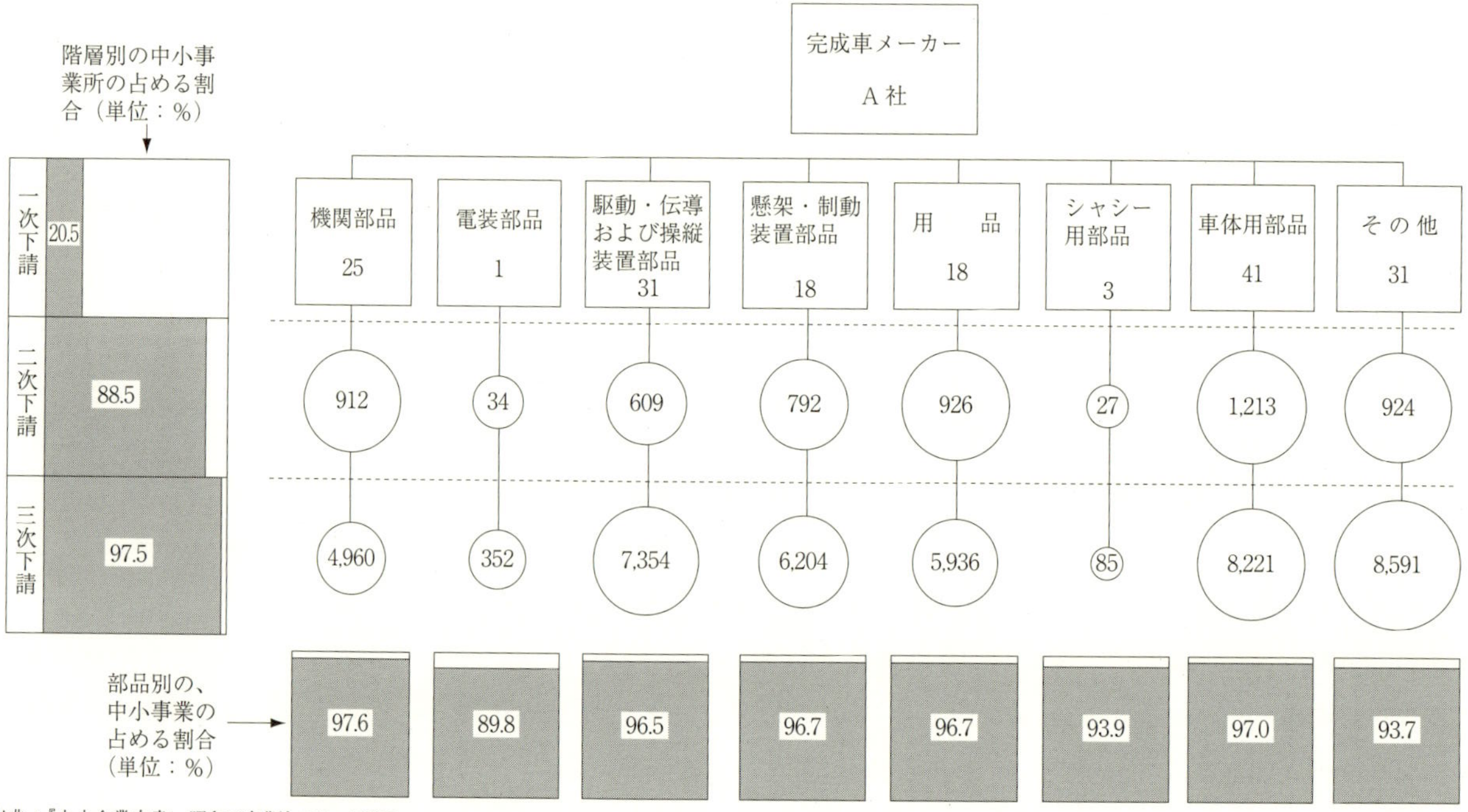

出典：『中小企業白書　昭和53年版』168～169頁。

注：(1)事業所数のうち、1次下請は実数、2次下請・3次下請は延べ事業所数である。重複を整理すると、2次下請4,700、3次下請31,600事業所程度と推計される。

(2)下請事業所にはいわゆる協力工場を含む。

(3)四捨五入のため、作業内容別事業所割合の合計は必ずしも100にならない。

社、二次下請が責任をもつ三次下請は約三万一六〇〇社となる。完成車メーカーは一六八社を指導・監督するだけで、実に三万六五〇〇社近い下請企業をコントロールしているのである。さらに、系列とは呼べないようなその下の下請企業を含めれば、その数はこの数倍になるであろう。

しかも、日本的生産システムの強みは、こうした多層的な下請分業構造そのものにあるのではなく、このシステムを運用するノウハウにその秘密がある。すなわち、トヨタの「かんばん方式」に代表されるように、必要なものを、必要なときに、必要なだけ納入するＪＩＴ（Just in Time）方式が徹底され、親工場の生産ラインの進行速度にあわせて、部品の供給工場の生産も連動し、すべての工場の生産が同期化されるのである。これこそ中間在庫を極限にまで省いた、世界で最も効率的な生産システムであるといえるであろう。

こうした状況のなかで、日本の中小企業に対する評価は見事な逆転をみせた。日本企業の国際競争力の源泉は、優れた大企業の製品開発能力や生産力にあるのではなく、その大企業に不良のない優秀な部品を、低価格で納期どおりに納入する多くの下請中小企業の重層的な存在にあったのである。戦前から低賃金基盤を存立条件とする前近代的なものとして、その広範な存在が日本資本主義発達の桎梏とみなされ、戦後は「二重構造」のもとで下請制の「しわよせ」を受けてきたと考えられた中小企業が、いまや日本企業の国際競争力の源泉であるとみなされたのである。それはあたかもアンデルセン童話の「みにくいアヒルの子」のようでもあり[39]、戦後日本経済の復興が通産省と大企業との連携のもとに達成された奇跡であるとの認識が、実は誤解されていたともいえるのである[40]。

この日本的生産システムは、個別企業が自由な市場で競争状態にあった一九世紀イギリスの市場システムとも、巨大企業が原料採掘から商品の生産・流通までをも内製化した二〇世紀前半のアメリカの垂直統合システムとも違う特徴をもっていた。すなわち、垂直統合ほどではないが、企業系列によって企業間の統制が容易になるとともに、完全な統合ではないので、系列企業間にある程度の競争原理がはたらくのである。この下請・系列を利用した日本企業は、二〇世紀後半の世界市場を席巻し、ついにはイギリス、アメリカに工場進出することとなる。経済の底力とは何なのかを、あらためて考えさせられる事実である。

(1)　幕末開港の世界史的意義については、石井寛治・関口尚志『世界市場と幕末開港』東京大学出版会、一九八二年、を参照。また、イギリス産業資本主義時代の自由貿易の展開が、帝国主義的性格をもっていたことに関しては、毛利健三『自由貿易帝国主義　イギリス産業資本の世界展開』東京大学出版会、一九七八年、を参照。

(2)　マリー・コンティヘルム著／岩瀬孝雄訳『イギリスと日本』サイマル出版会、一九八九年。

(3)　中村隆英『明治大正期の経済』東京大学出版会、一九八五年、一七七～一八五頁。

(4)　中村隆英「在来産業の分析視角」中村隆英編『日本の経済発展と在来産業』山川出版社、一九九七年、所収、三～四頁。

(5)　谷本雅之「もう一つの「工業化」――在来的経済発展論の射程――」『岩波講座　世界歴史22　産業と革新』岩波書店、一九九八年、所収、黄完晟『日本都市中小工業史』臨川書店、一九九二年、中村隆英・藤井信幸編著『都市化と在来産業』日本経済評論社、二〇〇二年、を参照。

(6)　中村『明治大正期の経済』一八一頁。

(7)　経済企画庁編『(昭和三一年度) 年次経済報告』三五～三六頁。

(8)　松本貴典・奥田都子「戦前期日本における在来産業の全国展開――営業税データによる数量的分析」中村編『日本の経済発展と在来産業』所収。

(9)　谷本雅之「近代日本における〝在来的〟経済発展と〝工業化〟」『歴史評論』第五三九号、一九九五年三月、谷本雅之『日本における在来的経済発展と織物業』名古屋大学出版会、一九九八年。

(10)　中村『明治大正期の経済』一八三～一八五頁。

(11)　有澤廣巳『日本工業統制論』有斐閣、一九三七年、一六〇～一六七頁。

(12)　第一次大戦前の機械工業に関しては、沢井実「機械工業」西川俊作・阿部武司編『日本経済史四　産業化の時代（上）』岩波書店、一九九〇年、所収、を参照。

(13) 藤田敬三「日本中小工業と下請制の本質」藤田敬三・伊藤岱吉編『中小工業の本質』有斐閣、一九五四年、所収、一二一～一二九頁。
(14) 藤田敬三『日本産業構造と中小企業』岩波書店、一九六五年、「はしがき」ⅰ頁。
(15) 同前、七～八頁。
(16) 小宮山琢二『日本中小工業研究』中央公論社、一九四一年、七頁。
(17) 同前、二九～三一頁。
(18) 同前、三八～四三頁。
(19) 同前一三三～一三六頁。
(20) 長島修「企業整備と系列化」下谷政弘・長島修編著『戦時日本経済の研究』晃洋書房、一九九二年、所収、二〇三頁。
(21) 同前、二〇九頁。
(22) 同前、二一七～二二一頁。
(23) 植田浩史『戦時期日本の下請工業――中小企業と「下請＝協力工業政策」――』ミネルヴァ書房、二〇〇四年、一三六～一三九頁。
(24) 長島、前掲論文、二四三～二四五頁、植田、前掲書、一五二頁。
(25) 長島、前掲論文、二一三頁。
(26) 植田、前掲書、一五八～一五九頁、一六三～一七三頁。
(27) 同前、一六六～一七五頁。
(28) 大田区立郷土博物館編『工場まちの探検ガイド――大田区工業のあゆみ』大田区立郷土博物館、一九九四年、三八～四三頁。
(29) 植田、前掲書、二八八～二九〇頁。
(30) 中村秀一朗・秋谷重雄・清成忠男・山崎充・坂東輝夫『現代中小企業史』日本経済新聞社、一九八一年、三五頁。
(31) 井村喜代子『現代日本経済論』有斐閣、一九九三年、二九頁。
(32) 松島茂「中小企業政策史序説――中小企業庁の設立を中心に――」『社会科学研究』（東京大学社会科学研究所紀要）第五

○巻第一号、一九九八年、一二一頁。

(33) 中小企業庁の設立過程については、渡辺俊三『中小企業政策の形成過程の研究』(広島修道大学研究叢書　第六八号) 広島修道大学総合研究所、一九九二年、松島、前掲論文を参照。

(34) チャーマーズ・ジョンソン著／矢野俊比古監訳『通産省と日本の奇跡』ＴＢＳブリタニカ、一九八二年。

(35) 経済企画庁編『(昭和三一年度) 年次経済報告』四二～四三頁。

(36) 井村、前掲書、一五五～一六一頁。

(37) 経済企画庁編『(昭和三一年度) 年次経済報告』三五～三六頁。

(38) 戦前期の中小企業政策に関しては、油井常彦『中小企業政策の史的研究』東洋経済新報社、一九六四年、を参照。

(39) 伊藤岱吉「はしがき」日本中小企業学会編『下請・流通系列化と中小企業』同友館、一九八五年、所収、ⅰ頁。

(40) デビット・フリードマン著／丸山恵也監訳『誤解された日本の奇跡』ミネルヴァ書房、一九九二年。

第9章　日英カメラ製造業の盛衰

はじめに

カメラは、かつて眼鏡とともに日本人のステレオタイプなイメージに不可欠な小道具として描かれていた。それは日本製カメラが世界を席捲した事実にくわえ、日本人が無類のカメラ好きであったことにもよる。外国紙では日本人ほどカメラ好きな国民はいないと評されるほどであった。ただし今日の日本では、カメラという言葉から連想されるものは大きく変容している。読者の多くは、プリクラ、デジタルカメラ、携帯電話の付帯機能を、まず想起するのではないだろうか。写真を撮影するという行為がこれほどまでに急速に広まった背景には、一九八〇年代から「レンズつきフィルム」、いわゆる格安コンパクトカメラの登場（現像・プリントラボの普及）も大きく影響していよう。しかし本章ではこれらとは異なり、先のステレオタイプな日本人像に出てくるようないわゆる精密機器としてのカメラに注目している。

周知のように、カメラ製造業広くは光学産業という分野は、日本が競争力をいまだに保持している分野の一つである。日本がカメラ製造数・輸出数ともに西ドイツを凌駕し世界一の座についたのは一九六〇年代のことであり（図

図9－1　カメラ製造数・金額の日独比較

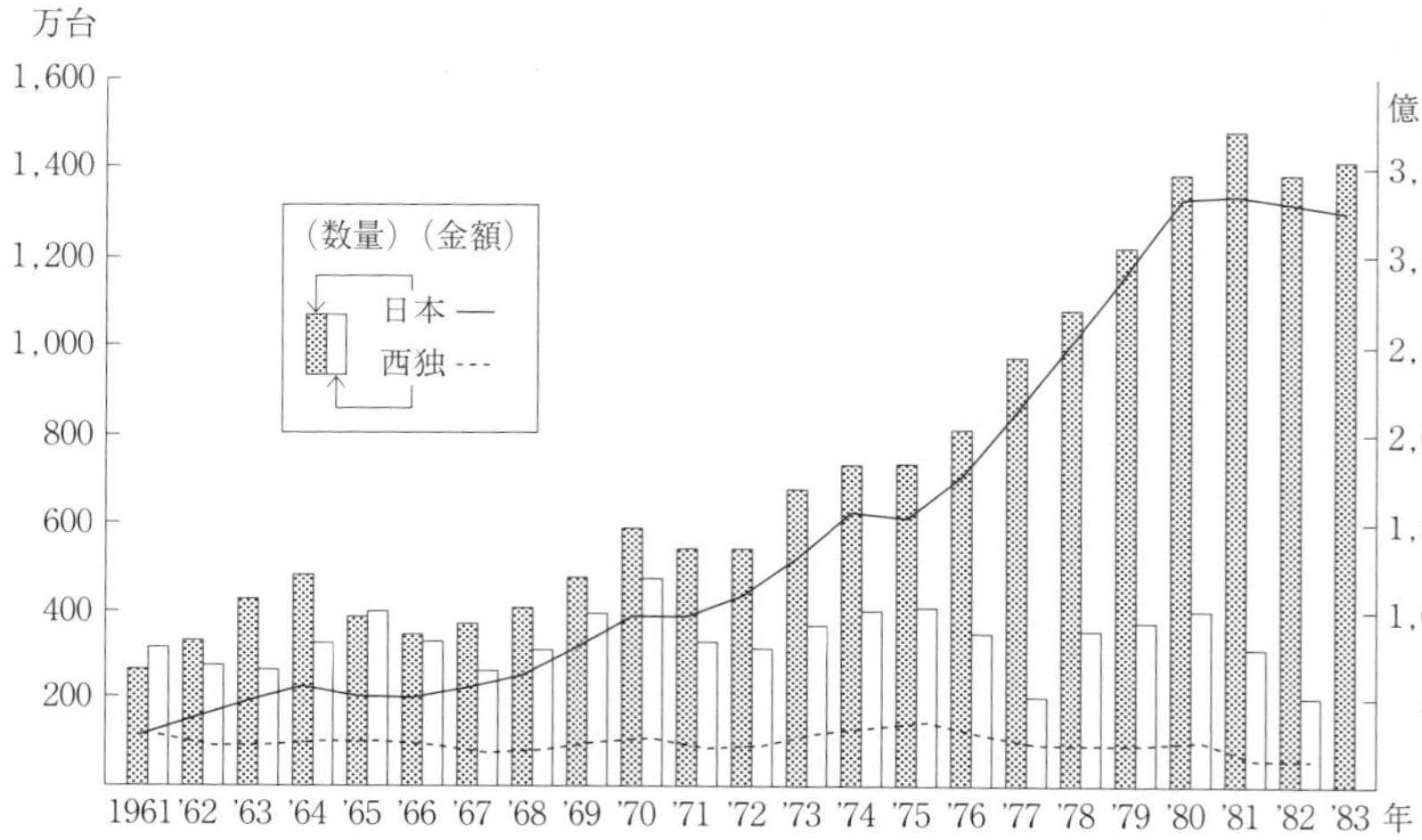

出典：日本写真機光学機器検査協会編『世界の日本カメラ』同協会、1984年、552頁。

9－1）、以来三〇年近くその優位は維持されてきた。だが、その間、各製造業者は多種多様な分野に経営を多角化し、いまやITにもその手は伸びている。なかでもキヤノンの成長は著しく、二〇〇五年末には日本経団連の次期会長として同社の御手洗冨士夫氏が推薦された。従来、鉄鋼・自動車・電機といった産業の出身者が会長の座を占めてきた伝統からすると、この人事は特筆すべき出来事であったと言えよう。

日本のカメラ製造業は、現在デジタル化という新しい波に直面しているが、製造業者の多くは一九八〇年代から市場の飽和に直面していたこともあり、すでにフィルムを利用する銀塩カメラ製造を縮小・撤退している。二〇〇六年初頭、長らく業界の中心的役割を担ってきたニコンが、銀塩カメラ製造の大幅縮小を公表したことはデジタル化の象徴的な出来事であった。

とはいえ、デジタル機器の競争も名立たる家電製造業者の参入によって激化し、混迷の様相を呈している。二〇〇五年にはドイツの名門光学会社カール・ツァイスと提携していた京セラが早々とデジタルカメラ分野から撤退、翌二〇〇六年にはコニカ・ミノルタがカメラおよびフィルム製造から撤退し、関連部門のソニーへの売却を明らかにした。

さらに、カメラのみならずフィルムや感光剤、印画紙など写真用品製造業者もデジタル化の深刻な影響を受けており、二〇〇四年には印画紙製造に従事していたイギリスのイルフォード社が倒産し、二〇〇五年には世界シェア三位にあったドイツのアグファ・ゲバルト社のフィルム製造部門が幕を閉じた。これにより世界のフィルム市場は、アメリカのコダック、日本の富士フィルムによって占められることとなったのである。このように映像・情報分野のデジタル化の流れのなかで、日本の業界再編は進行しつつある。

一方、イギリスでは日本が西ドイツを凌駕した六〇年代、すでに一般消費者向けのカメラ製造は危機的状況にあった。自動車産業と同じく、国産のカメラはほぼ命脈を絶たれようとしていたのである。たしかに、イギリスは日本と同じく第二次世界大戦前からすでにカメラ輸入国であった。だが、一九世紀末以来、イギリスの光学産業は、木製ボックスカメラや大型一眼レフカメラ製造の隆盛、そして歴史的に重要なレンズ構成を生み出すなど、ドイツ、フランスの光学産業に比肩しうる伝統を有していたのである。にもかかわらず、このような日英間の格差はいかなる理由によって生じたのであろうか。

本章では第一次世界大戦後から一九八〇年代初頭までのイギリスにおけるカメラ製造業不振の背景をいくつかの視点から考察することを目的としている。だが、率直に言って不振の背景を十分に明らかにはできていない。これには個々の製造業者に対する実証調査がさらに必要であろう。ただし、イギリスのカメラ製造業の実態をいささかなりとも明らかにすることによって、彼らの特徴や性格の一端を理解していただければ幸いである。また、本章はタイトルにあるように、日本とイギリスの比較や関係についても紙幅を割いている。これによりいっそうイギリスらしさを浮き彫りにできたのではないだろうか。なお、節によってはカメラのみならず、感光剤や写真用品、さらには光学機器、ガラスなどの分野にまで視野を広げていることを前もって述べておく。

第1節　イギリス国産カメラ製造の終焉と輸入の進展

1　カメラ製造の危機的状況

一九六八年、イギリスではコダック社（Kodak Ltd. London）とイルフォード社（Ilford Ltd.）の後押しによって写真用品輸入業者協会（Photographic Importer's Associations）が、カメラ関税の引下げを商務院（Board of Trade）に要求していた。そして、この要求に対して、商務院は技術省（Ministry of Technology）から、国内カメラ製造業の現状に関する情報を収集している。

技術省から送られた資料やレポートのうち、同省のヴィルデ（C. V. Wilde）が執筆した書簡は、イギリスカメラ製造業の当時の状況をリアルに映していた。

ヴィルデは書簡にて、「イギリス国内で大衆市場向けカメラ（三五ミリ判）は唯一コダック社が製造しているにすぎない」と断じ、「ブローニーサイズのカメラも国内で製造されているが、輸入部品を組み立てている程度」にすぎず、「イルフォード社も大衆向けの新型カメラを投入しようとしているが、その多くがドイツ製品に準じたものである」と述べている。また、「リード社は一二〇ポンド前後の高級機種を製造しているものの、それらは一品一品手作業で製造される一点モノ（one-off）で、専門的な写真家向けであり、ドイツのライツ社のライカと比較され、注目されている」(1)と記している。

ただし、コダック社は源をたどればアメリカ系企業であること、またリード社の製造しているカメラもすでに一眼レフ時代においてて主流とはなりえないバルナック型ライカに酷似した高級レンジファインダー機（ライツ社はすでに後継機種M型系列を出しており、バルナック型は一世代前の機種）であることから、一般消費者向けのカメラ製造はイギリス国内においてほぼ壊滅的な状況にあったことがわかる（もっとも、およそ精密機器とはいえないカメラの製造は行われている。例えばシリアルで有名なケロッグ社のおまけに使われるようなトイカメラである）。

図9－2　19世紀末における木製ボックスカメラ

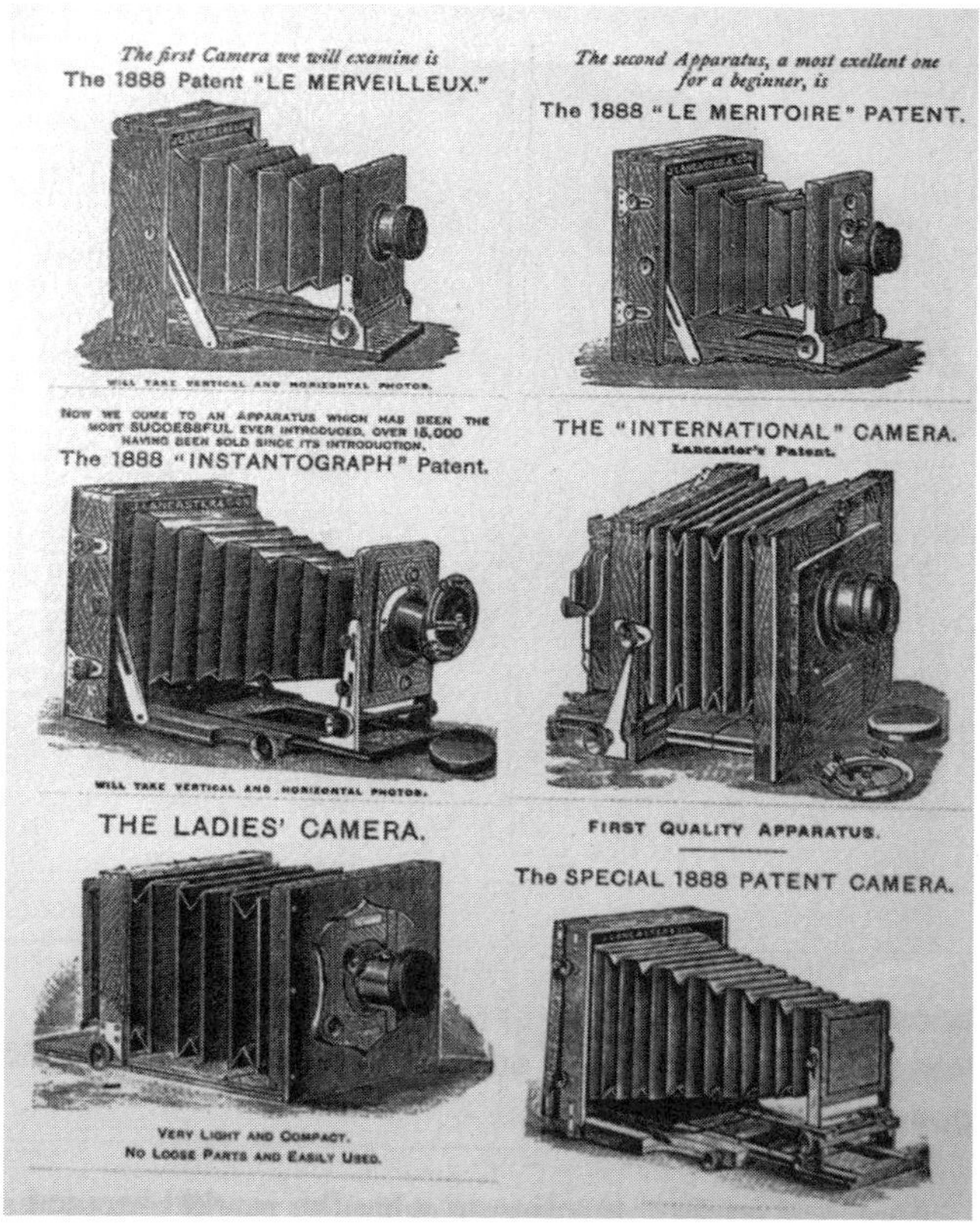

出典：Channing and Dunn, *British Camera Makers*, p. 69.

このような状況は、大衆機市場が第二次世界大戦後のイギリスにおいて未成熟であったことを意味しているわけではなかった。

2　輸入の進展

国産カメラ絶滅の危機は、イギリスが大戦後から二〇年を経て、カメラ輸入国としての性格をさらに強めた結果であった。では、イギリスがカメラ輸入国へと転化していったのはいつ頃からであったのか。時代を前後するが、まずその点について見てみよう。

イギリスのカメラ製造業は一九世紀末に発展しはじめたが、その理由は、ゼラチン乾板の発明（一八七一年）とともに、同国での「カメラ生産を取り巻く周辺の関連諸工業が厚く、かつ強力であったからにほかならない」(2)と言われている。イギリスの工業力を支えた各種工作機械や金属加工能力がその背景にあったことは想像に難くない。したがって一九世紀末から世紀転換期に、イギリスは当時隆盛を極めた木製ボックスカメラ製造で大いに発展した（図9－2）。しかし、感光剤が従来の乾板から革命的ともいえるロールフィルム（一八八八年アメリカ、イーストマン・コダック社にて開発された）に取って代わられても、また、第一次世界大戦を経ても、イギリスの製造業者の一部は旧態然とした大型の木製ボックスカメラ製造に固執していた。もちろん、イギリスの製造業者のすべてが手をこまねいて事態を静視していたわけではなかった。中心的な製造業者は木製ボックスカメラからさらに大型一眼レフカメラ製造に活路を見出そうとしていたのである。ただし、戦間期には金属を多用したドイツやアメリカ製のカメラが登場し、以後、小型化が主流となりつつあった。そして、イギリスはカメラの小型化(3)という世界的な流れのなかで、一九二〇、三〇年代から徐々に独自の道（取り残されるとも形容できよう）を歩み始めることとなる。

つまり、イギリスのカメラ製造業は一九世紀末から戦間期のわずかな期間、隆盛を極め、その後は衰微の一途をたどり続けたのである(4)。このような状況について、次のような指摘もされている。すなわち、一品一品手作りで製造されるイギリス製カメラは、ドイツやアメリカの「工業製品」としてのカメラに敗北したというのである(5)。

3　製造業者の地位

二〇世紀に入りイギリスがカメラの輸入を増加していった背景として、販売業者の活動をまず指摘しておく必要があろう。

イギリスの卸売業者や販売店は、第一次世界大戦前から、ドイツ、フランス、オランダで製造された完成品や部品を輸入し、自社ブランドを冠して国内販売することが多かった。販売する側も購入する側もともに「どの店」が売っているのかという点を重視する風潮があったのである。ただし、第一次世界大戦後になると、卸売業者や小売店はあっさりと自らのブランドを捨て、海外製品の販売にこぞって参加するようになった。名立たるドイツ製品のほうがはるかに消費者に求められたからである（これには価格・技術など多様な要因が考えられる）。

一方、国内のカメラ製造業者も自らの社名やブランド名を冠した高級木製カメラを製造するようになった。この代表的存在はソーントン&ピッカード社（Thornton-Pickard Manufacturing Co. Ltd.）やシンクレア社（Sinclair & Co. Ltd.）であったが、手作業による少数生産に従事していた製造業者はこれ以外にも数多く存在したようだ。イギリスのカメラ製造業者を網羅した *British Camera Makers*(6) によると、約二〇〇前後の製造業者が過去百数十年の間にカメラや写真用品製造に携わっていたことがわかる。かたや、世界を席捲した日本の主要なカメラ製造業者は十数社であり、零細なものまで含めても約数十社程度で（写真用品製造を除く）あったことからすると、イギリスに零細な製造業者が多数存在していたことがわかる。

日英の製造業者を比較した際、業者間の連繋という点が対照的である。結論を先に言ってしまえば、製造業者間で部品や製品を供給することは両国ともに日常的に行われていたが、イギリスでは製造業者が日本の写真機工業会のように自らの立場を政策に反映させるような強力な組織を構築することが出来なかったのである。

例えば、第一次世界大戦中の一九一六年、イギリス写真用品製造業者協会（British Photographic Manufactures Association）が、販売促進や利益の保全のため、主導的な製造業者らによって設立された。だが、彼らが積極的に製品販売や広告活動に関与し、効果的な結果を生むことはなかったといわれる(7)。また、時を同じくして、各種光学機器製造業者を包括したイギリス光学機器製造業者協会（British Optical Instrument Manufactures Association）も設立されていたが、こちらもイギリス製品の販売促進に効果的な結果を残すことなく形骸化の一途をたどっていった。

一方、カメラ製造業者に対する政府の対応も、第一次世界大戦直後から四〇年間をかけて徐々に冷ややかになっていった。

カメラに対する関税引き下げが決定的となった一九六〇年代、商務院は、「一握りの製造業者によって製造されるわずかな量の精密なカメラに対して道義上の義理立てが残されてはいるが、重要な議論〔関税問題について――引用者〕はもはやなくなった」(8)と指摘している。この文が示しているように、政府にとってもはや国産カメラの意義はあまりにも小さいものとなっていた。

このように、国産カメラが衰微の一途をたどった流れを概観すれば、イギリスのカメラ製造業は一九世紀末から一九六〇年代まで吸収・合併そして新規参入と撤退を繰り返した後、徐々に数を減らし、一九八二年のコダック社のカメラ製造の終了によって終焉したと考えられる（他の国内製造業者による国内でのカメラ製造は七〇年代までに、ほぼ終了していたと考えられる）。

ところで、製造業者らの組織化はどのような要因で進展しなかったのだろうか。ここでは話を高級大型ボックスカメラの製造に固執していた古い体質の業者に限定するが、一品一品手作りの木製カメラを購入する層はいつの時代にも存在し、製造業者の活動を支え続けていた。だが、そのような製造業者は自らの製品をより多く製造し、海外へ輸出することなどそもそも眼中になかったのではないだろうか。したがって、製造業者らの連携によって政策への関与を強く求める必要性など微塵も感じていなかったと考えられよう。また、彼らにそのような考えがたとえあったとしても、そもそも大量の需要があるわけでもなく、またそれを可能とする製造能力も欠如していたとも考えられる。

一九二〇年頃、アメリカからイギリスを訪れた写真家福原信三は、ロンドンのマリオン社を訪れた際の様子を後年、次のように語っていたという。「陳列ケースの中にはただ一台のカメラが置かれているだけで、奥の部屋には一〇人ばかりの職人が、アメリカで見た流れ作業とはうって変わって、一台一台手作りしていた。その丹精こめて作る姿にもうたれたが、既成のものはなく注文して数カ月もまたねばならぬことにもびっくりした」[9]。

このような手作業によるカメラ製造業者を評して、自らの「得意分野のカメラで発展し、その役割をまっとうした」という指摘はまさに言い得て妙であろう[10]。とはいえ、彼ら製造業者が僅少な需要を頑なに守ることによって安住さを追求し、旧来から保持してきた技術の枠を乗り越えようとしなかったことは、各国製品との競争力を損なう一因となったであろう。

第2節　カメラ製造業者の再編

1　合併・吸収の果て

さて、一九一〇年代以降、ドイツやアメリカ製品に対抗すべく新たな動きがカメラ製造業者や写真用品・感光剤製造業者にあらわれ始めていた。もちろん、新機種の開発・製造に乗り出すことは対抗策の一つであったが、製造業者らは幾度にもわたる吸収・合併によって巨大化を進めていったのである。

第一次世界大戦中（一九一五年）、写真用品の製造売業者らは、自らの利益を保護し、販売を促進するために、イギリス写真用品産業会社（British Photographic Industries Ltd.、ＢＰＩと略称）を設立した。その中心は、写真用品販売業者であったホウトン社（Houghton Ltd.）と感光剤製造に従事していたブッチャー社（W. Butcher & Sons Ltd.）であり、ほかにフィルムや用品製造業者ら数社も同社のもとに参集した。ところが、同社は販売の組織化をはじめ、統一したブランド名すら作ることもなく、一九四一年に消滅している。

一九一五年のＢＰＩ設立と時を同じくして、ホウトン社とブッチャー社のカメラとアクセサリー製造部門が合併することで、ホウトン・ブッチャー製造会社（Houghton-Butcher Manufacturing Co. Ltd.）が新たに創設された。しかし、販売部門を統括するホウトン社本体は、二五年にホウトン・ブッチャー（グレートブリテン）社（Houghton-Butcher [Great Britain] Ltd.）、三〇年にはエンサイン社（Ensign Ltd.）とめまぐるしく社名変更を続けたのち、一九四一年、ジョンスン社（Johnson & Sons）による敵対的買収によって倒産してしまったのである。

その間、ホウトン・ブッチャー製造会社はウォルサムストウ工場（Walthamstow）にて製造を続けており、三〇年代には一五〇〇名を雇用する当時のイギリス最大のカメラ製造業者として先のエンサイン銘をはじめとする各社用大型一眼レフ製造に従事していた。しかし、エンサイン社の倒産を受けてか、ホウトン・ブッチャー製造会社は販売部門の穴を埋めるためエリオット社（Elliott & Sons Ltd.）の販売部門と合併し、新たにバーネット・エンサイン社（Barnet Ensign Ltd.）を設立した（一九四五年）。

しかし、同社のその後の変遷もめまぐるしい。一九四九年には、光学機器と写真用レンズ製造業者の老舗であったロス社（Ross Ltd.）と合併し、バーネット・エンサイン・ロス社（Barnet Ensign Ross Ltd.）となり、五九年には再度社名が変更されロス・エンサイン社（Ross Ensign Ltd.）となった。そしてこの名称が示しているように、主たる販売製品から六二年にはカメラが消え、ロス社の双眼鏡やレンズが主力製品となっていった。[11]

業界再編はこれだけにとどまらない。第一次世界大戦直後の一九二一年には、カメラ製造に従事していたカーショウ社（Kershaw & Sons Ltd.）や感光剤製造業者マリオン社（Marion & Co. Ltd.）を中心とした七社が合併し、ＡＰＭ社（Amalgamated Photographic Manufactures Ltd.）を設立した。[12]しかし、こちらも商業的成功を収めたとは言いがたく、一九二八年に感光剤部門が分離し、新たにＡＰＥＭ社（APEM Ltd.）となったのち、一九三二年、イルフォード社に吸収されている。なお、二九年にはＡＰＭに残ったカーショウ社らカメラ製造業者は、ソーホー社（Soho Ltd.）と改名された。同社製品は、煩雑な吸収・合併の進行中も、常に大型一眼レフの代表的存在であったが、その地位はもはや揺らぎつつあった。一九二九年、英国写真年鑑にて同社製品は、「発売以来二五年間一眼レフのなかで貴族として認知されたカメラ」と高らかに広告されているが、皮肉にもカメラの流れは「貴族」から「一般大衆」へと移りつつあった。

図９－３　ソーホー社製大型一眼レフ

出典：『ペンタックスカメラギャラリーニュース』32号、1976年、９頁。

以上のように、イギリスのカメラ関連の製造業者は生き残りを模索し、複雑な吸収合併を進めたが、企業体力の強化になるどころか、結果として、海外製品に迅速に対抗しうる力はますます殺がれていったと言えよう。社名が統一されたことは事実だが、合併の多くは旧来の多頭的な性格に変わりがなく、販売網の有効な組織化も果たせぬまま衰退していったのである。ホウトン・ブッチャー製造会社やソーホー社は、企業再編の荒波にもまれつつも、製品細部の改良や新技術導入を果たす努力をしていたが、彼らが主に製造していた大型一眼レフは、もはやドイツ・アメリカ製品の小型化の流れに逆行していたのである。

2　コダック社とイルフォード社

カメラ製造の再編において、カメラ製造業者よりもマリオン社やブッチャー社のような感光剤や印画紙をはじめとする写真用品製造業者が果たした役割は見過ごすことのできない点であろう。ただし、彼らの活動の背景にはイギリスの感光剤市場が、第一次世界大戦前までにコダック社とイルフォード社によってほぼ牛耳られていたという事情が大きく作用していた(13)。先に見た業界再編は、中堅感光剤・写真用品製造業者であったマリオン、ブッチャー社によるコダック、イルフォード社に対する防衛策であったと考えられるからである。

さて、コダック社は大量生産と市場の拡大を明確に意識していた企業であった。奢侈品・高級品であるカメラをいかにして日常の生活で利用させるのか。その点に着目したのが、アメリカのイーストマン・コダック社（以下、米コダックと略記）であった。当初、写真用感光剤製造業者であった米コダック社はロールフィルム開発（一八八八年）以後、感光剤販売を増加させるために、自社ブランドでカメラを製造し、つまり、カメラを大衆化させることによって大いに発展した。カメラを専門家が使用する嗜好品ではなく、アマチュアが楽しむ機械へと消費者の発想を変化させたのであった。

米コダックの目論みはそれだけにとどまらず、自社製品を特許で防衛しつつも、アメリカ国内の感光剤・写真用品製造業者との水平統合を推し進め、さらにはフィルムや感光剤から、光学機器であるカメラ、そして販売、現像などの流通網までを含めた垂直統合を強力に推し進めていった(14)。一九世紀末から二〇世紀初頭におけるこのようなコダックの経営発展に対する旺盛な志向は、アメリカ国内のみならずひいてはドイツほか各国への進出を進めることとなるのだが、その矛先の一つがイギリスであった。

①コダック社（Kodak Ltd. London）

米コダック社は一八八五年に感光剤販売会社をロンドンに設立したことを皮切りに、一八九八年にコダック社（Kodak Ltd. London）をロンドンに創設したが、カメラ製造にすぐに着手することはなかった。ハロウ工場（Harrow）にて初めてカメラが製造されたのは一九二七年であり、すべてアメリカから輸入された部品によって組み立てられたのである。その二年後の二九年、国産カメラが初めて同工場にて製造されている。とはいえ、ハロウ工場ではその後もアセンブル作業が中心であったようだ（一九六〇年以後にも輸入部品の組立が復活し、一九八二年を最後にイギリスでのコダックによるカメラ製造は終了する(15)）。

その後、コダック社は安価なボックスカメラをはじめ、一二〇、一二六、三五ミリなど各種フィルムサイズのカメラを多数製造し、国内の製造業者の中心的存在としてアマチュアから専門家にまで好評を博していった。

②イルフォード社（Ilford Ltd.）

イルフォード社の歴史は米コダックよりも古く、一八六〇年代、ロンドンにて現像と焼付け業を営んでいたハルマン（A. H. Harman）が、七八年にエセックスのイルフォードにて乾板製造を開始したことから始まった。当初、この製造所はブリタニア社（Britania Works Co.）という名称であったが、一九〇〇年、改めてイルフォード社（Ilforod Co.）として創設され、第一次世界大戦後までに、国内の乾材・写真用品製造業者数社を吸収し、コダック社に次ぐ規模に成長した。なお、同社は大戦後ＡＰＭと連繫をとりながら、さらに感光用品製造のためセロ社（Selo Ltd.）を設立している(16)。

しかし、イルフォード社はフィルム製造において、すでにアメリカ・ドイツの後塵を拝していただけでなく、米コダック社と異なり垂直統合の道を選択することもなかった。とはいえ、自社の感光剤や印画紙などの写真用品販売を増やすためには、カメラがよりいっそう消費者に広がる必要があると考え、第一次世界大戦前には廉価なドイツ製カメラを取り扱い、その後も国内の製造業者と提携して中・高級機種の開発に取り組んでいる(17)。当然ながら大衆向け機種も製造していたが、その努力が花開くことはなく、コダック社のような成功を収めることはできなかった。同社は、一九二〇年代以降およそ四〇年間にわたり、自社の名を冠した主力カメラを市場に投入しつつも、新たな大衆市場開拓に失敗し続けていたのである。

余談だが、カラーフィルム時代にも乗り遅れることとなる同社の感光剤の開発能力について、エジャートンは同社の開発部門の規模の小ささ、研究者の少なさ、その背景となる化学産業との連繋の弱さといった点を指摘している(18)。

カメラに限定して言えば、イルフォード社の伸び悩みは彼らの開発能力(提携した製造業者)や商品戦略にその理由を求めることができよう。だが、他のイギリスのカメラ製造業者は第一次・二次世界大戦後を問わず、ドイツやアメリカ、日本製品のようなカメラを作る能力があったにもかかわらず、作らなかったのか。はたまた、技術的に作ることができなかったのかという疑問が生じる。

ちなみに、アメリカのコダック社は高級機種を作る能力がありながらも、自社の経営戦略、すなわちカメラの大衆化とフィルム販売の相乗効果を考え、中級機種製造に力を入れた。この点をふまえると、イギリスでのカメラ製造をいくつかの視点から再考する必要があろう。

3　部品製造の劣位

カメラは金属部品・光学部品・シャッターといった要素技術の集合体である。したがって、これらを一製造業者がすべて内製することは多大なる負担となるため、多くの場合、グランドデザインの決定とともに、多様な部品を外部から調達し、アセンブル作業が製造業者の主たる活動となる。ただし、これがカメラ製造業の最善の道ではない。製造業者の規模や技術力、部品コストなど諸般の事情でその形態は異なるであろう。

金属加工能力についてみれば、イギリスは一部の製造業者を除けばけっして他国に劣っていたわけではない。その一方で、信頼に足りうるシャッターに恵まれていなかった。大型一眼レフが隆盛であった時代にはイギリス製シャッターは評価されていたものの、後年、小型機に利用された製品は故障の多さが指摘されている。一方、日本では精工舎（現セイコープレシジョン株式会社）、シチズン時計株式会社、コパル光機（現日本電産コパル株式会社）といった名だたる製造業者が安価で信頼に足りうるシャッターを開発・製造し、多くのカメラ製造業者を支えていた。また、ドイツにおいてはデッケル社のコンパーやゴーティエ社のプロンターなどのシャッターがそれに該当していよう。イギリス製カメラも数多くこれらのドイツ製シャッターを採用している。

さらに、レンズ（のちにはプリズムを含む）を作るために必要な光学ガラスは、第一次世界大戦前のイギリスにおいて、すでにきわめて貧弱な状況にあった。一九一三年時点で、イギリス国内で利用される光学ガラスの九割が輸入によってまかなわれ、そのうち六割がドイツ製品、特にツァイス社製であったのである(19)。国内ではわずかにチャンス社（Chance Bros.）が光学ガラス製造に従事していただけであった。

第一次世界大戦が終わると、イギリスの光学ガラス製造能力は質量ともに戦前をはるかに凌駕したが、ドイツ製品の再流入によって、頭打ちの状況に陥ってしまった。このような逆境の中でも、写真レンズに限って言えば、ツァイスの技術指導を受けたロス社（Ross Ltd.）、ダルメイヤー（Dalmayer Ltd.）、テイラー・テイラー&ホブスン社（Taylor, Taylor & Hobson Ltd.）など一九世紀以来の伝統を有するレンズ製造業者がいくつか存在しており、大判カメラ用に優秀なレンズを製造してはいたものの、いずれも大量に供給するような体制にはなかった。

以上のように、イギリスはドイツや第二次大戦後の日本と比べ、各構成要素を廉価かつ大量に供給する製造業者の厚みがなかった。日本では、第二次世界大戦後から一九六〇年代までに京浜地区にカメラの製造業者（完成品）を中心に組立業者・部品工場・レンズ製造業者が密接な生産関係を築いていた[20]。それゆえ、新規参入も容易であり、既存の製造業者も迅速に大量のカメラを製造することが可能であった。

イギリスではもとより製造業者の規模が小さく、各地に分散していたため、それを支えるシャッターやレンズ製造といった裾野の広さには限界があったと考えられる。これは何よりも国産カメラが大量に必要とされないという要因にもよるが、設備投資に必要な資金調達が容易であったのかどうかといった問題も彼らの活動を大きく制約したであろう。卵が先か鶏が先かというたとえ話ではないが、イギリス製の大衆・中級機種のカメラ需要が喚起されない以上、光学ガラスもレンズもシャッターも進歩することはできず、スパイラルから抜け出ることはできなかったのである。裏を返せば輸入されたドイツ・アメリカ製品の人気はそれほど大きかったのであろう。このような事態が第二次世界大戦前にイギリスでは常態化していたのであった。そして、第二次世界大戦後になると、新たに日本製品の流入が問題として浮上する。

第3節　新規参入製造業者の特徴と限界

1　新たな製造業者の登場

一九二〇年代、木製ボックスカメラから新たに大型の一眼レフカメラ製造に着手したカーショウ社やソーホー社、エンサイン社を先に紹介したが、第二次世界大戦後になると事態はさらに変容する。それは一九三〇年代以後、急速

図９－４　リード社製リード

出典：*British Camera Makers*, p. 106.

に広まりを見せた二眼レフとライカ型三五ミリ判カメラの台頭によるものであった。このような業界の潮流に対し、イギリスにおいても進取の気質に富んだ製造業者が登場する。以下、数少ない資料をひも解き、新旧織り交ぜて特徴ある数社を紹介していこう。

①リード＆シグリスト社

冒頭で紹介したように、ドイツのライツ社のバルナック型ライカに匹敵する三五ミリ判カメラを製造することができたのは、イギリスでは唯一リード社（Reid & Sigrist Ltd.）だけであった。同社は元士官のパイロット、リード（Reid）と航空機製造会社ソッピース＆ホーカー（Sopwith and Hawker）の設計技師であったシグリスト（F. Sigrist）によって一九二四年設立された。彼らはホーカーの工場にほどちかいキングストンアポンテムズ（Kingston upon Thames）に小さな作業場を設け、航空機用計器の開発・製造を開始し、イギリスにおける主要な計器製造業者へと発展した。同社がライカ型の三五ミリ判カメラ製造に着手したのはこのような技術蓄積を見込んだ軍需省（Ministry of Defence）の要請によるものであった。

ドイツ製カメラ、なかでもコンタックスやライカといった小型カメラは、本国のみならずイギリス軍においても珍重されていたが、第二次世界大戦中、ドイツからの輸入が止まると、民間の篤志を仰いでカメラの供出を求める告知が出されるほどイギリス軍はカメラ不足に悩まされた。このような状況を苦慮してか、ライカ型カメラの模倣はイギリス政府の要望で開始されたのであった。リード社初の製品はバルナック型ライカⅢb型を模倣したもので、大戦後の一九四七年のイギリス産業博覧会（British Industry Fair）にて発表されたが、実際に発売が開始されたのは五二年以後であった（図9－4）。その後六〇年代までライカを模した機種「リード」数タイプが作られていたが、いずれも高価格・少量生産であり、同社はのちにデッカ社（Decca）に吸収され、カメラ製造の幕を閉じた。

②コーフィールド社

コーフィールド社（Corfield Ltd.）は、コーフィールド（K. G. Corfield）とその弟によってウルバーハンプトン（Wolverhampton）の自宅内に設けられた小作業場から始まった。同社は一九五〇年に設立された後、五九年に北アイルランドに移転している。同社の開発した「ペリフレックス」というカメラは、ライツ社のバルナック型ライカ用レンズの使用が可能であった（図9－5）。さらに「インタープラン」という機種は、ライカマウントにくわえ、ドイツのエディクサ社や旭光学（現ペンタックス株式会社）が採用したM42マウント、ドイツのイハゲー社のエキザクタマウントのレンズを利用できるように設計された。他のイギリスの製造業者とは異なり柔軟な技術選択であったといえよう。

コーフィールドはなぜこのような選択をしたのであろうか。それはこれらのカメラが開発された一九五〇年代のイギリスのカメラ輸入状況に要因を求めることが出来る。当時、輸入可能なカメラは五ポンド以下の廉価機種に限定されていたため、ライカやコンタックスなどの高級機を求める消費者は、個人がドイツから持ち込んでくる少量のカメラか中古市場を利用せざるをえなかった。コーフィールドはこれを商機と捉え、ライカユーザーのサブ機として同社製品を売り込もうと考えたのである。また、すでに多種多様なライカ用レンズ群が戦前から発売されていたため、これらのレンズを使うことを希望する消費者に廉価なボディを提供する目論みも、さらに、商機を逃さず迅速にボディを発売するためにも自社でレンズ開発の手間を省こうという狙いもあった。

ただし、測距方式は本体内部に潜望鏡が内蔵されているというあまりにも独創的なものであり、数種類のボディ・レンズが発売されたものの当初の反響に反して販売はあまり振るわなかった。製造には熟練が必要とされただけでなく、整備・調整を考慮した設計ではなかったからであった。

一方で、コーフィールド社はドイツ、イハゲー社製一眼レフカメラ、「エキザクタ」の販売代理業務をはじめ小型廉価機種の販売にも従事していたが、徐々に資金不足に陥り、醸造業者として著名なギネス社に資金援助を請うている。しかし、六〇年代に入ると、ドイツ製品は日本製品に対抗してのきなみ価格を下げてイギリスに輸出を開始し、コーフィールド社の活動は暗礁に乗り上げてしまった。すでに、シャッターギアを外注し、レンズもドイツのエナ社製品を利用していたため、さらなるコスト削減は不可能であった。このような事情から、コーフィールド社は、六〇年代初頭にカメラ製造から撤退を決定し、自動車用部品製造に参入したが、一九七一年、スミス社（Smiths Industries Ltd.）に買収された。[21]

③アジラックス社

リード社と同様軍用機器からカメラ製造に参入したのがサリーのアジラックス社（Agilux Ltd.）である。同社は、一九四六年、航空用ならびに一般精密機器製造会社（Aeronautical and General Instrument Ltd. 以下ＡＧＩと略記。

図９－５　コーフィールド社製ペリフレックス（上段）とレイ社製レイフレックス（下段）

出典：『ペンタックスカメラギャラリーニュース』32号、1976年、17頁。

一九三六年に創設）の子会社として設立された。同社は第二次世界大戦中、航空用カメラとして多用されていたリフレックスコレレ（ドイツ製）を模したカメラ「ＡＲＬ」を一九四七年から販売したが、その後一二〇ミリロールフィルムを利用できるよう改良した「アジフレックス」をさらに市場に投入している。同社のカメラはお世辞にも小型とは言えないが、望遠レンズをはじめ各種レンズを取り揃えていた。これらのレンズは第二次世界大戦直前にＡＧＩが買収していたホール社（Hall Bros.）によって供給されていた。アジラックス社は、その後も大判・三五ミリ判カメラを数タイプ販売し、さらにはイルフォード社や他社のプラスティック製の低品質カメラも受注していたが、廉価な海外製品の流入には勝てず、一九六九年、ＡＧＩは同社によるカメラ製造の撤退を決定した。なお、ＡＧＩはその後も引き続き航空用・軍事用特殊カメラや電機部品製造業者として名を馳せている。

④レイ光学会社

ケントに本拠を置くレイ光学会社（Wray［Optical Works］Ltd.）の創設は、一八五〇年と古く、一九二〇、三〇年代にカメラ製造に取り組んでいるもののいずれも試作に終わっている。また、三〇年代にはいくつかボックスカメラを販売したが不発に終わったようだ。戦後、同社の不振はその名称と会社の立地に原因があると考え、一九四九年、心機一転、レイカメラ会社（Wray［Cameras］Ltd.）を子会社として設立し、写真用品の製造・販売はもちろん新たなカメラ開発に取り組んだ。彼らが投入したカメラは、「レイフレックス」という小型一眼レフであり、数タイプが売り出されたものの、二〇〇〇〜三〇〇〇台という少量生産で終わっている（図９‐５）。また、製造には非常に手間がかかり、発注してもすぐには届かなかったという。実は、レイ社が小型一眼レフカメラ製造に取り組んだイギリス唯一の製造業者であった。日本製一眼レフが数万台規模で製造されたことからすると、イギリス製品の少量生産が浮き彫りとなろう。

なお、同社は、一九六〇年代末にはランク精密機器産業社（Rank Precision Industries Ltd.）の傘下に入り、レイ光学（Wray Optical）と改称している。

⑤マイクロ精密機器製造会社

小型一眼レフと同様、第二次世界大戦後に急速に市場を拡大した機種が二眼レフであった。これはドイツのフランケ・ウント・ハイデッケ社（Franke und Heideck GmbH）が製造していたローライフレックスを筆頭に、日本でも多くの製造業者によって大量に製造され、アルファベットの各文字を頭文字にした名称の機種がJ、U、Xの三文字を除き八〇種類ほどあった。[22]

しかし、イギリスでは二眼レフ製造に従事した製造業者は少なく、ここで紹介するマイクロ精密機器製造会社（Micro Precision Products Ltd.）が唯一と言ってよい。同社は一九四三年当初、サリーのキングストンオンテムズ（Kingston on Thames）に本拠を置いていたが、のちにロンドンに移転し、一九八二年前後まで存続していたが、カメラ製造がいつ終了したのか定かではない。同社は、一九五二年から五九年にかけて、「マイクロコード」、「マイクロフレックス」という二眼レフカメラを製造し、レンズはロス社製、シャッターはプロンターを利用していたが、なぜ二眼レフ市場に参入しようとしたのかは不明である。なお、ほかに引き伸ばし機の製造にも従事している。

以上、いくつかの製造業者を見てきたが、第二次世界大戦後のイギリス製品の特徴は、当時の主流となった二眼レフ・一眼レフともに著しく種類が少ないことであろう。さらに、大衆用カメラ（レンズシャッター機など）製造に参入した業者もあまりにも少ない。それはコダック社とともにドイツ製品の力が大きかったことが影響していよう。一九五〇年代初頭、まだ大戦の後遺症が抜け切れないイギリスは、奢侈品の輸入を制限していた。カメラもその一つであり、一般公開ライセンス（Open General Licence）では、ＦＯＢ価格で五ポンド以下の製品の輸入が認められているだけであった。ただし、この価格帯はちょうどドイツのアグファ、バルダ、エディクサ、フォクトレンダー、ツァイス製品の三五ミリ判の廉価機種に該当しており、多数のカメラがイギリスに輸入されていた。[23]このような状況下でドイツ製品と競合する製品を作ろうとすることはイギリスの製造業者にとって無謀であったと言えよう。

さらなる特徴として、第二次世界大戦中、軍需品生産に従事した製造業者が高度な精密機器製造能力を培いカメラ製造に参入したことや、機械として面白いデバイスや機構を組み込んだ機種が多いことがあげられる。だが、このような製品は好事家には珍重されるものの、一般の消費者にとってさしたる購買意欲をわかせることはできなかった。さらに、機械の複雑な機構は製造・調整を困難とし、おのずから大量生産を不可能としていたのである。

このような「わが道を行く」といった開発姿勢は、彼らのジョンブル魂にその源流を求めることができるのかもしれないが、すでにドイツ、日本、アメリカがカメラの機構・測距などの特許を取得しており、これらに高い特許使用料を支払ってまでも自社製カメラに利用することができなかったという資金的な理由もあるだろう。もちろんそれを補って余りある大量需要も製造能力も彼らにはなかった。

つまり、カメラ製造はイギリスでは魅力的な事業ではなかったのであり、おのずと発明家気質な製造業者が第二次世界大戦後には目立って見えるのかもしれない。いずれにせよ日本製カメラが過剰ともいえる速さでモデルチェンジを繰り返し、新技術を盛り込んでいったことと比べると、イギリスの製造業者は新技術の導入に対してあまりにも無関心・保守的であった。

2　システム化

第二次世界大戦後、日本の製造業者はドイツ製品を礼賛しつつ、模倣と新技術の導入、そして海外市場での低価格という追い風によって急速にシェアを拡大し技術を蓄積していった。だが、ライツ社のライカM3の登場によって、主要なカメラ製造業者は旧来のレンジファインダー機種を追究していくという開発方針を諦めざるを得ず、結果として現代にも通じる小型一眼レフという新分野の開拓に力を入れることとなった。世に言う「M3ショック」であるが、すでに小型一眼レフはM3登場以前から旭光学やオリオン精機（のちにミランダカメラ株式会社と改称）によって取り組まれていた。(24)

彼らに共通する開発方針は、従来のカメラ、特にライカの問題点をいかに克服するのか、さらに旧来のボックス型

図9－6　システムカメラの一例：キヤノンF-1と純正FDマウントレンズ・アクセサリー群

出典：キヤノン史編集委員会『キヤノン史』キヤノン株式会社、1987年、127頁。

一眼レフの大型さや画面がブラックアウトする点の改良にあった。見たものがそのまま写るという一眼レフの特徴は接写や望遠などで非常に有利であるため、彼らは後発ながらも市場への新規参入が可能であると考えたのである。さらに各種レンズやアクセサリーを発売し、多様な撮影システムを構築することを可能にした。

それゆえ、ひとたび一眼レフが市場にて脚光を浴びると、日本やドイツの各社は独自の形状のレンズマウントを規格としてレンズとボディを着脱するよう設計した。これは他社のレンズを使用させないという点で囲い込みを意味していたが、一方で、各種アダプターを介して他社のレンズを使用できるようにも工夫されていた。つまり、ユーザーがすでに持っている他社製レンズをそのまま使用できるため、新たにボディを乗り換える可能性を広げたのである。このように、日本の製造業者は自社独自のシステムを構築しつつも、他方で他社からの乗り入れを容易にするように誘導していたのである。

さらに、サン光機、三協光機、タムロン株式会社、シグマ株式会社、トキナー株式会社など多様なレンズ専業製造業者が各国各製品用の交換レンズを製造、販売し、システムを補完・強化していったのである。また、別体ファインダーや接写用品など多種多様なアクセサリーの存在もユーザーの使用用途に適したシステム構築を可能にしたと言えよう（図9－6）。

このような柔軟な発想はイギリスの製造業者には見られない。先に述べたコーフィールド社製品が他社レンズの利用を想定していた例くらいである。第二次世界大戦後の花形製品であったはずの小型一眼レフもイギリス製としては唯一「レイフレックス」が製造されたにすぎない。だが、この機種は、プリズムを載せた正立像がすでに一般的となっていたにもかかわらず、ミラーを利用した左右逆像ファインダーを採用し[25]、レンズマウントも独自の大きさでありドイツや日本製レンズとの互換性はなく、またシャッターに連動するミラーの駆動方式も独自の形式であり、命脈が絶たれた。レイ社は後発の参入にもかかわらず、明らかに劣った性能の商品で一眼レフ競争に参加しようとしたのであった。

このようにイギリス製品はカメラシステムの構築で立ち遅れていたといえよう。さらに、イギリスの小型カメラは価格面でも不利な状況にあった。

3　高関税と購買税

カメラに限らず、光学機器・ガラスを含めた光学産業にまで視野を広げれば、イギリスの同産業は決して野放図に扱われていたわけではなかった。古くは一九二一年の産業保護法（Safeguarding of Industry Act）によって、輸入品（当時はとりわけドイツ製品を狙い打ちにしていた）に約三三％の高関税が賦課され、国内の製造業者は保護されていたのである。しかし同法の抜け穴として機器の部品を輸入し、イギリス国内で組み立てることによって課税を逃れる者が続出したため、二五年には機器の構成部品も課税対象にくわわり、翌二六年には、財政法（Finance Act）のもとで税率五〇％にまで増加した[26]。

同法は国内の製造業者を安価な外国製品の流入から保護するという目的を有してはいたが、それは安易な考えであり、結果は効果的であるとはいいがたいものであった。カメラをはじめとする光学機器に対する需要をいかにして増大させるのかといった肝心な問題はすべて製造業者側の自助努力に委ねられたからである。もっとも、同法はその必要性が叫ばれた当初より軍事的な要求が強かったことも付け加えておかなければなるまい。イギリスは、第一次世界大戦中、軍需省の統制のもとで光学機器製造能力を拡張しただけでなく、ドイツに著しく立ち遅れていた光学ガラス製造を軌道に乗せることにある程度の成功を収めたため、ドイツやフランスからの輸入再開によって大戦前の状況に戻してはならないという配慮がなされていたのである(27)。

このような保護は、第二次世界大戦後も続いている。先のコーフィールド社の事例で見たように、一九五〇年代のイギリス市場では中・高級機種に限っていえば、ドイツ製品との競争がなかったのである。しかし、このような真空状態の中で、イギリスの製造業者がドイツや日本製品と競争できる力を蓄えることができたかと言えば、先の製造業者紹介に見たとおりである。

また、国内の販売価格という点からすれば、購買税の問題を見過ごすことができない。購買税制度は、一九四〇年から一九七三年まで長らくカメラ販売の足かせとなっていた（のちにＶＡＴ［Value Added Tax］となり現在に続いている）。当初、販売額の約三三％の税率であったが、一九五一～五二年には最も高率となり約六六％にまで増額されている(28)。このような状況では消費者が国産カメラよりも安価な輸入機を志向するのは当然であった。その後、六六年から七三年にかけて税率は二五％にまで減額されたが、これは世界的な自由貿易の流れと日本製カメラのヨーロッパ進出にともなう市場開放の結果であった。

第４節　市場開放と日本製カメラの流入

１　日本製カメラの台頭とその要因

カメラをめぐる日本とイギリスの関係について述べる前に、まず日本のカメラ製造業の発展について振り返っておく必要があるだろう。

第二次世界大戦以前、三五ミリ判カメラの製造は、キヤノンの前身である精機光学工業、大戦中「ニッポン」を製造した光学精機工業などわずか数社にすぎなかった。(29) 戦前、日本国内でカメラ製造業が興隆しなかった背景には、フィルム入手が困難であったこと、またその規格の多様性、ほかには統制経済下においてカメラが奢侈品指定を受けたという特殊な事情（写真撮影の大衆化の未熟さ）があげられよう。しかし、光学機器にまで広げれば、日本光学（現株式会社ニコン）を筆頭に名立たる製造業者が軍用機器製造に従事していた。また大戦中に新規参入した業者も多数おり、技術や労働力といった点では相当な広がりを有していた。さらに、陸海軍の工廠で培われてきた技術や人的基盤も見逃すことはできない。

このような厚い基盤があったからこそ、大戦直後から数多くの製造業者が誕生し、進駐軍向けカメラ製造に即座に対応することが可能であった。この大量需要を底支えしていたのは「四畳半メーカー」と称される零細製造業者であり、二眼レフや廉価機種の製造に従事していたが、このような新規参入を可能とした背景は、先に述べたようにカメラの構成部品の調達が容易であり組立作業が中心であった点があげられよう。しかし、本格的にカメラを新規開発・製造するには資金調達能力や技術力が求められ、市場の飽和と競争の激化によってこのような零細製造業者は軒並み倒産していった。余談であるが、カメラの新規開発に際して、問屋や販売店が製造業者や技術者に資金提供をするなど重要な役割を果たしていたことも注目すべき点であろう。

一方で日本光学やキヤノンをはじめとする主要なカメラ製造業者は、一九五〇年代に急速に設備投資を行い、技術力を高めつつ、日本写真機工業会を設立（一九五四年）して対米輸出を増加させていった。日本のカメラ製造業の発展は、個々の製造業者のたゆまぬ努力のみならず、業界が問題に一体となって取り組む姿勢によって支えられていたのである。

2　輸入自由化と日本製品への不信

イギリスをはじめ、ヨーロッパ各国は大戦直後、カメラの輸入に慎重な姿勢を崩さなかった。たとえば、フランスは完成品輸入枠を設けておらず、イギリスは年間一万五〇〇〇ポンドの輸入枠を設定していたにすぎなかったのである。その主たる理由は自国の光学産業の保護にあった。

一方で、大戦後、アメリカを主たる輸出市場として成長した日本は、国内・アメリカ市場の閉塞感が高まるにつれ、五〇年代半ば以降、個々の製造業者ではなく業界を単位としてヨーロッパ市場の拡大を目指すこととなった。しかし、同地での日本製カメラのシェア拡大には、先の各国の輸入制限にくわえて、日本製カメラの品質がヨーロッパ市場に充分定着していないという問題もあった。これにはイギリスの消費者・小売店のドイツ製品に対する高い信頼と伝統が考えられる。

とはいえ、アメリカ市場で着実に日本製品がシェアを拡大した影響もあり、また、正規ルートではなくともイギリスに流入する日本製品に対して、イギリスの消費者も関心を高めつつあった。これに注目したイギリスの輸入業者は、日本製カメラの輸入業者団体を新たに設立しようとしたが、この運動の主体が他国を経由した間接輸入業者や小規模業者であったため、計画は頓挫している。だが、これに触発されてだろうか、イギリスにて日本製品のＰＲが日本写真機工業会によって主催されたり、写真輸入業者協会（Photographic Importers Association）に、日本製品を取り扱う部署が設置されるなど、イギリスでの日本製品の需要は日に日に高まっていった。

おりしも世界的な自由貿易の流れのなかで、カメラは対象品目に挙げられ、高関税の改定について議論されていたが、かつてのメイドインジャーマニーパニックと同様、日本製品批判も行われている。それは販売業者らの機関誌Ｐ

DAジャーナル（Photographic Dealers Association Journal）が行ったものであり、内容の多くは的外れであったとされる[30]。ところで、イギリスの小売店が日本製品を扱うことを敬遠した理由として、次のような指摘がなされている。それは、日本製品は粗悪で簡単に壊れてしまうため、修理の手間がかかることや部品の調達が困難であろうというアフターサービスに対する危惧があること、そして、小売店が販売せずともメールオーダーや卸売業者が安売りをしてしまうため、日本製品を取り扱うメリットに欠けるというものであった[31]。

しかし、これらの危惧もアメリカでの日本製品の誠実な対応によって変化していった。その中心的存在が一九五五年に設立されたニューヨークの日本カメラインフォメーションセンターであった。同センターが、現地で整備・修理に対応したことで日本製品の知名度は大いに上がった。また、日本から粗悪品が輸出されぬよう、写真機輸出協会が独自に輸出品を検査したことも日本製品＝粗悪品というイメージを払拭することに大きく寄与したのである。

イギリスがカメラ輸入を自由化した一九六二年、日本のカメラ業界は自主的に同国への輸出を制限し、イギリス市場がパニックに陥らないよう配慮をしていた。写真機工業会加盟四六社が日本写真機輸出協力会を結成し、各製造会社の出荷金額割り当てや、取引系列の整備、新製品の出荷制限を行うことを決定したのである。このような活動は、イギリスのみならず他のヨーロッパ諸国に対しても安心感を与えていった。繰り返しとなるが、日本のカメラ製造業者は、業界を単位として各種協会を設立することで、欧州への販路を開拓していったのであった。

おわりに――変わらぬ体質・もう一つの道――

以上、イギリスのカメラ製造業者、ならびに光学産業の抱えてきた問題を振り返って見てきたが、製造業者の特徴や性格の一端を紹介できたのではないだろうか。

さて、最後に、イギリスのカメラ製造業が長じていた点について述べておこう。冒頭にて取り上げたイギリス技術省の書簡において唯一指摘されていた長所とは工業・実験用の専門的な特殊カメラ分野であった。一九六八年当時、古くは一九世紀末より続いてきた製造業者から、戦後新たに参入した業者まで二六社が名を連ねている。彼らは主として高速カメラやエックス線カメラ、さらにはテレビ用オシロスコープや、誘導ミサイル用レンズ、マイクロフォトグラフィックなどの特殊分野で活躍していた(32)。

また、特殊用途や専門家用カメラ製造について、先に触れたコーフィールド社の取締役ケネス・コーフィールド(Kenneth Corfield)も次のように述べている。イギリスの市場開放とドイツ・日本製品の流入に直面した六〇年代初頭、もしカメラ製造をそのまま続けたとしたらその後どうしたかという質問に対し、彼は「三五ミリ判カメラ市場から足を洗い、六×六判やイギリス製ハッセルブラッドのような形で専門家用の特殊カメラ製造に参入したであろう」、「しかし、その道も難しかっただろう……。会社を潰していたかもしれないな(33)」と皮肉な笑みを浮かべながら述べたという。

以上、顧客の求める一点モノ製造という点では、一九世紀以来、イギリスの製造業者の特質は変わっていなかったと見ることができよう。もちろん、その担い手は時代によって異なっているが、木製ボックスカメラ、大型一眼レフ時代の一点モノから、三五ミリ判時代の少量生産、そして特殊用途への一点モノへ、これがイギリスのカメラ製造業者の一貫した特徴であった。これを安易な退路と見るか、棲み分けととらえるか、さまざまな視点があるだろう。いずれにせよ、光学大国ドイツ、アメリカ、そしてこの二国を越えようとした日本に対して、真っ向から対抗し競争することだけがイギリスの製造業者の選択した道ではなかったのである。

(1) UK National Archives. BT 314/69.

（2）『ミラーイメージ：ペンタックスギャラリーニュース――イギリス・カメラ名機選――』ペンタックスギャラリー、三一号、一九七五年、四頁。
（3）ベスト判一眼レフにおいてはイハゲー社（Ihage）のエキザクタ（一九三三年）や三五ミリ判カメラではライツ社のライカの登場（一九二五年）がこれを代表していよう。
（4）前掲『ミラーイメージ』六頁。
（5）日本写真機工業会編『戦後日本カメラ発展史』東興社、一九七一年。日本写真機光学機器検査協会編『世界の日本カメラ――輸出産業へのあゆみ――（増補改訂版）』同協会、一九八四年を参照。
（6）N. Channing and M. Dunn, *British Camera Makers: an A-Z Guide to Companies and Products*, Surrey, 1996.
（7）*Ibid.*, p. 28. アダムス、ベック、ブッチャー、ダルメイヤー、グリフィン、ホウトン、リザーズ、ラジャー、ワトソンなどが結集した。
（8）UK National Archives, BT 230/397.
（9）井深徴「トロッペン・ソホと福原信三先生」『ミラーイメージ：ペンタックスギャラリーニュース――続イギリス・カメラ名機選――』ペンタックスギャラリー、三二号、一九七六年、一八頁。
（10）同前、一一頁。
（11）Channing and Dunn, *op. cit.*, pp. 21, 107–108.
（12）カーショウ光学会社（Kershaw Optical Co. Ltd.）、カーショウ社（A. Kershaw & Sons Ltd.）、マリオン社（Marion & Foulgar）、ロタリー社（Rotary Photographic Co. Ltd.）、ラジャー（Rajar Ltd.）、パジェット社（Paget Prize Plate Co. Ltd.）、マリオン社（Marion & Co. Ltd.）といった老舗七社である。
（13）D. E. H. Edgerton, "Industrial research in the British photographic industry, 1879–1939", in J. Liebenau (ed.), *The Challenge of New Technology: Innovation in British Business Since 1850*, Aldershot, 1988, p. 108.
（14）リーズ・V・ジェンキンズ著／中岡哲郎・高松亨・中岡俊介訳『フィルムとカメラの世界史：技術革新と企業』平凡社、一九九八年、二八三～三〇八頁。
（15）Channing and Dunn, *op. cit.*, pp. 64–65.

(16) R. J. Hercock and A. J. George, *Silver by the Ton. A History of Ilford Limited: 1879–1979*, Maidenhead, 1979.
(17) 松下正「時代を目撃したカメラ：ウィットネス」『クラシックカメラ専科：戦後のイギリスカメラ』朝日ソノラマ、一九九五年、二二〜二三頁。
(18) Edgerton, op. cit., p. 125.
(19) A. Hagen, "Export versus Direct Investment in the German Optical Industry: Carl Zeiss, Jena and Glaswerk Schott & Gen. in the UK, from their beginnings to 1933", *Business History*, Vol. 38, No. 4, 1996, p. 3.
(20) 竹内淳彦「精密機械工業の生産構造——写真機生産を中心として——」『人文地理』Vol. 17, No. 5, 一九六五年。
(21) J. E. Lewis, *it's by Corfield: it must be good...*, Norwieh, 1985, p. 87. 当時、ビール用樽が木製から金属製に移行しつつあり、コーフィールド社は精密金属加工能力をギネス社のために活かし、ギネス社は代わりに資金を提供したのであった。
(22) 前掲『世界の日本カメラ』二六頁照。
(23) Lewis, *op. cit.*, p. 19.
(24) 荻原彰「プリズムレフフェニックスについて」『写真工業』光画荘、一九五二年、六月号、三九二〜三九三頁。『日本カメラ工業史——日本写真機工業会三〇年の歩み——』日本写真機工業会、一九八二年、二一一〜二一二頁。
(25) G. G. Bates, *35mm Single Lens Reflex Manual*, London, 1964.
(26) *Committee on Industry and Trade, Factors in Industrial and Commerce Efficiency 1927*, pp. 404–405.
(27) 拙稿「イギリス光学産業と第一次世界大戦——軍需に牽引された産業の限界——」『明治大学大学院商学研究論集』第一六号、二〇〇二年、を参照。
(28) Channing and Dunn, *op. cit.*, p. 154.
(29) ほかには軍用カメラを製造していた小西六（現コニカミノルタホールディングス株式会社）や千代田光学精工（現コニカミノルタホールディングス株式会社）、大判カメラを製造していたマミヤ光機（現マミヤ・オーピー株式会社）などがある。
(30) 前掲『世界の日本カメラ』一四〇〜一四六頁。
(31) Lewis, *op. cit.*, p. 86.
(32) UK National Archives, BT 314/69.

（33）　Lewis, *op. cit.*, p. 89.

あとがき

本書の内容が具体的に検討され始めたのは、いまからほぼ一年前のことであった。ひと通り大学の入試業務が終了して、新学期がスタートするまでのごく限られた期間ではあるが、年度の変わり目に大学教員には比較的自由な時間が訪れる。多くの場合、その期間は四月からの授業の準備やゼミの春合宿、あるいはリサーチのための海外出張などに充てられ、キャンパスはあたかも「嵐の前の静けさ」の如くである。そんな静まり返った大学の研究室で、白戸、熊澤、若林の三氏と第一回の編集会議を持った。どのようなスタイルのテキストを作るか。その日の議題はこれであった。

もちろん、それに先立って出版社には本書の企画案を提出してあり、構成に関して大枠はすでに決まっていたが、それでも刊行までにはかなりの紆余曲折があった。第二回以降の会議には、松永、松本、山下も加わり、総勢七名で四月以降ほぼ毎月のペースで編集会議兼研究会を開催していった。だが、大学が始まってしまえば、毎週の授業の準備や学内外の各種会議などで、傍目にはヒマそうな大学教員も日常の業務に忙殺されて、研究時間の確保はなかなか難しい。唯一期待できるのは夏休みだけである。そんな事情もあって、夏休み明けの一〇月に最終的に確定した本書の構成と内容は、七月時点のそれといくつかの点で異なったものになってしまった。

具体的には、各章で日英比較のみならず日英関係に関してもそれぞれのテーマに即して議論を展開する予定であったが、本書の課題との関係で、それは今回一部の章を除いてほとんど論及できなかった。また、およそテキストを目指す以上、対象読者を考慮して内容は平易で、分量的にもコンパクトに仕上げるべきであったが、この点に関しても執筆者の熱い思い入れが反映して、いささか不揃いなままとなってしまった。さらに第1章から第8章までは、同一テーマを日英両国からそれぞれ二章を充てて論じているが、第9章だけは単独で日英カメラ産業の盛衰を扱っている。このテーマは先行研究がほとんど皆無という状況で、資料的にも非常に制約されているために、二章に分けて十分に論じることが出来なかった。

以上のような課題を残してはいるが、ともあれ本書は経済史のテキストである。学生の満足度を重視しての平易さやビジュアル性よりも、あくまでもテーマ性を念頭に置いて編集されたテキストである。とはいえ、学生の存在を無視しているつもりは毛頭ない。本書のすべての章は、草稿の段階で明治大学商学部の何人もの学生に目を通してもらい、各章の執筆者には学生が理解しうる範囲を絶えず意識してもらったつもりである。

なお、本書の執筆者は、いずれも編者と長い研究交流を持つ面々である。既述の通り、本書は企画から刊行までの期間が一年と比較的短いが、お互いの問題関心と研究内容については十分に熟知した上での編集企画であった。第2章と第6章を担当している白戸は、二〇〇四年に上梓した大著『近代流通組織化政策の史的展開』（日本経済評論社）ならびに大学史編纂の実績を踏まえて、本書では日本の実業教育と産業政策について議論を展開している。また第4章を担当した若林は、三井物産の人事政策・情報通信システムに関する経営史的研究を長年にわたって進めてきており、その成果の刊行を目下準備中であるが、今回はそうしたテーマと関連した「商業会議所の情報収集発信ネットワーク機能」に関する自身の研究成果を踏まえ、日本の経済団体について歴史的考察を加えている。白戸と若林は日本経済史・経営史を研究対象としており、その点で編者と専門が異なってはいるものの、共に院生時代からの旧知の間柄であり、本書の構成上、欠くことの出来ないメンバーであった。

同じく第7章と第8章を担当した熊澤も編者とは院生時代からの同門の間柄である。本書ではイギリス経済史の分野でのこれまでの研究を踏まえつつも、イギリス留学（二〇〇七年度予定）を念頭に置いて、日本中小企業に関する研究動向についても幅広く紹介を行っている。また、第5章を担当している松永は、二〇世紀初頭の関税改革問題やイギリス自由党の経済政策史などで多くの研究を発表してきているが、編者は一九九五年春のイギリス帝国史研究会（山口大学）で同氏の研究報告を聞く機会を得、以来、現在に至るまでいろいろな形で親交を深めてきている。

このほか、松本と山下は共に学部三・四年と大学院時代に編者の下でイギリス経済史の研究を行ってきた。松本の担当した第1章は、これまでイギリス経済史研究がほとんど対象としてこなかった実業教育を扱っているが、その内容は同氏の学位論文「イギリスの実業教育振興活動に関する史的考察」での議論を踏まえたものとなっている。また山下は、これまでイギリス光学機器製造業に注目して、企業史・軍産関係史・日英関係史などの視点から実証研究を進めてきたが、今回担当した第9章では、そうした研究の延長線上に位置する日英両国のカメラ産業の盛衰を扱っている。なお編者自身は、かつてイギリスでの在外研究の折に第一次大戦前の軍産関係史に関心を持って資料調査を行ったが、その際、イギリス兵器製造企業とともに軍拡推進派としてのロンドン商業会議所についても注目した。今回、編者が担当した第3章は、もっぱらその系列で取り組んだ一連の研究に依拠したものである。

本書で展開した五つのテーマ（実業教育、経済団体、産業政策、中小企業、新興産業）に即した日英比較がどの程度日英両国経済の歴史と構造を理解する上で有効であるか、それは読者諸賢の判断に委ねる以外にないが、ともあれ以上のような執筆者各自の研究テーマとの関係からしても、本書で設定した日英比較のためのテーマは、今回の構成以外には考えられなかった。

さて、本書刊行に至るまでには、既述の通り、学生諸君に大変お世話になった。特に編者の教養演習に所属した明大商学部二年の平塚文さんには、すべての章の草稿を丹念に読んでいただき、その都度、詳細かつ的確なコメントをいただいた。模範的なモニター役を務めてくれた彼女に執筆者を代表してお礼を申し上げたい。

最後に、厳しい出版事情にもかかわらず、本書刊行をご快諾いただいた日本経済評論社の栗原哲也社長ならびに編集業務を担当していただいた谷口京延氏に、この場を借りて改めてお礼申し上げたい。特に執筆者側の原稿の大幅な遅れにもかかわらず、当初われわれが想定した時期よりも早く出版にこぎ着けてくれた谷口氏のご尽力とご好意には、心よりお礼申し上げる次第である。

二〇〇六年二月

横井勝彦

【執筆者紹介】（執筆順）

松本　純（まつもと・じゅん）

1972年生まれ

明治大学大学院商学研究科博士後期課程修了

現在、日本大学経済学部准教授

主な業績：「19世紀末イギリス中小商工業者に対する技術教育振興活動の試み」（『経営史学』第36巻第２号、2002年）

白戸伸一（しらと・しんいち）

1952年生まれ

明治大学大学院商学研究科博士後期課程単位取得退学

現在、明治大学国際日本学部教授

主な業績：『近代日本流通政策史』（共著、白桃書房、2000年）、『近代流通組織化政策の史的展開』（日本経済評論社、2004年）、「高度成長期における産地織物業の組織化と構造改善事業(1)」（浦和大学短期大学部『浦和論叢』第34号、2005年）

若林幸男（わかばやし・ゆきお）

1957年生まれ

明治大学大学院商学研究科博士後期課程修了

現在、明治大学商学部教授

主な業績：『近代日本流通政策史』（共著、白桃書房、2000年）、「第一次大戦期三井物産における新卒定期入社制度の定着過程――人事課の創設と『同期入社』システムの確立――」（『経営史学』第33巻第４号、1999年）

松永友有（まつなが・ともあり）

1969年生まれ

早稲田大学大学院政治学研究科博士後期課程単位取得退学

現在、横浜国立大学大学院国際社会科学研究科准教授

主な業績：『世紀転換期のイギリス帝国』（共著、ミネルヴァ書房、2004年）、「イギリス自由党の経済政策再評価」（『社会経済史学』第65巻第５号、2000年）、「第２次マクドナルド労働党内閣の恐慌対策と労働組合会議」（『西洋史学』第208号、2003年）

熊澤喜章（くまざわ・よしあき）

1955年生まれ

明治大学大学院商学研究科博士後期課程単位取得退学

現在、明治大学商学部教授

主な業績：「イギリス中小企業研究の現状と課題」（道重一郎・佐藤弘幸編『イギリス社会の形成史』三嶺書房、2000年、所収）、「下請制の評価をめぐる諸論議の推移」（『明大商学論叢』第82巻第３号、2000年）

山下雄司（やました・ゆうじ）

1975年生まれ

明治大学大学院商学研究科博士後期課程単位取得退学

現在、明治大学商学部兼任講師

主な業績：『日英兵器産業史』（共著、日本経済評論社、2005年）

【編著者紹介】

横井勝彦（よこい・かつひこ）

1954年生まれ
明治大学大学院商学研究科博士後期課程単位取得退学
現在、明治大学商学部教授
主な業績：
『大英帝国の〈死の商人〉』（講談社選書メチエ、1997年）、
『日英兵器産業とジーメンス事件』（共著、日本経済評論社、2003年）、
『アジアの海の大英帝国』（講談社学術文庫、2004年）、
『日英兵器産業史』（共編著、日本経済評論社、2005年）、
『パクス・ブリタニカとイギリス帝国』（共著、ミネルヴァ書房、2004年）
H. B. ピーブルス著『クライド造船業と英国海軍』（訳書、日本経済評論社、1992年）、
アンドリューN. ポーター編著『大英帝国歴史地図』（共訳書、東洋書林、1996年）

日英経済史
Anglo-Japanese Economic History

2006年3月20日　第1刷発行　定価（本体2800円＋税）
2010年3月30日　第3刷発行

編著者　横　井　勝　彦
発行者　栗　原　哲　也

発行所　株式会社　日本経済評論社
〒101-0051　東京都千代田区神田神保町3-2
電話　03-3230-1661　FAX　03-3265-2993
nikkeihy@js7.so-net.ne.jp
URL : http://www.nikkeihyo.co.jp
印刷＊文昇堂・製本＊高地製本所
装幀＊渡辺美知子

乱丁落丁はお取替えいたします。　Printed in Japan

ISBN978-4-8188-1818-7

横井勝彦・奈倉文二編著

日英兵器産業史
―武器移転の経済史的研究―

A5判　五八〇〇円

日英兵器産業史の分析をもとに第二次大戦前における日英間の武器移転・技術移転の実態とその意義を経済史的視点より追求し、実証的かつ総合的に解明する。

奈倉文二・横井勝彦・小野塚知二著

日英兵器産業とジーメンス事件
―武器移転の国際経済史―

A5判　三〇〇〇円

日本海軍に艦艇、兵器とその製造技術を供給したイギリスの民間兵器企業・造船企業の生産と取引の実体や、国際的贈収賄事件となったジーメンス事件の謎に迫る。

D・R・ヘッドリク著　原田勝正・多田博一・老川慶喜訳

帝国の手先
―ヨーロッパ膨張と技術―

A5判　三二〇〇円

十九世紀ヨーロッパの帝国主義列強は、いかなる技術を用いてアジア、アフリカ進出を果たしたか。技術と帝国主義のかかわりを社会史の観点から克明に分析する。

D・R・ヘッドリク著　原田勝正・多田博一・老川慶喜・浜文章訳

進歩の触手
―帝国主義時代の技術移転―

A5判　四五〇〇円

西欧列強のアジア・アフリカ支配は飛躍的な工業技術の進歩ぬきには語れない。船舶、鉄道、電気通信、鉱業・冶金などの技術は植民地にどのようにもたされ、受容されていったのか。

飯田隆著

図説西洋経済史

A5判　二五〇〇円

十九世紀以降の世界経済をリードしてきた英、独、米各国の歴史的変遷を辿りながらそれぞれの特徴を描き出し、将来の経済社会のあり方を展望する。

（価格は税抜）

日本経済評論社